Ações afirmativas em educação: experiências brasileiras

Dados Internacionais de Catalogação na Publicação (CIP)
(Câmara Brasileira do Livro, SP, Brasil)

Ações afirmativas em educação : experiências brasileiras / Cidinha da Silva (org.). São Paulo: Summus, 2003.

Vários autores.
Bibliografia.
ISBN 85-87478-18-4

1. Ações afirmativas - Programas - Brasil 2. Afro-brasileiros - Educação superior 3. Educação - Brasil 4. Negros - Brasil I. Silva, Cidinha da.

03-6123 CDD-379.2608996081

Índices para catálogo sistemático:

1. Ações afirmativas : Afro-brasileiros : Educação 379.2608996081
2. Afro-brasileiros : Ações afirmativas : Educação 379.2608996081

Ações afirmativas em educação: experiências brasileiras

Cidinha da Silva

Organizadora

SELO NEGRO EDIÇÕES

AÇÕES AFIRMATIVAS EM EDUCAÇÃO: EXPERIÊNCIAS BRASILEIRAS

Capa: **Ana Lima**
Editoração eletrônica e fotolitos: **Join Bureau**

Selo Negro Edições
Departamento editorial:
Rua Itapicuru, 613 – 7º andar
05006-000 – São Paulo – SP
Fone: (11) 3872-3322
Fax: (11) 3872-7476
http://www.selonegro.com.br
e-mail: selonegro@selonegro.com.br

Atendimento ao consumidor:
Summus Editorial
Fone (11) 3865-9890

Vendas por atacado:
Fone (11) 3873-8638
Fax (11) 3873-7085
e-mail: vendas@summus.com.br

Impresso no Brasil

A dona Ina (com saudades) e a seu Antonio, que, muito cedo, me ensinaram o trabalho.

À moçada dos projetos Geração XXI, Próxima Parada: Universidade e Afro-ascendentes.

A Hilda, Valéria, Fernando e Janja.

Agradecimentos

Às instituições parceiras, Fundação BankBoston, Colgate-Palmolive, Instituto Xerox e CIEDS, por trabalharem conosco na construção de referências para políticas públicas de promoção da igualdade racial.

Aos amigos e amigas que "toparam" escrever comigo este livro, especialmente Valéria e Janja, que o fizeram no momento delicado de elaboração da tese de doutoramento e, além disto, leram, criticaram e eliminaram problemas graves dos meus textos.

A Duda, que, a despeito das intempéries, atendeu ao convite para participar da obra.

À Rosane, por ter lido, criticado e melhorado todos os originais com sua sensibilidade e editoria técnico-política.

A Júlio César, à Gabriela Santos e à Simone Freitas, pelo levantamento de vários dados.

A Francisco Bezerra, professor de história com habilidades matemáticas, que montou os 157 gráficos (por gênero) do processo seletivo do projeto Afro-ascendentes.

Às equipes técnicas do Gera e do Afro-ascendentes, especialmente a Nazareth, Kiusam e Denise.

À Hilda, grande incentivadora dos projetos de escritura.

À Leda Martins, à Nazareth Fonseca e a Ronald Walters, pelo primeiro incentivo.

A Wladimir Ganzelevitch e a Hamilton Borges, à Fátima Oliveira, à Amélia Nascimento e a Roseli Fischman, pelo apoio nos momentos decisivos.

A Geledés por ter me acolhido e formado ao longo dos últimos 12 anos.

À Sueli Carneiro, minha mestra.

Ao Taata Mutá Imê, por iluminar o caminho do reencontro com o Sagrado.

Sumário

Prefácio

Quando chegou em Geledés, Cidinha da Silva era uma jovem de apenas 23 anos. Mineira, formada em história, expressando-se num português de fluência e perfeição raras, que mereceu comentário elogioso do professor Milton Santos certa ocasião. Portando uma identidade racial também rara e consistente em jovens daquela idade, e a certeza de que tinha muito a oferecer e a receber de uma cidade como São Paulo e de uma organização como o Geledés – Instituto da Mulher Negra. Treze anos após sua chegada, esbanja um currículo que apenas ratifica o talento e a determinação que demonstrou no primeiro momento: foi presidenta do Geledés até pouco tempo e mantém-se como uma de suas diretoras mais solicitadas no plano nacional e internacional. Tornou-se referência no debate sobre ações afirmativas no Brasil quando começou a coordenar, há quatro anos, um projeto pioneiro e exitoso sobre o tema, o Geração XXI, resultado, à época, de uma parceria estratégica e também inaugural para a execução de uma ação afirmativa, envolvendo uma organização não-governamental e uma empresa, a Fundação BankBoston, e contando com o apoio governamental da Fundação Cultural Palmares, do Ministério da Cultura. Um projeto que vem inspirando outros, sob sua coordenação, como o Próxima Parada: Universidade, uma parceria entre o Geledés e a empresa Colgate-Palmolive, e também, o projeto Afroascendentes, de São Paulo, uma iniciativa do Instituto Xerox do Brasil que pretende, inspirado no Geração XXI, alargar regionalmente e ampliar significativamente o apoio à inserção, permanência e sucesso de jovens negros nas universidades.

Assim é Cidinha, organizadora deste livro, que na esteira dessa trajetória de sucesso e competência, brinda-nos, nesse momento, com esta publicação que é, em grande medida, expressão do percurso de militante, intelectual e profissional dessa pequena notável. E, também, de sua liderança que se expressa nos convidados que a acompanham nessa jornada: jovens intelectuais, educadores, militantes que têm compartilhado com ela o processo de implementação desses projetos desafiadores que exigem firme compromisso, competência e criatividade para equacionar, de um lado, as resistências históricas para o reconhecimento das desigualdades raciais e conseqüente necessidade de implementação de propostas para reverter esse quadro, e, de outro, os desafios conceituais e metodológicos para a aplicação das propostas de ação afirmativa no Brasil. Cidinha é expressão dessa nova geração de militantes que trazem para a luta política as novas exigências de seu tempo: alto grau de qualificação e profissionalização potencializando a responsabilidade política em relação ao destino de seu povo. Longe de uma perspectiva de auto-comiseração para com a opressão racial, o princípio orientador da prática por ela instituída nesses projetos é propiciar condições satisfatórias para o desenvolvimento das vocações que neles se apresentam, exigir empenho e dedicação para alcançar as metas desejadas e fortalecer a identidade racial para se enfrentar o racismo. É um convite para sonhar e ousar; recusar a baixa expectativa das escolas, dos professores e a profecia autorealizadora de fracasso em relação ao próprio destino como jovens negros. As experiências de ação afirmativa ora apresentadas intentam provar que oportunidades iguais remetem às mesmas chances de sucesso. A esse desafio, os jovens desses projetos vêm sendo convocados a responder e, felizmente, por vezes, acima das expectativas mais positivas, têm conseguido. É o que se demonstra em vários textos aqui apresentados.

Este livro ousa oferecer instrumentos teóricos e metodológicos para a aplicação sustentada de políticas de ação afirmativa e para se enfrentar temas que impedem, intencionalmente ou não, a sua adoção, tais como: a identificação racial, a questão do mérito, o déficit cultural dos alunos negros, a contraposição entre políticas universalistas *versus* ações afirmativas. A obra é escrita por pessoas jovens, para se ter idéia, três dos autores têm menos de trinta anos. Isso é um sinal alentador, tanto de renovação do pensamento sobre a questão racial quanto do compromisso com a mudança das relações raciais assimétricas. Os textos dialogam entre si e o debate proposto sobre as ações afirmativas impulsiona uma análise das relações raciais no Brasil por diversos prismas: da educação, da imprensa, da cultura, do processo de escolarização, das reflexões do ativismo político e acadêmico.

Cidinha da Silva apresenta-nos, em seus artigos, uma avaliação crítica das diversas iniciativas de ação afirmativa em debate ou em implementação na sociedade brasileira. Questiona a universalidade das políticas públicas; demonstra o lugar da racialidade na apropriação das oportunidades sociais; aponta a mudança dos discursos sobre o tema e a nova cumplicidade de setores que "assessoram a formulação de políticas públicas". Seu quarto texto, ao analisar os formulários de inscrição do processo seletivo do projeto Afro-ascendentes, ocorrido em 2003, aponta as precariedades de formação dos jovens negros paulistanos, oriundos de escolas públicas, e, ao mesmo tempo em que faz uma análise, sugere caminhos para criar e sustentar lastros para os sonhos desses jovens.

Valéria Maria Borges Teixeira nos traz a contribuição de quem foi um dos pilares da estruturação do projeto pedagógico do Geração XXI em 1999. Seu texto é extremamente atual, dado o estado de precariedade em que a educação do país se mantém. Um dos momentos mais inquietantes de seu texto é o relato da situação de discriminação racial enfrentada pelos jovens do Geração XXI, numa atividade cultural externa, quando alguns vendedores ambulantes gritaram, assim que os viram: "segura, abriram as cancelas da África", como se fossem "animais pretos" liberados do "curral África". Valéria resignifica a expressão discriminatória ao escrever seu artigo, escancarando os portões da África sábia e provedora.

Lucimar Rosa Dias foi responsável pela implantação do programa de ação afirmativa do governo do Estado do Mato Grosso do Sul, em 2001. É bolsista internacional da Fundação Ford, um programa de ação afirmativa para pós-graduandos historicamente excluídos do ensino superior. O artigo apresentado foi escrito, inicialmente, como conclusão de uma disciplina do doutorado da Faculdade de Educação da Universidade de São Paulo. O tema do trabalho foi escolhido porque, embora a disciplina tratasse de exclusão, não havia tópicos específicos, como de costume, sobre a exclusão racial. O resultado é muito sensível e traz-nos a fala das mães dos jovens do projeto Geração XXI, mostrando-nos o impacto desse projeto sobre essas famílias.

Eduardo Henrique Pereira de Oliveira é secretário-executivo de um dos mais importantes órgãos da imprensa negra na atualidade, a revista eletrônica *Afirma*. É também coordenador do projeto Afro-ascendentes no Rio de Janeiro. A reflexão de Eduardo é uma contribuição significativa para a compreensão dos enfrentamentos e desafios que estão postos para um trabalho com jovens expostos ao narcotráfico, à situação específica de violência a que está submetida a população pacífica e trabalhadora dos morros cariocas, já que 90% do grupo de alunos do projeto Afro-ascendentes do Rio de Janeiro se origina das comunidades de favela.

Fernando Arruda é professor de física e matemática no Geração XXI e no Afro-ascendentes e, a partir dessa experiência como educador, decidiu-se a reorientar seu mestrado em física para a educação. É um exemplo de homem branco que aprendeu e cresceu muito, como ele mesmo declara, trabalhando cotidianamente com jovens extremamente afetados pela crueldade do racismo e da discriminação racial. O artigo, por meio de uma escrita poética, desloca dos alunos a responsabilidade pelo fracasso da maior parte deles no que tange à apreensão de conteúdos, estabelecendo um diálogo relacional, responsável e produtivo entre ensino e aprendizagem.

Cristiano Augusto da Silva é o jovem professor de português do Afro-ascendentes, com significativa experiência didática em cursinhos comunitários. Os fragmentos de textos dos concorrentes a uma vaga no referido projeto, selecionados por ele para análise nesse artigo, ratificam a falência da escola pública e desafiam-nos a elaborar propostas e modelos capazes de enfrentar essa problemática, seja por meio de uma intervenção direta junto às secretarias de Educação, seja pelo investimento na formação continuada de educadores, seja pelo trabalho suplementar na educação dos jovens.

Rosângela (Janja) Costa Araújo é uma educadora com experiências múltiplas; seu alicerce são os saberes iniciáticos da Capoeira Angola e das tradições educativas banto combinados com uma sólida formação acadêmica. Seu artigo nos desafia a implantar a Lei 10.693 do governo Lula, esquivando-nos do apelo fácil da "nagocracia" da cultura brasileira e convoca-nos a que bebamos das águas da cultura banto, esta sim, predominante no Brasil. Dentre suas várias atribuições, Janja tem contribuido também como coordenadora pedagógica do projeto Afro-ascendentes.

Rosane Borges é uma jovem escritora. Seu texto põe "pingos nos is" e desmascara a hipocrisia da imprensa brasileira no debate sobre as ações afirmativas, praticamente reduzido às cotas. Sua teoria de contraposição ao discurso hegemônico, contrário a elas, é embasada em meus artigos, o que me lisonjeia profundamente.

Temos, portanto, um conjunto de vários autores que, de diferentes ângulos, apropriam-se criticamente do tema das ações afirmativas tendo como fio comum o compromisso téorico e político de encontrar caminhos para a erradicação da maior das perversidade sociais de nosso país, as desigualdades raciais.

É da natureza das organizações não-governamentais realizar experiências-modelo que possam subsidiar políticas de amplo alcance. O tema das ações afirmativas está na ordem do dia e essa publicação dá conta de experiências concretas no âmbito das mesmas, construídas com base no diagnóstico da situação dos alunos negros na educação, no conhecimento dos estigmas que marcam a relação aluno negro/escola/professor em prejuízo deste, ao perpetuar, pelo tratamento desigual, a indigência cultural e educacional a que estão expostos os segmentos empobrecidos da população. Desse diagnóstico resulta a formulação de procedimentos passíveis de serem apropriados por educadores e gestores públicos interessados no avanço da implantação das ações afirmativas para Afrodescendentes no Brasil. O êxito que vem sendo alcançado pelos alunos beneficiários desses projetos torna-se a medida da justeza das proposições aqui apresentadas. Portanto, espera-se que parlamentares, gestores públicos e educadores possam tomá-las como subsídios para políticas públicas que venham efetivamente a romper com a apartação racial persistente em nossa sociedade, sobretudo, no acesso à educação de qualidade.

Sueli Carneiro
Fundadora e Coordenadora
Executiva de Geledés –
Instituto de Mulher Negra

1

Ações afirmativas em educação: um debate para além das cotas[1]

Cidinha da Silva

Caracterização do debate sobre as ações afirmativas no Brasil

O debate sobre as ações afirmativas (AA) no Brasil tomou proporções globais a partir das propostas apresentadas pelo governo brasileiro na III Conferência Mundial contra o Racismo: a Xenofobia e Formas Correlatas de Intolerância que se realizou no período de 30 de agosto a 7 de setembro de 2001 em Durban, África do Sul. Importa salientar que os movimentos Negro (MN) e de Mulheres Negras (MMN) desempenharam papel fundamental no processo de negociação e pressão ao Planalto Central para que medidas[2] de combate às desigualdades raciais, decantadas pelos

1. Este artigo desenvolve idéias inicialmente apresentadas em outro, intitulado "Ações afirmativas em Educação: acesso, permanência e sucesso do povo negro na Universidade", de Cidinha da Silva, publicado na revista *Palmares em Ação*, ano I, n. 2, out./dez. 2002.

2. As propostas do governo brasileiro substancialmente diagnosticavam as desigualdades raciais e propunham cotas para negros(as) nas universidades e no serviço público, a exemplo do que já fizera o Ministério do Desenvolvimento Agrário/Incra, por meio da Portaria n. 33 de março de 2001, que apresentava como objetivos estratégicos: "formular e implementar políticas públicas que visem à democratização das relações sociais no ambiente de trabalho, independentemente do sexo, cor, raça e etnia dos atores envolvidos, e junto aos beneficiários e beneficiárias da reforma agrária e da agricultura familiar, inclusive em comunidades remanescentes de quilombos".

institutos de pesquisas oficiais, fossem adotadas antes mesmo da Conferência. Os principais institutos responsáveis pela produção e análise dos indicadores socioeconômicos brasileiros, notadamente Instituto Brasileiro de Geografia e Estatística (IBGE) e Instituto de Pesquisas Econômicas Aplicadas (Ipea), orientaram as discussões sobre a premência da adoção de políticas de AA no Brasil para produzir condições de eqüidade para a população negra.

De 1999, data da implementação do projeto Geração XXI,[3] até 2001, ano da III Conferência, o debate sobre as AA, marcado pela defesa do universalismo do acesso a oportunidades e da igualdade formal, como direito constitucional garantido a todos, migrou para o problema metodológico de definição da pessoa negra. Durante esse período de quase dois anos e meio, o Geração XXI, única experiência concreta até então existente, foi a chama que manteve aceso o debate sobre as AA para o povo negro.

Neste ínterim, as últimas pesquisas do Ipea e do IBGE reiteraram as desigualdades (já conhecidas) entre pessoas negras e brancas. Em maio de 2000, por exemplo, o IBGE divulgou a pesquisa Síntese de Indicadores Sociais 1998. Os resultados comprovam que as diferenças existentes nas áreas de educação, mercado de trabalho e apropriação de renda são motivadas por questões raciais. Segundo coordenadores do trabalho, não havia novidades nos dados da pesquisa realizada anualmente há 13 anos.

---

3. O projeto Geração XXI é uma ação afirmativa fundamentada e dirigida na perspectiva do desenvolvimento humano sustentável que, por meio de uma proposta político-pedagógica inovadora, toma 21 jovens negros(as) como sujeitos de direitos, produz condições de aprendizado e de desenvolvimento de talentos, acesso a novas linguagens e tecnologias, amplia as possibilidades de eqüidade nas condições econômicas, sociais e culturais, contribuindo para o aperfeiçoamento e fortalecimento da construção democrática no Brasil. O projeto é realizado por Geledés – Instituto da Mulher Negra, em parceria com a Fundação BankBoston. Após quatro anos de desenvolvimento, apresenta resultados substantivos, tais como o ingresso de dez integrantes em universidades de reconhecido grau de excelência na cidade de São Paulo, em cursos predominantemente da área de exatas (Matemática, Arquitetura, Engenharias de Produção e Mecatrônica), na qual a participação da população negra costuma ser ínfima.

Novo, entretanto, era o fato de os presidentes do IBGE e do Ipea, naquele período, Sérgio Besserman e Roberto Martins, respectivamente, terem reconhecido publicamente que o abismo das desigualdades entre negros(as) e brancos(as) no Brasil é tão profundo que não há como escondê-lo por mais tempo, e, para minimizá-lo, são necessárias políticas de AA. Essa inesperada cumplicidade de presidentes de órgãos que assessoram a formulação de políticas públicas no país com a luta desenvolvida pelo MN e pelo MMN, há mais de duas décadas, sinalizava para possibilidades de mudanças concretas na vida do povo negro brasileiro.

A despeito do protagonismo das organizações negras no debate e na exigência de AA como uma das estratégias de promoção da eqüidade racial, verifica-se comumente o esvaziamento das conquistas alcançadas pelos setores organizados da população negra brasileira, como se as reivindicações políticas do MN e do MMN não fossem as principais responsáveis pelas medidas de enfrentamento do racismo e da discriminação racial adotadas em vários campos da sociedade brasileira. Trata-se de um efeito previsível do racismo. Entretanto, qualquer estudioso(a) das relações raciais no Brasil detectará a ação concreta, conseqüente, transformadora e vitoriosa do MN e do MMN na condução do processo. Análises cuidadosas vêm permitindo observar as mudanças de padrões de relacionamento entre povo negro, poder público, empresas, mídia e instituições internacionais de proteção aos direitos humanos, advindas da explicitação dos conflitos e das desigualdades raciais, principalmente a partir da Constituição Federal de 1988.

Ademais, soa realmente estapafúrdia a dúvida sobre quem é negro(a) no Brasil apresentada pelos oponentes às AA. É contraditório que todas as pessoas saibam quem é negro(a) quando se trata de preteri-lo(a) por pressupostos e características raciais, e que não se saiba quem é a pessoa negra, quando se trata de resguardá-la dessas manifestações ignóbeis do racismo, como afirmou o jornalista Ronald Fucs no artigo “Que Deus te faça aluno da Uerj”. O texto responde a argumentos de professor da Universidade Estadual do Rio de Janeiro, contrário à adoção de AA, posto que não seria possível distinguir claramente quem é negro (preto ou pardo) de quem é branco no Brasil. Tentar fazer essa distinção, segundo esse professor, não se justificaria num país onde há tanta mistura, no qual dificilmente alguém poderá ser considerado de "raça pura". Fucs contra-argumenta de maneira incisiva:

> É claro que não é possível fazer a distinção, e não apenas no Brasil [...] a idéia de que é viável estabelecer critérios precisos para delimitar as raças é simplesmente ridícula, como foram ridículos os critérios pseudocientíficos usados pelos nazistas. Infelizmente, e aqui está o problema, o fato de que os critérios que vigoram são extremamente equivocados, não impede que eles existam e sejam aplicados diariamente no Brasil. Como sabe todo negro revistado no ônibus, enquanto vê os brancos serem ignorados pela PM. (Fucs, 2002)

Uma explicação sobre o conceito de ação afirmativa

Ação afirmativa é uma iniciativa essencial de promoção da igualdade. As ações afirmativas não se restringem aos Estados Unidos, país no qual alcançaram maior visibilidade, tampouco às pessoas negras. Na Índia, desde a primeira constituição em 1948, previam-se medidas especiais de promoção dos *Dalits* ou *Intocáveis*, no parlamento (reserva de assentos), no ensino superior e no funcionalismo público. Na Malásia foram adotadas medidas de promoção da etnia majoritária (os *Buniputra*) sufocada pelo poder econômico de chineses e indianos. Na antiga União Soviética adotou-se uma cota de 4% de vagas para habitantes da Sibéria na Universidade de Moscou. Em Israel adotam-se medidas especiais para acolher os *Falashas*, judeus de origem etíope. Na Nigéria e na Alemanha há ações afirmativas para as mulheres; na Colômbia, para os(as) indígenas; no Canadá, para indígenas e mulheres, além de negros(as), como as medidas existentes na África do Sul.

O principal objetivo da ação afirmativa para as pessoas negras é combater o racismo e seus efeitos duradouros de ordem psicológica. Outra meta importante é introduzir mudanças de ordem cultural e de convivência entre os chamados "diferentes". Em nossa perspectiva, a questão da "convivência entre os(as) diferentes" como introdutora de mudanças de ordem estrutural só faz sentido quando se desconstroem as estruturas da desigualdade.

Para que um programa de ações afirmativas seja efetivo, a oferta de oportunidades é apenas um dos primeiros passos. É fundamental garantir, aos protagonistas em questão, as condições materiais e simbólicas para que as dificuldades ou desníveis sejam superados e as escolhas possam ser feitas de maneira lúcida e conseqüente, a médio e longo prazos. É preciso prover as condições para a construção da igualdade. Para alcançar este fim, no que tange à universidade, é preciso criar condições para que as pessoas negras possam ter acesso a boas escolas e exercer profissões de prestígio, até agora destinadas a certos grupos sociais.

De volta ao debate

As primeiras medidas discutidas foram as cotas numéricas e não a necessidade de que os diversos atores e atrizes políticos promovessem ações voluntárias destinadas a combater o racismo e corrigir seus efeitos prolongados e tenazes. O debate não se beneficiou da existência do Geração XXI, política abrangente de AA[4] já mencionada.

Nesse contexto, a expressão *cotas numéricas* foi e continua sendo confundida com *ação afirmativa*, o que é um equívoco, em algumas situações, deliberado, em outras, fruto de ignorância. As cotas são um aspecto ou possibilidade da ação afirmativa que, em

---

4. O Geração XXI se estrutura em quatro eixos: os(as) 21 jovens, suas famílias, suas escolas e a comunidade para a qual se quer reverberar a idéia de AA como estratégia de diminuição das desigualdades raciais. Em cada um desses eixos desenvolvem-se programas e atividades. Merece destaque o trabalho com os grupos familiares cujo objetivo central é produzir condições de "empoderamento" para que eles mesmos impulsionem a mudança das condições de exclusão que lhes são impostas.

muitos casos, tem um efeito pedagógico e político importante, posto que força o reconhecimento do problema da desigualdade e a implementação de uma ação concreta que garanta os direitos (ao trabalho, à educação, à promoção profissional) para as pessoas em situação de inferioridade social.

No Brasil, os setores do MN e do MMN, que apóiam a implementação das cotas, compreendem-nas como estratégia política de abertura de um processo de negociação de longo prazo no combate às desigualdades raciais.

A urgência das ações afirmativas para alterar o quadro racialmente desigual do ensino universitário

Existe, atualmente, uma profusão de estudos que comprova, exemplifica e clama por políticas corretivas das desigualdades raciais na educação brasileira. O trabalho recente de Ricardo Henriques, pesquisador do Ipea, ilustra esta necessidade.

> Ao analisarmos os níveis de escolaridade a partir do recorte racial, constatamos que a escolaridade de um jovem negro com 25 anos de idade gira em torno de 6,1 anos de estudo; um jovem branco da mesma idade tem cerca de 8,4 anos de estudo. O diferencial é de 2,3 anos de estudo. A intensidade dessa discriminação racial, expressa em termos da escolaridade formal dos jovens adultos brasileiros, é extremamente alta, sobretudo se lembrarmos que se tratam de 2,3 anos de diferença em uma sociedade cuja escolaridade média dos adultos é em torno de seis anos. Embora a diferença entre nossos jovens brancos e negros de uma mesma cohorte (faixa geracional) seja intensa, não é somente a magnitude dessa diferença que representa um elemento perturbador da discriminação observada. Em termos do projeto de sociedade que o país está construindo, o mais inquietante é a evolução histórica e a tendência de longo prazo dessa discriminação. Apesar da escolaridade média de brancos e negros crescer de forma contínua ao longo do século XX, a diferença de 2,3

> anos de estudo entre jovens brancos e negros de 25 anos de idade é a mesma observada entre os pais desses jovens. E, de forma assustadoramente natural, 2,2 anos de estudo é a intensidade da diferença entre os avós desses jovens. (Henriques, 2002: 39-41)

Entretanto, o Ministério da Educação (MEC) tem apostado em políticas universalistas como meta de inclusão, tais como: universalização do ensino fundamental e médio, aumento das vagas no ensino noturno, apoio à proliferação dos cursinhos pré-vestibular para os(as) chamados(as) carentes, com ênfase nos(as) negros(as).[5]

Segundo pesquisa desse Ministério em relação ao número de estudantes do terceiro grau (2001), apenas 12% dos(as) brasileiros/(as) em idade universitária encontram-se nesse nível de ensino. Nos dias de hoje, o chamado mercado globalizado exige mão-de-obra cada vez mais qualificada, ao mesmo tempo que a obtenção de riqueza depende da capacidade de geração de conhecimento. Em decorrência desse quadro, o MEC definiu a meta de 30% de pessoas em idade universitária matriculadas no ensino superior até o final desta década. Ocorre que, sem medidas efetivas de ampliação do número de vagas e sem a qualificação das universidades existentes, principalmente da alcatéia de "uni-qualquer coisa"[6] que assola o país, é muito difícil que essa meta se cumpra obedecendo a critérios mínimos de qualidade de ensino.

É consenso, nos dias de hoje, a necessidade de uma política abrangente e coordenada visando à inclusão dos setores popula-

---

5. Para mais informações, ver, por exemplo, as diretrizes do programa Diversidade na Universidade do MEC, disponível em www.mec.gov.br.

6. Entre 1992 e 1999 – conforme noticiou a *Folha de S. Paulo* em 27 de maio de 2002 – o total de estudantes universitários brasileiros saltou de 1,4 milhão para 2,5 milhões devido ao aumento de 76% no número de vagas, principalmente nas universidades particulares. No entanto, a participação dos alunos e alunas mais pobres caiu de 8,5% para 6,9%. Como se sabe, o vestibular, principal forma de ingresso no terceiro grau, avalia a qualidade da formação do(a) estudante, e a maior parte dos(as) concorrentes, oriundos(as) de escolas públicas, nas quais o processo de ensino-aprendizagem é de qualidade questionável, inicia a corrida rumo à universidade em larga desvantagem.

cionais de renda mais baixa no ensino universitário por meio de um sistema eficaz de financiamento voltado para o(a) estudante, de forma a garantir sua permanência e bom aproveitamento. Contudo, essa posição, como as análises sobre a escola pública e o perfil de seu corpo discente feitas nas décadas de 1970 e 1980, privilegia a questão de classe e escamoteia a dimensão racial da produção da pobreza, a despeito de que as pesquisas do Ipea e do IBGE comprovem seguidamente as desigualdades entre pessoas negras e brancas.

Embora seja corrente nos meios intelectualizados, a compreensão de que o acesso ao conhecimento interfere qualitativamente na vida cotidiana, na apropriação e análise crítica do legado cultural da humanidade e na solução dos problemas práticos, não emerge com a mesma facilidade, entretanto, o entendimento de que este deve ser um direito, sem sofismas, universal. A este respeito, o professor José Jorge de Carvalho, um dos baluartes do processo de implantação do Plano de Metas para Integração Social, Étnica e Racial na UnB, afirma que:

> [...] universalizou-se [no Brasil] apenas a concorrência, mas não as condições para competir, não se equaciona o mérito de trajetória, somente conta o mérito do concurso. Nenhuma avaliação do esforço de travessia, e uma fixação cega, não problematizada, da ordem de chegada. Como se um negro se dispusesse a atravessar um rio a nado enquanto um branco andasse de barco a motor em alta velocidade e ao chegarem à outra margem suas capacidades pessoais fossem calculadas apenas pela diferença de tempo gasto na tarefa. Vista de outra perspectiva, que introduza a diferença histórica, social e econômica de desigualdade crônica dos negros no Brasil, a própria noção abstrata de concurso, de competição, de rendimento, de quantificação das trajetórias individuais passa a ser estranha e mesmo equivocada. (Carvalho, 2002: 84)

A universidade, além de espaço de produção do conhecimento, é espaço de disputa de poder, de formação dos setores dirigentes do país, e por isto, o MN e o MMN têm concentrado suas propostas de ações afirmativas nessa área da educação no afã de diminuir tal déficit. Segundo estudo do Ipea de 2001,[7] menos de 2% de estudantes negros(as) estão matriculados(as) nas universidades públicas e privadas, e, dentre essas pessoas, apenas 15,7% concluem os cursos. Ainda de acordo com esse instituto, caso a educação brasileira continue progredindo no mesmo ritmo de hoje, em 13 anos pessoas brancas devem alcançar a média de oito anos de estudos, sendo que as negras só atingirão a mesma meta daqui a 32 anos.

Cabe à universidade, então, bem como ao Estado, às empresas e à sociedade civil, pensarem formas e métodos para que o conhecimento produzido pela universidade possa se expandir, e para que todas as pessoas, de fato, possam nela ingressar e participar dessa construção.

Ao caracterizar a exclusão da pessoa negra da universidade brasileira como uma ação negativa contra seu grupo racial, José Jorge de Carvalho explora, de maneira magistralmente sensível, a condição fragilizadora do(a) estudante negro(a) na universidade pública, ou seja, a irrelevância e a carência que o(a) delimitam. A marca da irrelevância é impressa porque "uma grande parte da sabedoria prática que adquiriu para sobreviver ao mundo exterior, até passar no vestibular, perde importância diante do código rarefeito do caráter acadêmico" (Carvalho, 2002: 95). A marca da carência, por sua vez, decorre da falta de repertório cultural, da ausência do capital simbólico. Faltam aos estudantes negros e negras os bens simbólicos e imateriais adquiridos pelas pessoas que em sua vivência educacional obtiveram instrumentos para acessar, interpretar e sentir-se partícipes do legado cultural da humanidade. Como afirma o autor:

> para o universitário negro, ao stress de classe, soma-se o stress racial. Mais pesado se torna o jogo inter-racial quando se enfrentam os rituais de exibição da imagem pessoal, em seminários, conferências e outras discussões fora de aula: as poses, as demonstrações de conhecimento, os enfrentamentos sub-

7. Ver www.ipea.gov.br.

> reptícios que permitem o cultivo do lado perverso da academia – no lugar da arte o artifício (algumas vezes vazio, outras de todo falso), que pode deslocar os parâmetros legítimos de avaliação para dar lugar a tentativas de sedução e competição desleal entre os estudantes diante das oportunidades apresentadas [...]. Assim, surgem as fugas de sala de aula, as inadaptações, os mal-entendidos, os climas de desconforto e as reações psicossomáticas comuns entre os estudantes negros universitários: voz baixa, mutismo, afazia, embaraço, dislexia freqüente, irritação excessiva... conjunto de sintomas que desemboca muitas vezes no trancamento de matérias e, finalmente, em abandono dos cursos. A tudo isso, os professores brancos assistem indiferentes; ou quando chegam a perceber algum caso particular, não têm elementos analíticos socializados para equacionar a crise do aluno negro. (Idem: 96)

Concordamos inteiramente com Carvalho quando afirma que "narrar minuciosa e exaustivamente os incidentes de discriminação racial é o único modo de gerar um clima de discussão que estimule a formulação de propostas concretas de inclusão do negro no meio acadêmico brasileiro" (idem: 98). É preciso que as pessoas de bem vejam, ouçam, assustem-se e indignem-se com a virulência da discriminação racial e tomem alguma providência, porque, afinal, a luta contra o racismo é uma luta de todos(as), brancos(as) e negros(as). É uma luta a favor da humanidade.

O debate sobre as cotas para negros(as) na universidade

> *As cotas só ofendem sentimentos igualitários quando elas vêm associadas à palavra maldita: negro.*
> Elio Gaspari, *O Globo*, 28 ago. 2001.

No Brasil, as AA têm contemplado vários setores sociais, principalmente mulheres e pessoas portadoras de deficiências físicas.

Essas, entretanto, não provocaram o alarde generalizado causado pelas "cotas para negros". Chega-se a reconhecer que o racismo e a discriminação racial inviabilizam a existência plena das pessoas negras, mas combatem-se as soluções. Critica-se a solução das cotas, mas não se apresenta qualquer alternativa a elas. A democracia racial brasileira não tem mais como negar a existência das desigualdades raciais, porém, enfrentá-las "são outros quinhentos". Tem faltado determinação política, seriedade e disposição para mudar o *status quo* que estigmatiza e oprime o povo negro.

Para pessoas portadoras de deficiências físicas, a Lei n. 8.112/90 define a reserva de 20% das vagas nos concursos públicos; a Lei n. 8.666/93 permite a contratação, sem licitação, mas pelo preço de mercado, de associações sem fins lucrativos compostas por membros deste grupo e, desde 1991, empresas com mais de cem funcionários devem preencher de 2% a 5% dos cargos com esses(as) profissionais.

Quanto às mulheres, a Lei Eleitoral n. 9.504/97 dispõe sobre sua participação como candidata e estabelece mínimo de 30% e máximo de 70% de candidaturas de cada sexo.

Em 2002, uma parceria entre a Secretaria Municipal de Desenvolvimento Social, a Fundação Cesgranrio e a Universidade Estácio de Sá procurou dar cumprimento à Lei de Diretrizes e Bases da Educação (LDB) em sua definição de que todo o professorado da educação infantil deverá concluir o nível superior até 2007. O problema é que as recreadoras de creches têm salários baixos (de 180 a 200 reais) que não lhes possibilitam cursar uma universidade privada. Acrescente-se, aí, a defasagem que elas apresentam frente aos conteúdos exigidos no vestibular (muitas delas concluíram o ensino médio há algum tempo), o que dificulta o ingresso dessas profissionais em instituições públicas. Um convênio entre as três instituições concede bolsas de estudos possibilitando que recreadoras cursem a graduação pagando apenas R$ 60,00 por mês. Por meio do convênio, a universidade reduziu a mensalidade do curso para R$ 120,00 e a Fundação Cesgranrio comprometeu-se a completar a bolsa de estudos, fazendo com que as parcelas chegassem a R$ 60,00.

Estes foram alguns exemplos de AA que não ferem o sentimento de igualdade ou o pressuposto do mérito porque não têm recorte racial. Deixa-se intacto o nó górdio da sociedade brasileira, ou seja, o racismo produtor das desigualdades raciais. Mantém-se a salvo o "jeitinho brasileiro" de dizer-se grato à "mãe preta", de enaltecer a feijoada, a "baiana do acarajé", sem se preocupar, contudo, com a correção das relações trabalhistas, sem criar as oportunidades para que a cozinheira negra possa tornar-se chefa de cozinha e para que a "baiana do acarajé" possa estruturar sua microempresa.

As políticas de promoção da igualdade racial no terceiro grau, levadas a termo por várias universidades por meio da definição de cotas para negros(as), têm sido o substrato dessa discussão. A Universidade Federal da Bahia (UFBA), a Universidade Estadual do Rio de Janeiro (Uerj) a Universidade de Brasília (UnB) e a Universidade de São Paulo (USP), há alguns anos vêm desenvolvendo projetos isolados de acesso e permanência de estudantes negros(as) que têm garantido a "sobrevivência acadêmica" e, em vários casos, o sucesso dessas pessoas. A partir do segundo semestre de 2002, as universidades estaduais do Rio de Janeiro (Uerj e Uenf – Campos) e a Universidade Estadual da Bahia (Uneb) vêm adotando iniciativas importantes na área específica de cotas para estudantes negros(as). Além disso, várias universidades,[8] tais como: a Universidade Estadual de Mato Grosso do Sul (UEMS), a Universidade Federal da Bahia (UFBA) a Universidade Federal Fluminense (UFF), a Universidade Federal do Paraná (UFPR), a Universidade Estadual de Santa Catarina (Udesc), a PUC-Minas, a Universidade Federal do Amapá (Unifap) e a Universidade Federal do Amazonas (Ufam), encontram-se em avançados processos de discussão e/ou implementação de cotas para negros(as).

A UnB, seguindo sua tradição inovadora, aprovou, em 6 de junho de 2003, o Plano de Metas para Integração Social, Étnica e Racial, no Conselho de Pesquisa e Extensão (Cepe) da institui-

8. Fontes diversas coletadas pela autora: notícias de jornais e revistas, conversas com protagonistas da luta pelas cotas nas universidades, anotações de palestras dadas em algumas dessas instituições.

ção, com o intuito de democratizar o acesso à universidade para os setores populacionais que, tradicionalmente, têm estado ausentes. Apóiam esta decisão os dados do IBGE e do programa A Cor da Bahia/UFBA, segundo os quais a população negra representa 53,6% da população total do Distrito Federal e 32,3% dos(as) estudantes da UnB. O segmento branco, por sua vez, perfaz 45,9% da população geral e 63,7% do total discente da UnB (Queiroz, 2002: 31-32). Por meio dessa iniciativa, a UnB constitui o programa de ação afirmativa mais completo já implantado em uma universidade brasileira. Iniciativa que deve funcionar como estímulo para que as demais se inspirem e construam programas ainda melhores.

Um programa exemplar: o Plano de Metas para Integração Social, Étnica e Racial da UnB[9]

A medida prevê que, por um período de dez anos, a partir de 2004, 20% das vagas de graduação da universidade serão destinadas a candidatos(as) que se identificarem como negros(as) e opcionalmente queiram concorrer às vagas de ação afirmativa. A medida é extensiva ao Programa de Avaliação Seriada (PAS). O estabelecimento de uma meta temporal que, uma vez alcançada, fundamentará reavaliações e ajustes, é inédita nos programas de AA das universidades brasileiras. Isto significa o ingresso de cerca de 78 estudantes negros(as) por ano, já que a UnB tem, atualmente, 3.900 vagas para o início da graduação (Carvalho & Segato, 2003). Serão, então, cerca de 780 graduandos(as) negros(as) em 17 anos (considerando que os(as) ingressantes levem quatro anos para se formar). Isso alterará substantivamente o quadro vigente no qual apenas cerca de 2% dos alunos(as) da instituição são negros(as).[10] Trata-se de uma mudança maravilhosa, algo nunca visto por aqui. Um deta-

---

9. O Plano tem o mérito de prever também ações para os(as) indígenas, mas optamos por destacar apenas a dimensão racial no tocante às pessoas negras.

10. "Aprovado cotas na UnB", *Correio Braziliense*, 7 jun. 2003.

lhe importante para acalmar o coração dos(as) precipitados(as) é que não há obrigatoriedade no preenchimento das vagas. Quando menos de 20% de candidatos(as) negros(as) forem aprovados(as) para os cursos, as vagas remanescentes retornarão ao conjunto de vagas gerais do vestibular.

Quanto aos critérios de autodeclaração e de ingresso, a dupla de autor/autora citada afirma que:

> Os alunos que pleitearem a entrada por ação afirmativa farão a mesma prova do vestibular e do PAS que os outros e terão que ser aprovados como qualquer candidato, alcançando a pontuação prevista para a aprovação. Deste modo não serão integrados candidatos desqualificados na universidade, pois o vestibular continuará sendo competitivo como sempre. A única diferença é que os candidatos que aspirarem a esse benefício identificar-se-ão como negros no ato da inscrição e, após corrigidas suas provas, serão classificados separadamente, sendo aprovados os melhores colocados dentre os classificados, até o preenchimento das vagas a eles destinadas. (Carvalho & Segato, 2003: 12)

Uma ação fundamental da estratégia de divulgação será a realização de uma campanha efetiva de divulgação do Plano de Metas nas escolas em que estudam os(as) potenciais candidatos(as) negros(as) que, via de regra desconhecem o funcionamento da universidade, "devido à alta segregação espacial e social existente no Distrito Federal" (*idem*: 8). Outra importante medida para implementar o programa é a introdução do quesito cor para autoclassificação nas fichas de inscrição ao vestibular e nas fichas de registro dos(as) candidatos(as) aprovados(as).

Para garantir o ingresso de estudantes negros(as) em cursos de alta competitividade, como Medicina e Direito, será estruturado um programa de acompanhamento permanente nas escolas públicas do Distrito Federal, especialmente nas regiões de baixa renda da cidade.

Como temos dito (Silva, 2002), a trilogia *acesso*, *permanência* e *sucesso* é imperativa quando se fala de AA para o povo negro na universidade. A UnB continua à frente porque define bolsas de estudos para os(as) ingressantes negros(as), de acordo com os critérios da Secretaria de Assistência Social da Universidade, e propõe-se a implementar três programas diretamente relacionados com o Plano de Metas, a saber:

1. um programa de apoio acadêmico e psicológico, ou de tutoria, não obrigatório, porém sob solicitação, para *todos(as)* (grifo nosso) os(as) calouros(as) que demonstrarem dificuldades no acompanhamento das disciplinas;
2. um programa acadêmico destinado a observar o funcionamento das ações afirmativas, avaliar seus resultados periodicamente, sugerir ajustes e modificações e identificar aspectos que prejudicam sua eficiência;
3. uma ouvidoria destinada a promover a inclusão de pessoas negras e membros de outras minorias e categorias vulneráveis na universidade. (Carvalho & Segato)

Embora o Plano seja maravilhoso, como já declaramos, temos uma única discordância, a certa altura do texto, afirma-se que a medida emergencial do estabelecimento de 20% das vagas da UnB para estudantes negros(as) visa "acelerar a formação de uma *elite* [grifo nosso] acadêmica negra capaz de contribuir na formulação de novas políticas públicas que visem eliminar definitivamente o problema da desigualdade e da exclusão racial no Brasil"(idem). Ora, nós queremos que a universidade renuncie ao seu papel histórico de formadora de elites, que tenha uma proposta democrática, inclusiva e transformadora. Não queremos criar uma "elite negra" para nos "igualarmos" à elite branca. As elites, ao longo da História, têm cumprido o papel conservador de garantir para si e para seus descendentes privilégios das mais distintas naturezas. Se quisermos formar um(a) negro(a) "capaz de contribuir na formulação de novas políticas públicas que visem eliminar definitivamente o problema da desigualdade e da exclusão racial no Brasil", precisamos convocar essa pessoa a renunciar ao brasão de elite negra, para que, de fato, possa haver algum tipo de transformação nas relações raciais assimétricas.

Além desta ação da UnB, apenas o Programa de Ação Afirmativa na Pós-graduação das fundações Ford e Carlos Chagas prevê medida similar, a saber: num período de sete anos a partir do início do programa no ano de 2001, serão selecionas 42 pessoas a cada ano, oriundas de grupos tradicionalmente excluídos da pós-graduação, dentre eles, os(as) negros(as).

Outras medidas em curso para prover o acesso, permanência e sucesso do povo negro na universidade

Foi criada a Comissão Permanente de Políticas Públicas para a População Negra (CPPN) na USP (www.usp.br/politicaspublicas) com o objetivo de pensar (e propor ações) para enfrentar as desigualdades raciais. No primeiro semestre de 2001, esta Comissão realizou o Censo Étnico-Racial da USP, cujos resultados constituíram-se em exemplo irrefutável da ausência de negros(as) nas principais universidades públicas do país.

Foram entregues questionários a todos(as) os(as) estudantes de graduação e pós-graduação para respostas voluntárias, por meio das quais se percebeu que os(as) estudantes negros(as) concentram-se na área de Ciências Humanas, com presença ínfima nas áreas de Biomédicas e Ciências Exatas; nestas, foi verificada uma concentração acentuada de pessoas de ascendência oriental. Segundo a coordenação da pesquisa, o objetivo central do censo era conhecer o tamanho e a composição racial e étnica da comunidade "uspiana". A pesquisa se presta, ainda, a utilizar os dados para, no futuro, subsidiar estudos e programas sobre o acesso e desempenho escolar e que levem em conta variáveis étnicas, bem como estudos sobre igualdade de tratamento e de oportunidades na comunidade universitária.

Vale observar que pelos critérios de autoclassificação há uma diversificação surpreendente dentre aqueles(as) que se autodefinem como brancos(as) (24 variações), destacando-se designações como: "entre branca e amarela", "branca, morena", "branca, mestiço", branco reflexivo", "acho que seria branca". Embora os resultados do censo não apontem para esta conclusão, podemos inferir que há um efeito perceptível do debate sobre as ações afirmativas nessas autoclassificações das pessoas brancas, ou seja, parece haver uma tendência para que as pessoas relativizem a sua "branquitude" no momento em que "ser negro" (ou "quase negro") pode significar alguma coisa boa, como exemplo, ter acesso ao direito à educação.

Outra ação da USP que poderia contemplar a ampliação do acesso de pessoas negras à universidade é a criação da USP na zona leste[11] da cidade de São Paulo. Causa estranhamento a ausência do componente racial, já que esta região é reconhecidamente a mais negra da cidade. São cerca de oito milhões de habitantes e não há um levantamento oficial que nos permita dizer quantos são negros(as), entretanto, é só utilizarmos o metrô, transporte coletivo mais eficaz da região, para ter a sensação de que estamos numa "pequena África", tamanho o contingente de pessoas negras. Talvez por isto mesmo, em vários debates sobre o tema no interior da própria USP, diversas vozes reiterem que se trata da USP *na* zona leste e não *da* zona leste. Parece invasivo que aquele "povo de lá" possa considerar a USP a sua universidade, como consideram suas as escolas de samba "de raiz" da região: Flor de Vila Dalila, Leandro de Itaquera e outras.

Divulga-se aos quatro cantos que após a realização de uma pesquisa com quase seis mil alunos(as) do ensino médio e de cursinhos pré-vestibular da região, elaborou-se uma lista de dez possíveis cursos, dentre os quais serão escolhidos oito para o primeiro vestibular em 2005, provavelmente com mil vagas. Esses cursos "serão pautados pela inovação e pelo reconhecimento de peculiaridades daquela extensa região".[12] Intriga-nos saber se as indica-

---

11. Portaria GR n. 618, de 29 de maio de 2002 criou uma comissão cuja missão era "avaliar a possibilidade e a conveniência da implantação de atividades de ensino da USP na zona leste". A comissão foi instalada em 13 de junho de 2002.

12. Ver relatório da Comissão de Implantação, disponível em www2.usp.br/temp/relatorio.pdf.

ções desse público foram nuançadas pela falta de informação qualificada, de acessos e oportunidades (até de conhecimento do novo) que confinam essa população a um universo circunscrito de escolhas. É improvável que vários(as) desses(as) jovens gostem de matemática ou física e desenvolvam interesse por essas disciplinas e, conseqüentemente, pelas carreiras correlatas, se lhes faltam professores(as), motivação e, às vezes, carteiras na sala de aula, ou, nas situações mais drásticas, falta até mesmo a escola.

Evidentemente, trata-se de uma retórica populista e desrespeitosa quanto ao quê, ou quem, de fato, é "peculiar" naquela extensa região. Uma das peculiaridades da área que deveria ser considerada de forma séria e integradora é que a população de lá está fora da universidade por motivos que a própria comissão aponta, diz o texto:

> a Zona Leste reúne numerosas parcelas da população trabalhadora, detentoras de rendas mais baixas, mas dotadas de grande vitalidade na luta por seus objetivos de transformação social e ascensão: esta região é capaz de fornecer a base e o substrato necessários para a implantação desse novo *campus*. Identifica-se nos seus diferentes segmentos sociais uma forte expectativa de que tal iniciativa venha a favorecer uma explícita afirmação de anseios e necessidades da região.

De que substrato se fala? Da larga mão-de-obra barata e desempregada potencialmente aproveitável na construção da USP *na* zona leste? O que a comissão entende ou quer entender sobre os "anseios e necessidades da região"? A USP-mãe criou a CPPN mas se recusou a discutir cotas para negros(as) e já se apressa a declarar que não criará "cotas geográficas" na nova unidade. Se não houver medidas sérias para incluir a população local, a USP *na* zona leste não passará de um enclave branco e rico numa região negra e pobre.

Projetos desenvolvidos por organizações da sociedade civil em parceria com empresas têm se mostrado como alternativas viáveis que têm possibilitado o *acesso*, *permanência* e *sucesso* de pequenos grupos de jovens negros(as) na universidade. Um desses projetos é o Geração XXI (já mencionado), que nos seus quatro anos de existência contabiliza resultados positivos: dos seus/suas 21 integrantes, dez se encontram na universidade, em cursos como Matemática, Arquitetura, engenharias Mecatrônica e de Produção, Comunicação em Multimeios, Tecnologias de Comunicação, Jornalismo e Direito. Geledés desenvolve ainda parcerias da mesma natureza com as empresas Colgate-Palmolive e Xerox.[13]

Uma alternativa contundente e bem articulada para alterar o quadro do déficit de negros(as) na universidade foi proposta pelo Programa Internacional de Bolsas de Pós-graduação da Fundação Ford/Fundação Carlos Chagas, aqui já citado, lançado no Brasil em finais de 2001. Não se trata de um programa especificamente dirigido a candidatos(as) negros(as), mas pelo número de pedidos de cartas de indicação recebido pelas Organizações Negras podemos inferir que houve grande número de candidatos(as). No primeiro concurso, pode-se especular que dentre as 1.506 candidaturas, parte significativa, seguramente, foi de pessoas negras que viram no concurso a possibilidade de iniciar ou prosseguir sua qualificação acadêmica.

O texto do edital foi bastante acolhedor e dava a pessoas tradicionalmente excluídas do elitista sistema de pós-graduação brasileiro, a sensação de que aquela seria a sua vez. É revelador desse interesse o recebimento de 36.809 consultas no *site* do concurso (www.programabolsa.org.br). Além disso, haverá mais seis concursos, para selecionar 42 novos(as) bolsistas a cada ano. O depoimento de Silvia Lourenso, bolsista eleita do programa de 2003, é elucidador:

> O Programa de Ação Afirmativa na Pós-Graduação da Fundação Ford representa, para mim, um exercício de cidadania. Como tantos(as) outros(as) negros(as), sempre contei com poucos – quando não raros! – recursos para desenvolver o que quer que fosse em qualquer âmbito da vida.

---

13. Respectivamente: projetos Próxima Parada: Universidade e Afro-ascendentes.

> Deficiências da escola pública, passando por uma carga de trabalho de oito horas diárias antes de encarar, à noite, a faculdade particular, até chegar no mestrado e ter o curso interrompido, entre outras razões, pela fome que batia quando o dinheiro só dava para pagar o ônibus.
> O processo de preparação do dossiê para candidatura ao Programa levanta expectativas e nos causa muita tensão. Não é à toa; queremos condições dignas para fazer o que nos motiva a vida: estudar; obter a qualificação necessária para atuarmos na formulação e operacionalização de um projeto político para construção de uma sociedade racialmente mais democrática.
> E a dignidade da qual falo está presente em cada momento da execução do Programa. Nos são oferecidas (aos bolsistas eleitos e aos efetivos) todas as condições para admissão e permanência em programas de mestrado ou doutorado no Brasil ou em outro país.
> Cursos de idiomas, informática, orientação pré-acadêmica para melhoria do pré-projeto de pesquisa e escolha da universidade mais adequada à linha de pesquisa pretendida, informações sobre cursos e universidades, auxílio na inscrição e matrícula (pagamento das taxas, transporte e estadia), auxílio para compra de livros, computador, entre vários outros.
> Ou seja, o Programa foi concebido a partir do pressuposto de que temos deficiências históricas e, para desenvolver nossas potencialidades (acadêmicas e de lideranças, diante do nosso compromisso social), precisamos estar amparados(as), dos pequenos detalhes aos mais complexos.[14]

Outra proposta importante de ação afirmativa na universidade foi o Concurso Nacional "Cor no Ensino Superior", estabelecido pelo Laboratório de Políticas Públicas da Uerj, em parceria com a Fundação Ford. Organizações governamentais e não-governamentais, associações comunitárias, sindicatos, movimentos sociais

14. Sílvia tem 27 anos, é moradora do aglomerado Santa Lúcia, em Belo Horizonte (MG). É amiga pessoal da autora e, gentilmente, atendendo a um convite, enviou o depoimento acima por *e-mail*, com vistas à publicação.

e instituições de ensino universitário brasileiras estavam aptos a participar da seleção.

A dotação de 2,5 milhões de reais destinava-se à seleção e financiamento de quarenta projetos orientados a promover ações, programas e iniciativas que visassem "ampliar as condições de acesso e/ou permanência de membros dos grupos historicamente excluídos das instituições de ensino superior brasileiro, especialmente os afro-brasileiros carentes". O Concurso pretendia "estimular experiências existentes, bem como fomentar a criação de novas iniciativas destinadas a promover ações democratizadoras que ativem políticas institucionais e/ou governamentais orientadas ao combate das desigualdades étnico-raciais e sociais no ensino superior brasileiro", como dizia o edital.

Mas, para além das iniciativas desenvolvidas no âmbito do ensino universitário, faz-se necessário investir no preparo escolar daquelas pessoas que concorrerão à universidade, ainda no ensino médio; combater, por meio da formação dos educadores e educadoras, as manifestações do racismo e da discriminação racial produzidas e reproduzidas no ambiente escolar e que incidem diretamente nos altos índices de repetência e evasão das crianças e adolescentes negros(as); criar novas formas de avaliação de conhecimentos para ingresso nas universidades, por exemplo, valorizar o histórico escolar do ensino médio e avaliar os(as) estudantes ao fim de cada ano letivo durante o período pré-universitário, a exemplo do que se faz com o Programa de Avaliação Seriada (PAS), em Brasília.

Além do mais, sabemos que a conquista efetiva de escola pública, gratuita e de boa qualidade para todos(as), no ensino fundamental e médio, é um sonho e faz parte do rol de reivindicações de significativa parcela da classe média intelectualizada brasileira, entretanto, isso não isenta este segmento de garantir o ensino privado de boa qualidade para seus(suas) filhos(as) e netos(as), simplesmente porque não faz sentido sacrificar pessoas enquanto as condições reais para tal sonho não existem. É fundamental, entretanto, pensar concomitantemente condições de *acesso*, *permanência* e *sucesso* para jovens negros(as) e outros setores excluídos da universidade. Neste sentido, a docência das universidades de excelência, hoje, muito mais vinculada à pesquisa do que ao ensino, precisa se deter no processo de ensino-aprendizagem; isto significa desenvolver formas de lidar com as defasagens e as desigualdades, perceptíveis na falta de domínio de língua estrangeira e de tecnologias de informática e de informação. Para de fato mudar esse quadro faz-se necessário que o sistema de educação nas boas universidades brasileiras pare de lamentar a falta de conhecimentos prévios dos(as) estudantes e volte a ensinar.

Referências Bibliográficas

CARVALHO, José Jorge. 2002. "Exclusão racial na universidade brasileira: um caso de ação negativa". In: *O negro na universidade*. Salvador, Novos Toques , n. 5, pp. 80-99.

CARVALHO, José J. & SEGATO, Rita Laura. 2003. *Plano de metas para integração social, étnica e racial da UnB* (no prelo – consultado nos arquivos do Instituto Nzinga de Capoeira Angola, setembro).

FUCS, Ronald. 2002. "Que Deus te faça aluno da Uerj", *O Globo*, Opinião, 22 mar.

HENRIQUES, Ricardo. 2002. *Raça e gênero nos sistemas de ensino: os limites das políticas universalistas na educação*. Brasília: Unesco.

QUEIROZ, Delcele M. 2002. "Desigualdades raciais no ensino superior no Brasil. Um estudo comparativo". In: *O negro na universidade*. Salvador, Novos Toques , n. 5, pp. 15-55.

SILVA, Maria Aparecida da. 2002. "Ações afirmativas em Educação: acesso, permanência e sucesso do povo negro na universidade". *Palmares em Ação*, ano I, n. 2, out./dez.

O Globo, Caderno Opinião, 28 jan. 2002.

Folha de S. Paulo, 27 maio 2002.

2

Definições de metodologias para seleção de pessoas negras em programas de ação afirmativa em educação

CIDINHA DA SILVA

Uma falsidade ideológica: a dúvida sobre quem é negro(a) no Brasil

Tão logo se iniciou a discussão sobre a implantação das cotas para negros(as) nas universidades brasileiras, seus opositores tentaram impor-nos um falso dilema: quem é negro(a) no Brasil? "Dúvida" nova, haja vista que, para discriminar, o tiro vem sendo historicamente certeiro, mas para garantir direitos (desconstruindo privilégios), surpreendentemente, a pessoa negra se desvanece na decantada miscigenação racial brasileira.

Convém notar que a miscigenação, como fator de indefinição de quem é negro, é enfaticamente lembrada quando se trata de proteger exclusividades atribuídas aos(às) brancos(as), o que significa dizer que todo(a) brasileiro(a) seria "um pouco" negro(a), dispensando, portanto, a necessidade de políticas focalizadas, específicas para os(as) negros(as), que (aqui reside o grande terror) mexeriam com lugares e situações nos quais a idéia naturalizada da superioridade branca reina incólume (universidades, judiciário, direção de empresas, cargos públicos de alto escalão, instâncias de decisão e poder).

Apoiadas em supostos ancestrais (negros) comuns de brasileiros(as) brancos(as) e negros(as), as elites nacionais defendem a idéia de democracia racial como mito fundante, civilizador. A partir disso, negam a existência do racismo e da discriminação racial contra os(as) negros(as), mesmo que a análise de qualquer indicador econômico-social, como moradia, salário, educação ou emprego explicite as desigualdades raciais experimentadas pelo povo negro nesta irreconhecível "democracia racial".

A negação da existência do racismo no Brasil tem ainda outra característica importante: ter-se-ia aqui um problema de "cor da pele" e não de pertencimento racial, embora as diferenças entre as pessoas que se declaram pretas e pardas nos levantamentos do IBGE sejam estatisticamente insignificantes. A "cor" das pessoas tem valor hierarquizado em sociedades racializadas, ou seja, em sociedades nas quais as pessoas valem mais ou menos, de acordo com as características fenotípicas que carregam. Seguindo esse raciocínio, no caso brasileiro, quanto mais as pessoas se aproximarem do modelo dominante, branco/europeu, maior será o seu valor; quanto mais se distanciarem do modelo inferiorizado, negro/africano, maiores serão as chances de serem aceitas no mundo de domínio branco. Nesse sentido, torna-se fácil entender porque a população brasileira lança mão de diversos recursos semânticos para se autoclassificar, inventando dezenas de "cores" intermediárias, que a um só tempo as aproximem do modelo branco valorizado e as distanciem do modelo negro menosprezado.[1]

A distinção entre teoria e prática é substancial para que se compreenda a situação social dos(as) negros(as) no Brasil. Constitucionalmente não há diferenças de raça, cor, religião ou credo. Conta-se inclusive com uma lei (7.716/89) que criminaliza a prática de discriminação racial. Entretanto, o problema é bem mais profundo do que a aplicabilidade da lei, o que já é bastante complexo e, muitas vezes, desalentador. A questão tem sido traduzir práticas racistas cotidianas, experiências concretas de discriminação racial, em violação de direitos, teoricamente garantidos pela Constituição.

A compreensão das "brincadeiras" e piadas racistas e discriminatórias contra pessoas negras como expressões do racismo no Brasil são um exemplo dessa dificuldade. Essas atitudes se reves-

1. Para uma mostra desta complexidade consultar a Pesquisa Nacional por Amostragem de Domicílio (PNAD) de 1979, na qual se foram escolhidas cerca de 136 diferentes "cores" pelos(as) entrevistados(as) para se autoclassificar.

tem de uma aparência trivial e inofensiva, mas verdadeiramente formam um repertório discursivo que garante a perpetuação de preconceitos, estereótipos e práticas discriminatórias em relação ao povo negro. Quando crianças e adolescentes ouvem adultos(as) criando "inocentes brincadeiras racistas", sentem-se encorajadas a compreender a hostilidade racial como algo aceitável e a perpetuá-la como algo admirável.

A classificação por cor ou étnico-racial é tema recorrente na pesquisa sobre relações raciais no Brasil, mas para nós, ativistas negros(as), cuja essência do trabalho é o fazer político, não há necessidade de investigações que despendem anos e milhares de dólares para sabermos quem é negro(a) no Brasil. Temos à nossa disposição, caso precisemos de ajuda, a definição que a polícia faz de seus suspeitos preferenciais, as escolhas dos(as) programadores(as) de televisão, dos(as) especialistas em mostrar imagens convincentes dos protagonistas da criminalidade urbana, bem como da violência praticada ou sofrida (de acordo com a conveniência da mensagem), dos(as) empregadores(as), diretores(as) de empresas, todos(as) tarimbados(as) na prática de definir para o bem e para o mal, quem é negro(a). Nós, ativistas do Movimento de Mulheres Negras (MMN) e do Movimento Negro (MN), definimos a pessoa negra como aquela que se identifica como negra (por sua própria história, pelas categorias do IBGE e outras) e que é tratada como tal. Novamente, basta utilizarmos os critérios da polícia, da mídia, da publicidade etc., para sabermos como se trata um(a) negro(a).

Ainda no quadro das dúvidas instituídas, buscaremos demonstrar como o recenseamento demográfico brasileiro, referencial de classificação racial adotado por várias políticas de ação afirmativa, trata o tema.

A representação da "cor" nos recenseamentos de uma sociedade racializada: de preto a Afrodescendente

Desde o primeiro recenseamento de população no Brasil, em 1872, a representação por cor se dá em quatro categorias: branco, preto, caboclo e pardo. Em 1890, data do segundo censo nacional, foram mantidas as três primeiras opções classificatórias e substituiu-se o termo pardo por mestiço. Nos recenseamentos seguintes, em 1900 e 1920, não foi coletada a informação cor. A partir do censo de 1940, incorpora-se a categoria amarela para contemplar a imigração japonesa, ocorrida principalmente de 1908 a 1930.

No censo de 1970, período mais sangrento da ditadura militar, a variável cor foi excluída da pesquisa. Ressalte-se que, concomitantemente a esta modificação no censo, o governo militar proibiu a veiculação pela imprensa, de qualquer notícia referente a negros e ao Movimento Negro.

Dez anos depois, o quesito cor voltou a ser pesquisado com acréscimo da categoria indígena, adotando-se, então, no censo de 1980 e nos de 1991 e 2000, cinco categorias: branco, preto, pardo, indígena e amarelo.

No ano de 1980 houve uma ampla mobilização das organizações negras convocando a população afro-brasileira a declarar-se preta e parda, conforme as categorias do IBGE, órgão realizador do censo. Paralelamente, discutiu-se com demógrafos(as) aliados(as) à luta dos movimentos Negro e de Mulheres Negras, a viabilidade de adotar-se o termo identificador negro, em substituição a pretos e pardos, por ser esta a forma de identificação política adotada pelo MN brasileiro para congregar as pessoas de origem africana nascidas no país. O intento não foi alcançado, porque a substituição de categorias classificatórias quebraria a comparabilidade das pesquisas. Entretanto, desde então, tem sido usual que diversos setores, comprometidos com o combate às desigualdades raciais, analisem de forma agregada as informações estatísticas relativas a pretos e pardos, constituindo, desta forma, o contingente negro. Para além do sentido político, este somatório de pretos e pardos tem sido possível, porquanto os diferenciais entre estes dois grupos são estatisticamente insignificantes.

A despeito da compreensão inequívoca de que é necessário manter as categorias preto e pardo, o MN e o MMN têm contribuído para a elaboração de propostas que ampliem e aprofundem as categorias de classificação racial da população brasileira. Sabe-se que para promover qualquer mudança no recenseamento de 2010, será necessário que a mesma tenha sido investigada e aprovada até 2007. Pesquisadores interessados no tema têm discutido com estes segmentos interessados uma estratégia para alcançar esse fim, ou seja, conquistar alterações na forma de autoclassificação da população negra que expressem o processo de afirmação política do conjunto da população negra nos últimos 23 anos.

Alguns(algumas) técnicos(as) do IBGE[2] discutem, dentro da instituição, a inclusão de um suplemento étnico-racial, composto por uma bateria de 13 perguntas, na PNAD (Pesquisa Nacional por Amostragem de Domicílio) de 2003, por meio do qual se investigaria profundamente formas mais eficazes de aferir o quesito étnico-racial. Os resultados desse material seriam divulgados no segundo semestre de 2004 e analisados em 2005-2006. Esta seria a base para a proposta de mudanças mais efetivas em outro questionário que se aplicaria em 2007. A postura do MN e do MMN é de manter as categorias classificatórias existentes, para não se perder a possibilidade de comparação entre as pesquisas, ao mesmo tempo em que se investiguem e se consolidem formas de ampliar e aprofundar a coleta dos dados.

Em busca de uma designação que contemple todos os negros e negras das Américas, o MN e o MMN do Brasil propuseram o termo Afrodescendentes durante o processo preparatório da III Conferência Mundial contra o Racismo, ocorrida em Durban, África do Sul, de 30 de agosto a 7 de setembro de 2001. A expressão origina-se de outra, a inglesa *people of african descent*. É um termo que indica amplo contingente populacional que vive em condições de

2. Anotações de reunião de ativistas negros(as) e representantes de indígenas de São Paulo com José Luiz Petruccelli, técnico do IBGE, ocorrida em 17 de julho de 2002 com o objetivo de ouvir estes(as) ativistas quanto à aplicação do quesito cor e suas possíveis mudanças nas pesquisas do IBGE. Ocorreram reuniões similares na Bahia, Rio de Janeiro e Belo Horizonte. Os resultados e anotações das reuniões circularam pela *internet*, mas o objetivo final destas era mesmo subsidiar uma proposta concreta para a formulação de um suplemento étnico-racial na PNAD de 2003.

enorme vulnerabilidade econômica e social, resultantes da ação do racismo e da discriminação racial, ainda que não tenha consciência disso. A expressão tem sido utilizada em diversos programas de ação afirmativa para nominar as pessoas que podem pleiteá-las.

Estatuto da Igualdade Racial: a salvaguarda para a denominação dos sujeitos das ações afirmativas

Os programas e políticas de ação afirmativa implementados pelas organizações da sociedade civil, empresas, universidades, fundações, governos municipais, estaduais e federal têm se pautado pela autodeclaração dos(as) postulantes. As terminologias consideradas variam de pretos/pardos (categorias do IBGE); negros/pardos, também citados como categorias do IBGE, entretanto, negro não o é. Parece tratar-se de uma livre interpretação de "preto", como o objetivo de ser "politicamente correto". A variação prossegue com Afrodescendentes e, finalmente, negros.

O Estatuto da Igualdade Racial (EIR),[3] cujo substitutivo foi aprovado em 4 de dezembro de 2002, por uma Comissão Especial da Câmara dos Deputados, destinada a apreciar e produzir parecer sobre o mesmo, poderá ser a proteção esperada para que as políticas específicas para a população negra, com vistas a produzir a igualdade racial, cresçam em progressão geométrica.

O EIR[4] pretende configurar um documento normativo básico, capaz de propor e orientar a adoção de iniciativas de superação da discriminação racial e das desigualdades raciais, por parte do Estado e da sociedade civil. É um texto compatível com outras iniciativas normativas em vigor, bem como com as propostas subseqüentes que o complementem e aprofundem. Dois aspectos

3. Projeto de Lei 3.198 de 2000.

4. Informações retiradas do documento "Propostas para o Projeto de Lei 3.198 de 2000" que institui o EIR.

definem a área de abrangência do estatuto: a inclusão da dimensão racial nas políticas públicas desenvolvidas pelo Estado e a instituição de programas, medidas e políticas de ações afirmativas destinadas a promover a igualdade de oportunidades e a justiça social.

A elaboração do EIR se deu em um clima aberto, democrático e participativo. Houve audiências públicas, uma série de debates e seminários nas assembléias legislativas e câmaras municipais dos Estados do Rio Grande do Sul, São Paulo, Minas Gerais, Rio de Janeiro, Bahia, Pernambuco e Maranhão nos meses de abril e maio de 2002, culminando com o seminário "Construindo a Igualdade Racial" no auditório Nereu Ramos, no Congresso Nacional. Participaram destas atividades políticos das áreas legislativas federal e estadual, universidades, movimentos sociais, especialmente o MN e o MMN, órgãos e organizações de defesa das pessoas negras, intelectuais, artistas e ativistas. Foram contratados(as) consultores(as) de reconhecida *expertise*, referendados por aqueles, para emitir seus pareceres baseados em artigos técnicos, documentos diagnósticos e propositivos encaminhados por organizações negras, legislações nacionais e internacionais, das quais o Brasil é signatário e Declaração e Plano de Ação de Durban, dentre outros documentos.

Alguns artigos são especialmente importantes posto que propõem soluções para problemas atávicos, como, exemplo, a inclusão da dimensão racial nas políticas públicas de desenvolvimento econômico e social, proposta no terceiro artigo. Mesmo a esquerda no Brasil, ou principalmente a esquerda, equivoca-se ao pensar que políticas gerais focalizadas nas comunidades pobres beneficiarão as comunidades negras. Isto não ocorre. O programa Médico de Família, desenvolvido pelo governo do Estado de São Paulo é ilustrativo. Os(as) agentes comunitários(as) de saúde devem cadastrar as famílias de baixa renda, destituídas de serviços de saúde em seus locais de moradia e, posteriormente, a partir desse cadastro, os(as) médicos(as) visitarão as famílias. Ocorre que as pessoas negras vivem um quadro social tão precário, ruas sem asfaltamento, a beira de ribanceiras, bairros violentos etc., que os(as) agentes de saúde se abstêm de chegar tão longe e quando questionados(as), alegam que não o fazem porque correm risco de vida. Como conseqüência, grande número de famílias negras não são atendidas pelo programa, mesmo sendo tão pobres ou ainda mais pobres, do que as famílias brancas contempladas.

O quarto artigo do EIR autoriza o poder executivo a instituir a Comissão Nacional de Combate à Discriminação e Promoção da Igualdade Racial, órgão colegiado permanente composto por seis representantes dos ministérios, quatro deputados(as) e dois senadores(as), seis representantes dos tribunais superiores, dois representantes do Ministério Público Federal e 18 representantes de organizações da sociedade civil dedicadas ao combate às desigualdades raciais, com mandato de quatro anos.

Essa comissão terá atribuições de assessorar o presidente da República na formulação, coordenação, supervisão e avaliação das políticas públicas, programas e medidas de ação afirmativa adotadas no plano federal; detalhar e supervisionar a implementação de programas; estipular em conjunto com os ministérios, metas quadrienais a serem atingidas na esfera federal; gerenciar o Fundo Nacional para o Desenvolvimento das Ações Afirmativas, dentre outras.

O nono artigo do EIR, instituinte do Fundo, define a composição dos recursos e sua origem, viabilizando assim, as condições materiais para a efetivação das iniciativas indicadas.

O título II do EIR trata dos Direitos Fundamentais em dez capítulos: direito à vida e à saúde; educação, cultura, esporte e lazer; direito à indenização aos descendentes afro-brasileiros; questões da terra e mercado de trabalho; sistema de cotas; meios de comunicação; ouvidoria permanente e acesso à justiça. Cada tema é detalhado em uma série de propostas de ação. Esperamos que com base no EIR, as políticas públicas passem a incluir a dimensão racial, como reza seu artigo primeiro. Até o momento, isso não tem acontecido. Desejamos também que o estatuto respalde todos(as) os(as) proponentes de políticas e programas de ação afirmativa, para que paremos de titubear no momento de definição das pessoas negras como sujeitos dos mesmos, já que, constantemente, somos obliterados(as) pelo receio de que, ao definirmos ações específicas para pessoas negras, possamos ser acusados(as) de racistas. A aprovação do estatuto trará essa segurança.

Algumas histórias: negros(as) de ocasião e negros(as) emergentes

As metodologias para definir pessoas negras nos programas de ação afirmativa têm seguido a autodeclaração, basicamente. Concordamos que este é, realmente, o modo mais adequado. Entretanto, sempre que possível e cabível, sugerimos as entrevistas a candidatos(as) classificados(as), conduzidas por especialistas (negros(as) e brancos(as)) que, quer por meio da vivência, quer pela prática política ou pela pesquisa acadêmica e, principalmente, pela sensibilidade, possuam habilidades para os distinguir negros(as) de ocasião e negros(as) emergentes de pessoas autodeclaradas negras com uma história de vida marcada pelo racismo.

Estamos chamando de negros(as) de ocasião aquelas pessoas oportunistas e/ou desonestas que se declaram negras com o fim exclusivo de conseguir uma vaga, cujo acesso não seria possível, caso se declarassem brancas, morenas ou quase brancas, como fizeram a vida inteira. Em algumas situações o(a) negro(a) de ocasião se sente discriminado(a) por motivações não-raciais (pobreza, local violento onde reside, orientação sexual, maternidade precoce), em outras, não acha justo que haja um programa específico para negros(as) e não para ele(a) que se julga tão "esforçado(a)" e/ou inferiorizado(a). Para além do fenótipo, o(a) negro(a) de ocasião (facilmente desmontável em uma entrevista com pessoas especializadas), infiltra-se nos vestibulares em que há cotas para pardos(as) ou afrodescendentes (casos da Uerj e da Uneb), haja vista que não é possível entrevistar milhares de pessoas nesse tipo de processo seletivo. Entretanto, a nosso ver, o oportunismo e a desonestidade de certas pessoas não deve se constituir em obstáculo para o prosseguimento da política de cotas. Faz-se necessário afinar os instrumentos para impedir que esses(as) bilontras locupletem-se da desigualdade racial. Um exemplo a ser seguido é o da UnB, que define sujeitos *negros(as)* (conceito político que congrega os(as) descendentes de africanos(as) trazidos(as) para o Brasil, detentores(as) de uma história de discriminação e desigualdade, intrinsecamente determinada pelo racismo)[5] em seu Plano de Metas para Integração Social Étnica e Racial,[6] abordado detalhadamente no primeiro artigo deste livro.[7]

No processo seletivo do projeto Próxima Parada: Universidade,[8] a equipe selecionadora de Geledés,[9] deparou-se com um caso de um negro de ocasião que, mesmo sendo oportunista, comoveu o grupo. A partir da inscrição de Pedro e sua autodeclaração como pardo, seguiram-se vários momentos de mal-estar e constrangimento para a equipe e para os(as) demais concorrentes, embora Pedro, imerso em sua obstinação, parecesse viver com naturalidade a situação. Concluída a avaliação da primeira etapa composta por duas redações, Pedro foi classificado. Seguiu-se uma reunião de pais, mães e/ou responsáveis pelos(as) jovens com a equipe do Programa de Educação do Geledés, para que as famílias conhecessem os propósitos do projeto, a instituição executora e as expectativas que tínhamos das mesmas como apoiadoras de cada um(a) daqueles(as) jovens rumo à universidade. Deu-se o primeiro constrangimento, todos(as) os(as) responsáveis presentes eram negros(as), com exceção da mãe de Pedro, acompanhada pelo garoto. Além dela,

---

5. É óbvio que as pessoas negras no Brasil construíram coisas maravilhosas, aliás, desde que fomos trazidos da África para as Américas, nossa história tem sido de construção das várias riquezas, principalmente, econômicas e culturais. Não cometeríamos a insanidade de negar isso. Entretanto, o racismo e a discriminação racial, como condicionantes estruturais, têm definido um lugar de desprestígio, falta de acessos e oportunidades para os(as) negros(as).

6. A medida prevê que por um período de dez anos a partir de 2004, 20% das vagas de graduação da universidade serão destinadas a candidatos(as) que se identificarem como negros(as) e opcionalmente queiram concorrer às vagas de ação afirmativa. A medida é extensiva ao Programa de Avaliação Seriada (PAS), aplicado anualmente aos(às) alunos(as) do ensino médio do Distrito Federal.

7. "Ações afirmativas em educação: um debate para além das cotas".

8. Ação afirmativa para sete jovens negros(as) visando facilitar seu acesso à universidade, desenvolvida por Geledés – Instituto da Mulher Negra, em parceria com a empresa Colgate-Palmolive no ano de 2002.

9. A equipe era constituída por duas mulheres negras, Cidinha da Silva e Janja Araújo e um homem branco, Fernando Arruda, co-autores desta coletânea e integrantes do Programa de Educação do Geledés.

outras três mães tinham a companhia dos(as) filhos(as). Algumas delas olhavam incrédulas para aquela mulher à medida que mais e mais informações eram dadas, ratificando-se os objetivos e o público a que se destinava aquela seleção. Percebíamos na mãe de Pedro um certo desconforto, mas ele cada vez mais nos intrigava porque parecia não enxergar ninguém a sua volta. Esta reunião aconteceu à noite e no dia seguinte pela manhã, Pedro seria entrevistado. Embora já estivéssemos preparados(as) para sua chegada, ficamos um tanto atordoados(as) pela necessidade de conduzir eticamente a entrevista, dirigindo a ele todas as questões de praxe que tínhamos feito aos outros, apresentação oral do projeto de vida, checagem de hábitos de estudo, resolução de dúvidas surgidas na leitura das redações, conhecimentos sobre a área de estudos pretendida, além, é óbvio, daquilo que chamamos de autodeclaração fundamentada pela história de vida que, realmente, consubstancia o pertencimento racial declarado. Quando chegamos a este último item, desenvolveu-se o seguinte diálogo:

Equipe: Pedro, você sabe a quem esse projeto se destina?
Pedro: Sei.
Equipe: A quem?
Pedro: É pra estudantes pobres do ensino médio que não podem pagar uma universidade.
Equipe: (mostrando o folheto de divulgação) Não, Pedro, o projeto não é para jovens pobres. A renda é um dos critérios para a seleção de jovens Afrodescendentes. Você é Afrodescendente?
Pedro: Silêncio.
Equipe: (consultando a ficha de inscrição) Você escreveu aqui que é pardo. Você é pardo?
Pedro: Sou.
Equipe: O que é ser pardo na sua opinião?
Pedro: (nervoso) Eu não sou branco.
Equipe: (depois de oferecer água a ele, para acalmá-lo e para disfarçar a perplexidade do Fernando, principalmente) O que é ser branco?

Pedro: Branco é ser loiro, ter cabelo amarelo e olho azul, eu não tenho olho azul (a equipe não pode disfarçar um olhar para os cabelos castanhos, curtíssimos e os olhos verdes de Pedro). Surpreendia-nos a segurança e aparente sinceridade do candidato.

Equipe: Então você é pardo. Uma última pergunta, você sempre foi pardo, ou antes desse processo seletivo você se achava moreno?

Pedro: (na única vez que olhou nos olhos da entrevistadora) Eu era moreno.

A equipe agradeceu e encerrou a entrevista. Seguramente Pedro se deu conta de que não teria chance alguma de ser selecionado. Naquele momento, por medida de segurança, pela falta do amparo do Estatuto da Igualdade Racial, o Geledés adotou a terminologia Afrodescendente e isto deu margem para que Pedro se candidatasse. Além dele, rapaz branco que se classificou como pardo, segundo as categorias do IBGE, dentre 29 candidaturas (21 candidatas e 8 candidatos), tivemos duas moças que se classificaram como indígenas e um rapaz que se considerou branco (não foi o caso de Pedro, como foi visto). O quadro de autodeclarações foi mais diverso, mas optamos sempre por considerar a classificação do IBGE escolhida por cada candidato(a), porque como se pode verificar, não há correspondência precisa entre cor declarada e a opção por uma das cinco categorias do IBGE.

Em um processo seletivo anterior, o do pioneiro Geração XXI, realizado em 1998, logo de início, o Geledés alertou à Fundação BankBoston que o critério de indicação dos(as) candidatos(as) efetivado pelas diretoras das escolas indicadas, poderia trazer o viés do clientelismo que buscaria privilegiar pessoas pobres em detrimento dos(as) negros(as). Foi o que se verificou. O primeiro momento de contato com os potenciais integrantes, depois do preenchimento das fichas de inscrição, foi uma reunião de pais, mães, e/ou responsáveis pelos adolescentes que se candidatavam a uma das 21 vagas do projeto. O encontro confirmou o que prevíamos. Vários(as) adultos(as) compareceram acompanhando

Cor – IBGE

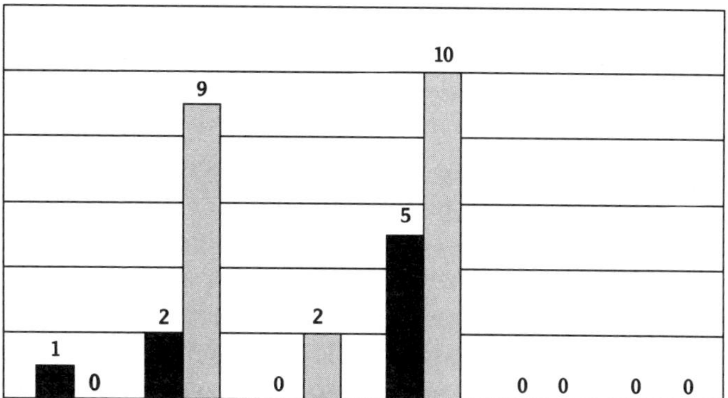

	Branca	Preta	Indígena	Parda	Amarela	Não declararam
■ Homens	1	2	0	5	0	0
□ Mulheres	0	9	2	10	0	0

Fonte: Pesquisa direta.

Cor Declarada

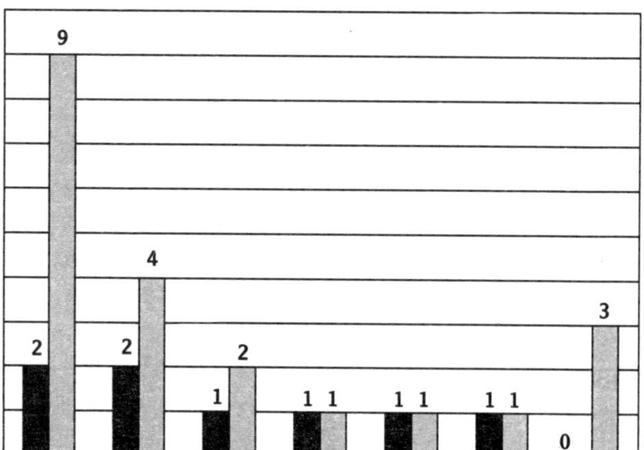

	Negra	Morena	Parda	Indígena	Morena (Parda)	Preta	Não declararam
■ Homens	2	2	1	1	1	1	0
□ Mulheres	9	4	2	1	1	1	3

Fonte: Pesquisa direta.

os(as) filhos(as) e pudemos observar várias pessoas que, como dissemos à época, "em condições normais de pressão e temperatura" não se identificariam como negras, mas como se tratava de garantir direitos reivindicados pelas ações afirmativas, fizeram-no. Buscou-se aquele ascendente negro, antes relegado da memória familiar, para justificar a candidatura oportunista.

Em face desse quadro, em comum acordo com a Fundação, selecionamos apenas 12 adolescentes (negros(as), óbvio) e procedemos a um novo processo de divulgação, desta feita contando com o apoio de professores(as) e lideranças comunitárias. Pudemos, então, selecionar os(as) nove jovens negros(as) para completar o grupo. Este processo seletivo também convocava Afrodescendentes e, como se vê, abriu brecha para muitos negros de ocasião.

Em maio de 2003, foi realizado o processo seletivo do projeto Afro-ascendentes,[10] contando com 388 inscrições, como se pode ver a seguir.

Houve um amadurecimento da organização que, pela primeira vez, definiu candidaturas negras, considerando também a classificação como preto(a) e pardo(a), quando adotadas as categorias do IBGE. Mais uma vez, privilegiou-se esta última. Por exemplo, houve uma candidata que se autodeclarou como "luso-afro-brasileira" e pelo IBGE classificou-se como parda. Sua inscrição foi considerada e suas redações foram avaliadas. Mas, para além da definição do(a) negro(a) como sujeito da ação, definimos formas para encontrar esse público negro, priorizando a divulgação do processo seletivo entre associações de bairro, lideranças e organizações negras e culturais, principalmente escolas de samba (de raiz) que mantêm uma estrutura de base comunitária, bem como parcos locais de lazer freqüentados pela juventude negra de São Paulo. Não é fortuito o fato de um mestre-sala de escola de samba ter logrado aprovação no processo seletivo.

---

10. O projeto Afro-ascendentes foi proposto pelo Instituto Xerox, inicialmente ao Centro de Estudos e Programas de Desenvolvimento Sustentável (CIEDS), no Rio de Janeiro e, posteriormente ao Geledés – Instituto da Mulher Negra, em São Paulo. Em cada uma das cidades foram selecionados(as) vinte jovens, com o apoio de algumas organizações negras. Em São Paulo, o processo seletivo contou com o apoio do Educafro – pré-vestibular para negros e carentes.

Número Geral – 388 Participantes

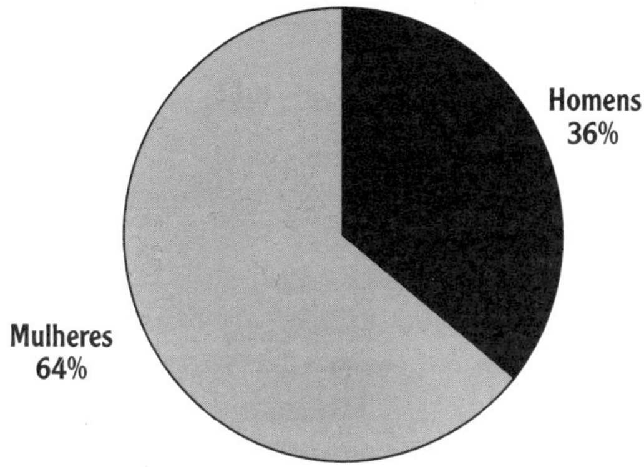

Compareceram à prova

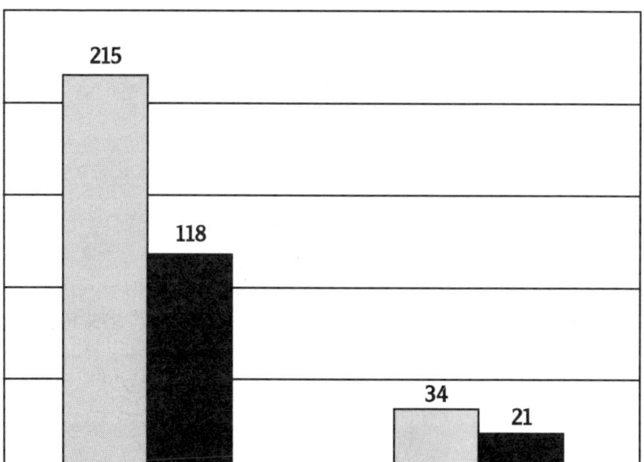

	Fizeram a prova	Não fizeram a prova
□ Mulheres	215	34
■ Homens	118	21

Fonte: Pesquisa direta.

Tivemos o seguinte quadro quanto à classificação racial de acordo com as categorias do IBGE (215 mulheres e 118 homens):[11]

Homens - Cor - IBGE

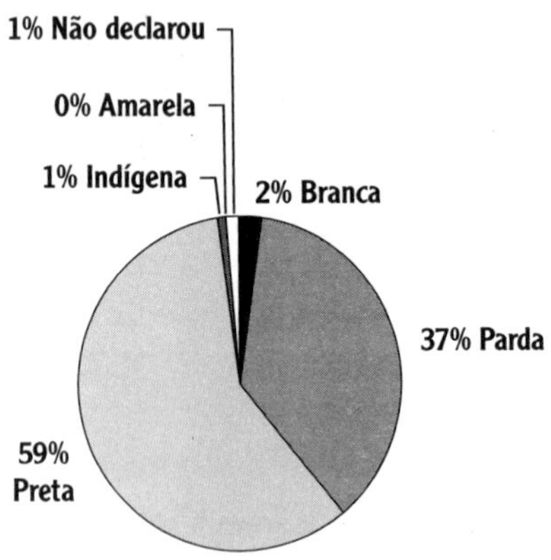

Mulheres - Cor - IBGE

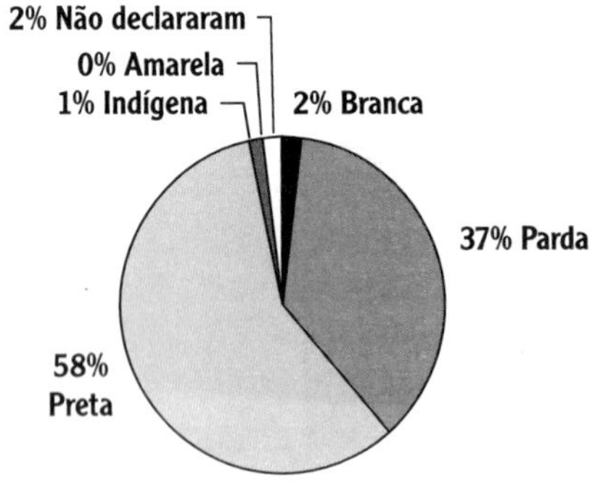

Fonte: Pesquisa direta.

11. Várias pesquisas têm comprovado que as mulheres vêm se escolarizando mais que os homens, e isto tem sido verificado também entre as mulheres negras.

Quanto à autoclassificação em termos de cor, tivemos larga maioria (72%) que se autoclassificou como negra. Isto é bastante significativo. Adicionalmente, 46 pessoas (12% do total) se definiram por meio de formas que, nossa convivência com a juventude negra paulistana e o contato com sua subjetividade, permite-nos inferir que sejam afirmações de negritude ao utilizarem-se de designações como: *preta, Afrodescendente, negro preto, com muito orgulho, negrão, negra maravilhosa, negro é lindo, negro tipo A*. A resposta "sim" para a pergunta: *como você se classifica em termos de cor* parece-nos uma apreensão acrítica da expressão "pessoa de cor", ainda vigente na sociedade brasileira para identificar pessoas negras. Assim, essas 11 pessoas pareceram responder de maneira lacônica a uma pergunta que provavelmente julgaram descabida, afirmando: "sim" (tenho cor).

Houve 21 autoclassificações (5,5%) que nos indicaram concretamente uma ascendência negra, mas cujos sujeitos, a nosso ver, optaram por algo mais brando do que a radicalidade de ser negro(a), apresentando-se como: *morena, mulata, mestiça, morena escura, negão, luso-afro-brasileira*. Embora o termo "negão", à primeira vista, soe como uma afirmação de negritude, optamos por agrupá-lo aqui, porque esta costuma ser uma denominação que o racismo atribui a qualquer negro, ou seja, o fato de ser negro, por si só, engendra o aumentativo (o negro de 1,90 m de altura é tão "negão" quanto aquele de 1,60 m). Esta observação é especialmente válida para a cidade de São Paulo, onde, afirmativamente, boa parte da comunidade negra utiliza-se do termo "negrão" como contraponto a "negão". Talvez esse grupo realmente se sinta no meio do caminho, algo assim como " ter um quê de negro(a)" e, há possibilidades de que o fato de deparar-se com um programa de ação afirmativa que poderia custear-lhe o ensino universitário, o tenha levado a "sair de cima do muro" e resgatar o(a) africano(a) adormecido(a) no recôndito de sua alma, hibridamente brasileira.

Quatro pessoas (1%) não nos permitiram arriscar seu pertencimento racial pela autoclassificação, apresentaram-se como *normal, descendentes de negros, igual* e *tinta*. Quanto ao "tinta" indagamo-nos se haveria alguma referência ao termo "tinta forte", utilizado em vários lugares do Brasil para identificar a pessoa negra que possui muita melanina, mas não havia elementos para tal conclusão.

Finalmente, tivemos cinco brancos e um "branco feio" (1,5%). Depois de rirmos um pouco, nossos olhos treinados para decodificar as armadilhas e subterfúgios de quem se sabe não-branco, perguntaram-nos o que moveria a necessidade desse garoto adjetivar sua brancura com a feiúra? Consideramos a possibilidade de um gracejo bem-humorado ou de um problema de auto-estima, mas não pudemos desconsiderar, também, a possibilidade de que esse garoto quisesse se dizer branco, mas "não tanto", deixando no ar alguma coisa que pudesse justificar sua participação em um programa de ação afirmativa para jovens negros(as). Apresentamos abaixo um quadro-síntese de todas as declarações espontâneas em termos de cor.

Negra	273
Preta	28
Parda	25
Morena	14
Sim	11
Afrodescendente	5
Branca	4
Mulata	3
Negro preto	2
Normal	2
Branco feio	1
Com muito orgulho	1
Descendentes de negros	1
Iguais	1
Indígena	1
Mestiça	1
Moreno escuro	1
Moreno gostoso	1
Negão	1
Negra maravilhosa	1
Negra ou mulata	1
Negrão	1

Negro é lindo	1
Negro tipo A	1
Sem preconceito	1
Tinta	1
Luso-afro-brasileira	1

No dia de realização das redações, momento em que quase quatrocentos jovens buscavam apoio para cursar uma boa universidade, revigorou-nos a energia ouvir comentários de vários(as) jovens negros(as) indignados(as) com a inscrição de algumas pessoas brancas naquele processo seletivo. Alguns(algumas) nos perguntaram o porquê de admitirmos tais pessoas, uma jovem chegou a desdenhar de nossa seriedade. Delicadamente explicamos que o nosso critério era a autodeclaração, e que, a partir dele, qualquer pessoa que se identificasse como negro(a) poderia fazer a prova. A garota, visivelmente frustrada, comentou: "é muita cara de pau, agora que é uma coisa pra gente, eles querem tomar. A cara deles não queima não?". O riso foi inevitável, mas nos abstivemos de dar maiores explicações, porque não cabia naquele momento declarar nossos procedimentos para aferir a seriedade e a sustentação da autodeclaração. Ficamos muito felizes pelo encontro com vários(as) jovens negros(as) politizados(as) e cientes de seus direitos.

Finda a primeira etapa (análise das redações), tivemos pouco trabalho para detectar negros(as) de ocasião durante as entrevistas, apenas Lívia se manifestou, mas teve sua negritude recém-nascida rapidamente desconstruída. Depois de aferir as questões gerais orientadoras da conversa, a dupla de entrevistadores(as)[12] procurou confirmar o pertencimento racial declarado pela candidata, o diálogo foi mais ou menos o seguinte:

Pergunta: (consultando a ficha de inscrição) Você é negra, Lívia?

Lívia: (meio desconcertada) Sou.

---

12. A dupla foi composta por uma educadora do Geledés e um educador do Educafro.

Pergunta: Não é muito comum que pessoas com as suas características físicas se identifiquem como negras. Conte um pouco pra gente sobre o seu cotidiano como jovem negra.

Lívia: Por exemplo, quando a gente vai procurar um emprego e põe na ficha que mora no Capão (Capão Redondo, bairro da zona sul de São Paulo, detentor de um dos maiores índices de violência e exclusão social da cidade) o pessoal já discrimina a gente.

Pergunta: Por que você acha que isso acontece?

Lívia: Porque tem preconceito, né? O pessoal olha e acha que porque a gente mora na periferia, a gente é marginal, e não é assim.

Pergunta: Então o problema que você enfrenta é por morar na periferia, não por ser negra?

Lívia: É, quer dizer, por morar na periferia e por ser negra.

Pergunta: Quando você procurou esse emprego, outras amigas negras foram com você?

Lívia: Foram, duas.

Pergunta: E elas foram chamadas para o teste?

Lívia: Não.

Pergunta: Você tem idéia do porquê?

Lívia: Não sei.

Pergunta: Na ficha de inscrição tinha foto da candidata?

Lívia: Tinha.

Pergunta: Você conhece a Janete, jogadora da seleção brasileira de basquete?

Lívia: Conheço, ela joga pra caramba.

Pergunta: Se você e uma outra garota negra, bem parecida com a Janete, com os mesmos traços, o mesmo tipo de cabelo... se vocês duas fossem procurar um emprego, quem você acha que conseguiria a vaga?

Lívia: Quem for mais preparada.

Pergunta: Certo. Mas vocês duas, sendo mulheres negras tão diferentes, serão tratadas da mesma forma pelo empregador? Não haverá uma preferência para você, devidos às características físicas que possui?

Lívia: Não (parecendo não entender a pergunta).
Pergunta: Perguntando de outra forma – você é negra como a Janete, como a gente que está te entrevistando?
Lívia: (quase rindo) Sou.
Pergunta: Uma última questão – numa batida da viatura de polícia no seu bairro, você percebe diferenças na abordagem do policial a um negro e a um branco?
Lívia: Não, é tudo igual, a periferia é a periferia (bastante inflamada). A gente não é respeitado porque mora lá, mas pobre também tem valor.

Porém, houve também mais de um contraponto interessante ao caso de Lívia, o principal deles, personificado por Dandara, conforme trecho da entrevista apresentado abaixo:

Pergunta: Não é comum uma pessoa com as suas características físicas se identificar como negra...
Dandara: Eu sei, muita gente diz isso, mas eu sou negra, toda a minha família é negra e só eu tenho essa cor, mas eu sou negra como eles. Inclusive, eu só consegui fazer a inscrição porque vim aqui no Geledés. Eu tentei fazer no cursinho onde estudava e lá me disseram que eu não poderia me inscrever porque eu não era negra, aí eu resolvi tentar aqui e deu certo.
Pergunta: O que as pessoas te dizem?
Dandara: Dizem que eu não sou negra mesmo. Por exemplo, no meu serviço, eu trabalho com clientes, a maioria brancos. Às vezes eu fico folheando o *book* com as fotos das representantes e vejo meninas negras lindas, mas elas nunca são chamadas para apresentar os produtos em grandes eventos, e eu que também sou negra, vou. Eu já perguntei pra minha chefe porque aquelas meninas não são chamadas e ela me disse que é porque as empresas dizem que os clientes não gostam de negras apresentando os produtos. Eu disse a ela que era negra. Aí ela me falou que eu tenho um colorido que os clientes aceitam. Eu me sinto muito

> mal com isso, mas sei que realmente acontece. Por isso eu quero ter minha própria empresa e vou contratar negras de todas as cores, porque sei que na sociedade, a gente não tem espaço.

Há também os(as) negros(as) emergentes. São pessoas que ouviram falar sobre as ações afirmativas e declaram: "não sou branco(a), logo, posso ser negro(a)". Desconsideram as construções ideológicas que fazem com que alguém (mesmo classificado(a) como não-branco(a) em países europeus e nos Estados Unidos) seja socialmente branco em terras brasileiras. São nordestinos, morenos, mestiços, aqueles que conseguirão trabalho como garçons e garçonetes nos restaurantes e hotéis de luxo da orla marítima de Salvador (BA), bem como nos bares de Moema e Itaim, dois bairros chiques de São Paulo. Estão descobrindo sua ascendência negra, porque ser negro(a) nestas ocasiões, pode significar alguma coisa boa, como exemplo, a possibilidade de integrar projetos de ação afirmativa que promovam o acesso, permanência e sucesso destes(as) na universidade. A identificação como negro(a) emerge da potencialidade que isso passa a significar.

Os(as) negros(as) emergentes se parecem muito com os(as) negros(as) de ocasião, a diferença central é extremamente subjetiva, ou seja, não há necessariamente má intenção na autodeclaração. Entretanto, ainda que tenham alguma chance, são "negros(as) novos(as)", movem-se ao sabor dos ventos. Desta forma, esta sinuosidade justifica que busquemos sempre os(as) negros(as) indubitavelmente negros(as) para o preenchimento preferencial de vagas. Só assim promoveremos a justiça social a que as ações afirmativas se propõem; só assim abriremos as portas para aqueles(as) que, historicamente, as têm encontrado fechadas.

Por fim, há os(as) candidatos(as) negros(as), pessoas que, como já dissemos, para além da autodeclaração e das características físicas, têm uma história de vida que as situa no quadro de heranças dos povos de origem africana espalhados pela diáspora, têm em comum os limites impostos pelo racismo nos aspectos culturais, políticos, educacionais, institucionais, estruturais, enfim. Não é difícil saber quem é negro(a), tampouco ir até os lugares nos quais os(as) negros(as) se encontram para dar-lhes a boa notícia sobre os primeiros resultados da luta travada há mais de um século para produzir condições de igualdade racial. Em caso de dúvida pode-se dispor dos conhecimentos dos(as) responsáveis pela manutenção do *status quo*, especialistas em discriminar, ou, alternativamente, pode-se recorrer à experiência, ao acúmulo temático, reflexivo e transformador das organizações negras. São mais de setecentas em todo o país. Nós sabemos quem é negro(a), conseqüentemente, sabemos a quem as políticas e programas de ação afirmativa para a promoção da igualdade racial devem se dirigir e estamos prontos(as) para seguir rompendo barreiras e abrindo caminhos para que a dignidade e a humanidade plena floresçam.

Referências Bibliográficas

GUIMARÃES, Antonio S. A. 1999. *Racismo e anti-racismo no Brasil.* São Paulo: Editora 34 / FUSP – Fundação de Apoio à Universidade de São Paulo.

PETRUCELLI, José Luiz. 2000. *A cor denominada: estudo das informações do suplemento da PME*, julho de 1998 (mimeo.).

3

Geração XXI: o início das ações afirmativas em educação para jovens negros(as)

Cidinha da Silva

O protagonismo da sociedade civil: um programa pioneiro para além das cotas

Quando a palavra negro complementa nominalmente as ações afirmativas (AA), é um "deus nos acuda". Levantam-se problemas, questões, senões virulentos embasados em argumentação pífia, de fato, lastreados pela dificuldade de combater o racismo, uma prática social negativa, cruel, humanamente repreensível, com a qual ninguém, em sã consciência (afora os(as) racistas declarados(as)), quer se identificar. O projeto Geração XXI – uma ação afirmativa fundamentada e dirigida na perspectiva do desenvolvimento humano sustentável, que, por meio de uma proposta político-pedagógica inovadora, toma 21 jovens negros(as) como sujeitos de direitos, produz condições de aprendizado e de desenvolvimento de talentos, acesso a novas linguagens e tecnologias, amplia as possibilidades de eqüidade nas condições econômicas, sociais e culturais, contribuindo para o aperfeiçoamento e fortalecimento da construção democrática no Brasil – enfrentou diretamente esse problema.

O projeto está estruturado em quatro eixos: os(as) 21 jovens, suas famílias, suas escolas[1] e a comunidade para a qual se quer re-

1. Para conhecimento das atividades desenvolvidas com as escolas, consultar o artigo: "Formação de educadores(as) para o combate ao racismo"(Silva, 2001).

verberar a idéia de AA como estratégia de diminuição das desigualdades raciais. Em cada um desses eixos são desenvolvidos atividades e programas. Neste artigo focaremos a proposta pedagógica do projeto, a concepção do programa Família XXI e alguns resultados após quatro anos de execução. Trata-se de um texto introdutório que abordará, prioritariamente, o momento de implantação do projeto. Outros artigos, componentes desta publicação, aprofundarão aspectos aqui mencionados.

O Geração XXI, primeiro projeto de ação afirmativa para as pessoas negras no Brasil, surgiu em 1999 como fruto da aliança social estratégica entre três instituições de naturezas distintas: uma organização não-governamental, Geledés – Instituto da Mulher Negra, executora das atividades e responsável pela concepção final do plano de ação; uma organização empresarial, Fundação BankBoston, que oferece assistência técnica, apoio financeiro e material, e uma organização governamental, Fundação Cultural Palmares, que oferece apoio financeiro e material para algumas atividades.[2]

A iniciativa foi da Fundação BankBoston, que, por seu intermédio, sugere um caminho para as grandes corporações: elas devem investir no potencial, na riqueza humana e não na pobreza, na carência. Cada pessoa tem um potencial e deve ter o direito de desenvolvê-lo. Este é um exemplo de prática de responsabilidade social que ataca uma questão de fundo, o racismo. Espera-se que ela inspire a iniciativa privada internacional dentro do país a implementar políticas existentes em seus países de origem, esquecidas no Brasil por uma opção subjacente de adaptação às características do racismo brasileiro que nega sua própria existência, desobrigando-nos, portanto, de enfrentá-lo. E também, que o exemplo inspire a iniciativa privada nacional, pautada pelos princípios da modernidade, a adotar práticas similares que evidenciem os efei-

---

2. A participação da Fundação Palmares se deu até 2002, quando expirou o termo de cooperação técnica. Desde então a Fundação BankBoston e o Geledés têm discutido a transformação do Geração XXI em Organização da Sociedade Civil de Interesse Público (Oscip).

tos do racismo, ao contrário de diluí-los no discurso periférico e fugaz da promoção da diversidade.

A função do Geledés é assegurar que a questão racial seja corretamente trabalhada em todas as dimensões do projeto no que tange o fortalecimento da auto-estima e da identidade racial dos(as) jovens e seus familiares; ao desenvolvimento de atitude crítica em relação às práticas discriminatórias presentes nas relações sociais, bem como a montagem de estratégias para se defender dessas práticas. A organização é responsável também por orientar a construção coletiva de conhecimentos sobre os direitos e deveres que permitem o exercício pleno da cidadania, oferecendo elementos para a superação dos obstáculos impostos pelos processos de exclusão e discriminação que atingem o povo negro no Brasil. A sensibilização de outros atores sociais para a importância da multiplicação de projetos como o Geração XXI para consolidar a democracia e dois dos princípios inalienáveis que a sustentam, quer sejam, a igualdade e o respeito à dignidade humana, também é função de Geledés.

Os(as) 21 adolescentes negros(as) selecionados(as) tinham idade inicial entre 13 e 15 anos, integravam famílias com renda *per capita* entre um e dois salários mínimos e residiam na cidade de São Paulo. Eles(as) são acompanhados(as) e têm seus estudos custeados da 8ª série do ensino fundamental ao término da graduação universitária, por um período de nove anos.

Diversas escolas públicas (diretores(as) e professores(as)) e algumas entidades sociais da cidade de São Paulo foram convidadas a participar do projeto, apresentando jovens negros(as) que passaram por um processo seletivo, alicerçado nos critérios de origem racial/étnica, idade, escolaridade, renda *per capita*, além de terem o aprendizado como valor social, interesse em fazer parte da proposta e compromisso do grupo familiar em manter os(as) candidatos(as) na escola e fora do mundo do trabalho até a conclusão do ensino médio.

O projeto Geração XXI pauta-se pelo princípio de que o acesso ao conhecimento interfere qualitativamente na vida cotidiana, na apropriação e análise crítica do legado cultural da humanidade e na solução dos problemas práticos. Nesse sentido, o projeto está estruturado de forma que os(as) integrantes sejam motivados(as) a tomar decisões, solicitar a colaboração dos(as) demais companheiros(as), debater e criticar sem medo de ser sancionado(a) negativamente por defender idéias contrárias às do(a) educador(a) que os(as) acompanha.

Mas, para propiciar as condições de acesso ao conhecimento, no caso de adolescentes negros de baixa renda brasileiros(as), torna-se fundamental garantir o apoio pessoal e familiar necessários para que dediquem tempo à melhoria do desempenho escolar, retardando a entrada no mundo do trabalho. Esse apoio envolve recursos financeiros diretos (bolsa de manutenção) e indiretos (benefícios em forma de *tickets* refeição e alimentação, transporte, pagamento de despesas médicas e odontológicas etc.). Contudo, o "empoderamento" de populações negras vítimas de racismo passa, prioritariamente, pelo investimento em educação de qualidade, nas atividades complementares à escola que garantam o respeito à diversidade humana, pela valorização e promoção das características raciais/étnicas e culturais, pelo acesso à produção cultural universal e à formação ética e cidadã.

A proposta de uma AA com adolescentes negros(as) visando ao sucesso escolar e melhores condições de inserção no mundo do trabalho (sucesso pessoal e profissional) envolve também a realização de atividades com seus *familiares* (assistência, orientação, apoio), com a *escola* em que estudam (por meio da formação do corpo docente para a diversidade e para o combate ao racismo, sensibilização do universo escolar, mobilização e promoção da cidadania) e, também, com a *comunidade* (sensibilização e mobilização).

Proposta Pedagógica do Geração XXI – a complexidade necessária para produzir a igualdade

Atentar para o quadro caótico da escola pública no país, exceção feita a poucas cidades, que apenas confirmam a regra, auxilia no delineamento do quadro educacional brasileiro, no qual as possibilidades de sucesso dos(as) alunos(as) negros(as) é menor que a dos(as) brancos(as), mas não explica tudo. É preciso abordar os mecanismos cotidianos de constituição das desigualdades raciais na escola. É necessário indagar (quais são as crianças retidas em maior número? As negras ou as brancas? Quais são os motivos da maior retenção de um grupo racial do que outro? É possível perceber, na escola, algum tipo de discriminação em relação à criança negra? Quais são os mecanismos de constituição/seleção da clientela da escola?). A essas indagações são necessárias respostas e reflexões capazes de propor alternativas.

Só assim a exclusão escolar será compreendida como o início da exclusão social da criança negra, já que o acesso ao conhecimento sistematizado é fundamental para que o repertório cultural das pessoas possa se expandir. Os(as) professores(as) brasileiros(as), via de regra, não percebem as graves diferenças existentes nos resultados escolares de crianças negras e brancas, não estabelecem relações entre pertencimento racial/étnico, gênero e desempenho escolar, e não percebem como isto interfere na sua própria conduta. Entretanto, sabe-se que as representações determinam as relações, os comportamentos, as expectativas e as interações sociais.[3]

A proposta pedagógica do projeto Geração XXI está fundamentada em três programas, sempre recortados por gênero: *suplementação escolar*, *cidadania e cultura*, *comunicação e mobilização social* (cafés culturais). Estes são compostos por diversas atividades que fomentam o valor do aprendizado e contribuem proativamente para a melhoria da educação e garantia dos direitos econômicos, culturais e sociais dos(as) protagonistas envolvidos(as).

Formação em gênero

Gênero e pertencimento racial/étnico são construções extremamente complexas, cujos resultados costumam ser altamente

3. Para o aprofundamento dessas idéias, ver Silva, 2001.

palpáveis e mensuráveis. O projeto Geração XXI realiza sua formação em gênero fomentando um conjunto de idéias para ação, mais do que discutindo o que se pensa sobre gênero. Essa postura norteia a aplicação de todos os programas e atividades.

O referencial teórico desse conjunto de idéias para ação vem do "sistema de gênero" proposto pela Red de Educación Popular entre Mujeres (REPEM), sistematizado por Anderson (1997). Segundo a autora, "um sistema de gênero é um conjunto de elementos que inclui formas e padrões de relações sociais, práticas associadas à vida social cotidiana, símbolos, costumes, identidades, vestuário, adorno e tratamento do corpo, crenças e argumentações, senso comum e outros variados elementos que permanecem juntos graças a uma força gravitacional débil e que se referem, direta ou indiretamente, a uma forma culturalmente específica de registrar e entender as semelhanças e diferenças entre gêneros reconhecidos, isto é, na maioria das culturas humanas, entre mulheres e homens" (Anderson, 1997: 19).

Concordamos com Anderson quando afirma que "sistema de gênero" seja uma expressão mais apropriada que "relações de gênero" e "papéis de gênero", por serem, estas, insuficientes e deixarem de lado alguns aspectos difíceis de modificar. Por exemplo, costuma-se falar em "instalar" ou "transmitir" uma perspectiva de gênero, partindo do pressuposto de que os(as) interlocutores(as) em questão carecem de tal perspectiva, como se as outras pessoas (além daquelas que detêm a perspectiva de gênero que "se deve" adotar) não tivessem um conjunto de idéias sobre o sistema de gênero que integram. Segundo Anderson, a expressão "adquirir uma perspectiva de gênero" é nublada e pouco pedagógica. Ela sugere que vai ser introduzida uma mudança de mentalidade sem transmitir uma idéia sobre o porquê de tão grave passo, nem qual seria o seu ponto final. Entende-se que a perspectiva de gênero "trata de algo que se injeta de fora, e não de alguma coisa que qualquer pessoa que pertença a uma determinada tradição cultural já interiorizou de acordo com essa tradição, acrescida de sua experiência própria e pessoal". (idem: 4).

Dessa forma, o Geração XXI realiza sua formação em gênero fomentando um conjunto de idéias para ações cotidianas de respeito e valorização das pessoas, mulheres e homens em sua plenitude e complexidade. Isso torna-se mais importante do que emitir opiniões sobre gênero.

Programa de suplementação escolar

A capacidade de observar, comparar, descobrir e generalizar são habilidades desejáveis em todos os campos do conhecimento. Entretanto, pesquisa do Sistema Nacional de Avaliação da Educação Básica (Sareb), aplicado pelo MEC nas escolas estaduais, comprovou que o nível de conhecimento dos alunos e alunas é insuficiente, mesmo nas regiões Sul e Sudeste, as mais ricas do país. Outros dados, desta feita verificáveis nos últimos resultados do Sistema de Avaliação do Estado de São Paulo (Saresp), mostraram que na maior rede pública do país (seis milhões de estudantes) a maioria dos alunos e alunas ainda não é capaz de aplicar os conhecimentos adquiridos em sala de aula para melhorar a própria qualidade de vida.

Entretanto, é uma tendência mundial exigir que o(a) alunos(as) saibam aplicar conhecimentos adquiridos na escola no seu dia-a-dia. Há a compreensão de que as habilidades de raciocínio exigem criatividade, capacidade de tomar decisões e solucionar problemas.

Estudo sobre rendimento escolar e relações raciais na escola, voltado para um diagnóstico sobre a situação educacional de negros (pretos e pardos) no Estado de São Paulo demonstrou que: 1) para todas as séries do primeiro grau (hoje, ensino fundamental) o aluno negro apresenta índices de exclusão e repetência superiores ao alunado branco, e vê-se excluído mais cedo do sistema de ensino; 2) os negros apresentam maior número de idas e vindas ao sistema escolar, sugerindo este vaivém uma dificuldade de interação do sistema escolar com o alunado negro, mas também a persistência deste segmento racial, tentando, apesar das dificuldades, manter-se na escola; 3) a porcentagem de negros sem atraso escolar é menor que a de brancos; 4) problemas intra-escolares são mais significativos na análise das freqüentes interrupções temporárias ou definitivas dos alunos negros para trabalhar. (Rosemberg, 1987)

Assim, para decodificar a natureza das desigualdades experimentadas pelos(as) alunos(as) negros(as) na escola é fundamental ter em mente que pessoa alguma quer ter seu comportamento associado a preconceitos, discriminações e racismo, ou seja, a condutas socialmente condenáveis. Essas associações efetivamente a limitam em sua humanidade. Portanto, a dificuldade de explicitar o contexto social racista no qual a escola está inserida (no caso brasileiro) e as mazelas da cultura escolar que, além de reproduzirem preconceitos, estereótipos e discriminações, produzem seus próprios monstros, torna-se perfeitamente compreensível à luz dessas negativas.

Na busca de respostas ao desafio de propor alternativas que superem esse quadro adverso, encontramos uma experiência da educação formal inglesa, precisamente londrina, chamada *Black Suplementary Schools,* na qual a proposta de suplementação escolar do Geração XXI foi inspirada. Essa iniciativa integra o processo de mudanças de alternativas escolhidas pela educação formal inglesa para enfrentar o problema da diversidade étnico-cultural gerada pelas massivas migrações dos países da África e Ásia, ocorridas nas décadas de 1960, 1970 e 1980, motivadas por conflitos étnicos, guerras, perseguição política, fenômenos sociais e físicos (fome, seca...), criando a categoria dos "refugiados". Pessoas que aportam identidades estranhas aos países nos quais se refugiam, expressam necessidades e exigem direitos das democracias européias.[4]

Tornou-se necessário, então, que a educação formal desse respostas aos problemas gerados pela convivência de culturas diversas no mesmo espaço social. Assim, foram desenvolvidas várias iniciativas de tolerância cultural e enaltecimento da diversidade que passaram sucessivamente do monoculturalismo(a)ssimilacionismo para a chamada *colour blind*, multiculturalismo (tolerân-

---

4. Ver Silva, 1998.

cia/celebração), anti-racismo e separatismo. As *Black Suplementary Schools* integram esta última perspectiva.

As escolas chamadas separatistas foram criadas por grupos étnicos, como os judeus e os árabes, que, descontentes com o tratamento e o nível de ensino dado a seus/suas filhos(as) em Londres, valem-se de seus abundantes recursos financeiros para construir escolas de altíssimo nível para sua prole, nas quais, principalmente, os princípios religiosos de suas respectivas culturas são respeitados e seguidos. O desempenho de estudantes dessas escolas, aferido nos exames nacionais propostos pelo Ministério da Educação, é superior ao nível dos(as) estudantes oriundos de outras escolas.

As pessoas negras, por sua vez, como não dispõem de recursos para construir suas próprias escolas, criaram as *Black Suplementary Schools*, atividades alternativas e majoritariamente voluntárias que acontecem nos finais de semana, propostas e conduzidas por profissionais negros(as). Os três princípios propulsores dessa iniciativa podem ser verificados também na educação brasileira. Isto levou a coordenação do projeto a crer que o enfoque preferencial no trabalho de suplementação escolar seria indispensável para que o grupo de estudantes do Geração XXI tivesse boas chances de êxito no ensino médio.

Os princípios são os seguintes: o amadurecimento cognitivo do(a) aluno(a) negro(a) é subestimado pelos(as) professores(as) e pela instituição escolar em decorrência dos estereótipos de inferioridade e incapacidade dos(as) negros(as), produzidos pelo racismo; como resultado do primeiro princípio, o(a) aluno(a) negro(a) é desconsiderado(a) e não recebe estímulos para que possa ter uma produção acima da média; a falta de informações positivas sobre sua cultura e história desenvolve nos(as) estudantes negros(as) uma auto-estima fragmentada e defensiva.

Como estratégia para enfrentar esse problema, o Geração XXI avaliou os conhecimentos dos(as) jovens nas disciplinas de português e matemática, a partir do que elaborou um programa de conteúdos e proposta metodológica para trabalhá-los durante o ano de 1999, quando os(as) integrantes do projeto encontravam-se no último ano do ensino fundamental.

Programa de Cidadania e Cultura

O Programa de Cidadania e Cultura aborda e vivencia temas ligados a identidade, subjetividade, auto-estima, relações raciais e de gênero, saúde, sexualidade, ética, globalização, cidadania e direitos humanos, por um processo sistematizado de discussão, reflexão crítica e atividades lúdicas. Foi estruturado em dois movimentos simultâneos e complementares; o primeiro, composto por conteúdos e vivências propostos pela equipe que coordenava os trabalhos; o segundo, delineado a partir dos desejos e demandas dos(as) integrantes do Geração XXI.

Foram desenvolvidas atividades diversas, como aulas dialogadas, *workshops*, oficinas, passeios culturais, debates e trabalhos em grupo. Questões relacionadas à vida e à cultura de grupos sociais próximos e conflituosos foram refletidas e investigadas. Por meio de diversas estratégias, saberes freqüentemente silenciados, negados e/ou excluídos dos currículos escolares, tais como aqueles produzidos pelos setores organizados da sociedade civil; pelos(as) negros(as) no Brasil, na Diáspora Africana e na África; pelos(as) trabalhadores(as) e também pelas pessoas desempregadas; pelos(as) moradores(as) de ruas; pelas pessoas em situação de risco social; pelos(as) moradores(as) das periferias urbanas, das áreas rurais e dos acampamentos de sem-terra e sem-teto; pelos(as) indígenas; pelas crianças e pessoas da terceira idade; pelas pessoas não-alfabetizadas; pelas pessoas portadoras de necessidades especiais (físicas ou psíquicas); pelas mulheres como transformadoras do mundo; pela livre orientação sexual, foram abordados.

Enfatizou-se, no primeiro ano, especialmente os saberes produzidos pelas culturas juvenis, a exemplo do Hip Hop (*rap*, *break* e grafite), futebol, quadrinhos, pagode, *rock*, basquete, bailes, videoclipes, novelas etc., como veículos de comunicação de uma determinada visão de realidade, tradutores dos interesses, preocupações, valorações e expectativas da juventude.

Programa de Comunicação e Mobilização Social (cafés culturais)

No começo de tudo (ou do "tudo" que se sabe) foram os *Black Panthers* as primeiras pessoas a realizar um "café cultural". Depois veio a juventude do projeto Morro Arte, na Barragem Santa Lúcia, conglomerado de três favelas onde moram quarenta mil pessoas, em Belo Horizonte, Minas Gerais. Mais recentemente, o Geração XXI criou o seu "café" em São Paulo. Cada um a seu tempo histórico e à sua moda fazendo o seu próprio "café cultural".

O café cultural do projeto Geração XXI acontece na última sexta-feira de cada mês e é um evento aberto ao público. Uma personalidade de importância significativa no cenário nacional é convidada para conversar durante uma tarde com os(as) adolescentes do Geração XXI, seus familiares, colegas de classe, professores(as) e diretores(as), além de integrantes dos outros projetos juvenis de Geledés, representantes de ONGs ligadas ao projeto, profissionais do BankBoston e de outras empresas e fundações, representantes de organizações governamentais ligadas aos temas da educação, justiça, relações raciais, cidadania e direitos humanos.

Entre abril de 1999 e setembro de 2003 já foram realizados 35 cafés culturais, abordando, entre outros temas, a empresa socialmente responsável e a questão racial; o negro na mídia; movimento Hip Hop; cultura, desenvolvimento e educação; discriminação racial na educação infantil; os quilombos no Brasil; diversidade no ambiente de trabalho; a III Conferência Mundial Contra o Racismo, realizada na África do Sul, em 2001; imagem da África no Brasil etc.

As pessoas convidadas a expor discorreram sobre temas ligados aos conteúdos do projeto e à própria experiência de vida, em um ou vários aspectos (pessoal, profissional, relacionamento humano, sonhos e expectativas), de forma a dialogar com um público jovem.

Nos cafés culturais do Geração a liderança juvenil é estimulada porque o projeto acredita muito nos(as) jovens. Um(a) integrante do projeto coordena os trabalhos, outros(as) são debatedores(as).

É uma experiência nova e cheia de surpresas para os(as) donos(as) da festa e para os adultos (alguns com seu modo adultocêntrico de ver o mundo) que sempre se surpreendem com as capacidades múltiplas da juventude.

A importância de trabalhar com os grupos familiares

O trabalho com as famílias dos(as) integrantes do Geração XXI tem se mostrado fundamental. Nos dois primeiros anos do projeto, as atividades se concentraram na ampliação do repertório cultural das famílias, concomitantemente ao trabalho realizado com os(as) jovens. A partir de agosto de 2001, estruturou-se o programa Família XXI, composto por empreendimentos de geração de trabalho e renda e capacitação educacional/profissional das mães, alternativa encontrada para dar às famílias dos(as) jovens condições de obter sustentabilidade, entendida como a capacidade econômica e financeira de auto-sustentação e base para aquisição de maior auto-estima. O objetivo central do programa foi criar condições de "empoderamento" do grupo de famílias do projeto para que elas mesmas impulsionassem a mudança das condições de exclusão que lhes eram impostas como parte da população negra no Brasil.[5]

Após a realização do levantamento-diagnóstico acerca da conjuntura socioeconômica das famílias, constatou-se que 40% destas possuíam péssimas condições de vida, caracterizadas por baixa escolaridade; falta de especialização e capacitação para ocupar funções de maior remuneração no mundo do trabalho; responsabilidade de prover e gerar renda concentrada apenas no homem ou na mulher etc. Os 60% restantes dos grupos familiares apresentavam condições razoáveis de vida, pautadas por características como ren-

---

5. O texto de Lucimar Rosa Dias, nesta publicação, trata especificamente dos resultados do programa Família XXI.

da familiar entre R$ 900,00 e R$ 1.500,00, porém possuindo casa cedida ou alugada, impossibilidade para investir na capacitação profissional etc.

Entretanto, a análise diagnóstica final apontou a tendência ao rebaixamento das condições de vida de todas as famílias. Concluiu-se, então, que a intervenção social deveria indicar caminhos para impedir que os 40% das famílias em pior situação tivessem seu padrão de vida rebaixado a condições de miserabilidade, além de impedir que os outros 60% perdessem as condições razoáveis de vida que possuíam.

A estratégia utilizada para dar suporte às famílias foi incentivar a criação de microempreendimentos para geração de trabalho e renda, bem como a capacitação educacional/profissional das mães. Diante da impossibilidade financeira do grupo, o Geração XXI arcou com as despesas iniciais de implantação dos negócios por meio do empréstimo de R$ 18.000,00, possibilitando a estruturação de onze microempreendimentos liderados por mulheres. Trinta e seis pessoas se envolveram diretamente na execução dos negócios, sendo 27 mulheres e 9 homens. Além das 11 famílias empreendedoras, outras 12 foram beneficiadas por estarem envolvidas nos negócios, totalizando 134 pessoas (adultas e crianças) contempladas.

Criou-se também a linha de crédito de R$ 3.700,00 denominada Capacitação Profissional/Educacional, que beneficiou cinco mães nas áreas de corte e costura, artes plásticas, estética, curso pré-vestibular e supletivo do ensino fundamental.

Assim, o programa Família XXI objetiva contribuir para o crescimento das pessoas envolvidas, promovendo o desenvolvimento integral da pessoa no sentido de posicionar-se no mundo e interferir nele. Os empreendimentos de geração de trabalho e renda trouxeram, de fato, a oportunidade de transformação do lugar de acomodação no contexto da exclusão para a situação de sujeito da história, de protagonista da própria vida. Essa experiência fortaleceu os laços de solidariedade entre as famílias do projeto e criou intercâmbios de produção e comercialização dentro e fora dele, impulsionando a circulação de capitais entre a comunidade negra.

Principais resultados

O Geração XXI possui dois movimentos simultâneos e complementares. O primeiro, interno, contemplando os 21 sujeitos, suas famílias, vidas e histórias; e o segundo, externo, baseado na mensagem, no testemunho que o projeto dá à sociedade brasileira. No plano externo, nosso principal objetivo está sendo alcançado, ou seja, constituir o projeto como uma referência para outros projetos de ação afirmativa similares. Em junho de 2002, a empresa Colgate-Palmolive lançou em parceria com o Geledés – Instituto da Mulher Negra o programa Próxima Parada: Universidade, que ofereceu preparação pré-vestibular e pagamento de 70% do valor da mensalidade para um grupo de sete jovens negros(as) da cidade de São Paulo. Em maio de 2003 foi implantado o projeto Afro-ascendentes, uma parceria entre o Instituto Xerox, o Centro Integrado de Estudos e Programas de Desenvolvimento Sustentável (CIEDS) e Geledés. Trata-se de uma ação afirmativa ousada. São quarenta jovens negros(as), vinte no Rio de Janeiro e vinte em São Paulo, constituindo o maior programa de ação afirmativa do gênero no país.

Para além do sucesso nesse objetivo central, podemos dizer que o Geração XXI:

- impulsionou o debate sobre as ações afirmativas para a população negra no Brasil, por meio de um programa concreto, palpável e exeqüível;
- realizou parceria inédita entre a sociedade civil e uma empresa que teve a ousadia de romper o ciclo vicioso de adaptação ao racismo brasileiro que produz e naturaliza o lugar de subalternidade da pessoa negra;
- exemplificou para a sociedade brasileira que as grandes corporações devem investir no potencial e na riqueza humana e não na pobreza, na carência. Cada pessoa tem um potencial e deve ter o direito de desenvolvê-lo;
- qualificou o discurso epitelial da diversidade ao enfrentar uma questão de fundo que impede a promoção da igualdade no Brasil, o racismo;

- fez com que várias empresas que, de alguma forma, querem enfrentar o problema racial procurem o projeto para conhecer melhor sua experiência e aproveitá-la;
- teve uma presença maciça na mídia escrita e televisiva, nos dois primeiros anos do projeto, por meio de seus integrantes, propiciando que vários(as) jovens negros(as) entre 13 e 16 anos aparecessem em entrevistas, debates, programas de TV juvenis e adultos, jornais diários, revistas de circulação nacional, revistas especializadas em educação e mercado, como sujeitos sociais, pessoas que têm as rédeas de suas próprias vidas nas mãos, invertendo o modelo que apresenta jovens perdidos(as), sem ação construtiva, sem projeto de vida, principalmente os(as) negros(as), freqüentemente identificados(as) com a criminalidade;
- realizou cursos de formação de educadores(as) para o combate ao racismo, à discriminação racial e de gênero nas escolas integrantes do projeto (17 escolas públicas e 5 escolas particulares);
- realizou 35 cafés culturais, atividade mensal com a participação de cerca de 130 pessoas, a maioria jovens, em cada um deles;
- introduziu jovens negros(as) em escolas de alta qualidade, das quais tradicionalmente estão ausentes;
- até a realização da III Conferência Mundial contra o Racismo (Durban, África do Sul, 30 de agosto a 7 de setembro de 2001), quando o debate sobre as ações afirmativas tomou vulto, o Geração XXI manteve o debate aceso, por ser a única experiência concreta existente;
- dos(as) onze jovens do projeto que prestaram vestibular em 2002, dez foram aprovados(as) em universidades de reconhecido grau de excelência na cidade de São Paulo, em cursos predominantemente da área de exatas, tais como: Matemática, Arquitetura, Engenharias de Produção e Mecatrônica, além de Direito e Jornalismo.

Além desses, há os resultados não mensuráveis que se inserem no processo de crescimento pessoal e de conquista de cidadania de cada jovem e sua respectiva família, abordados, por exemplo, nos textos preciosos de Valéria Borges, Lucimar Dias e Fernando Arruda, neste livro.

Referências Bibliográficas

ANDERSON, Jeanine. 1997. *Programa Formação em Gênero*. CEAAL – Conselho de Educação de Adultos da América Latina e REPEM – Rede de Educação entre Mulheres. Montevidéu, Soluciones Editoriales.

ROSEMBERG, Fúlvia. 1987. "Relações raciais e desenvolvimento escolar". *Raça Negra e Educação*. São Paulo: Cadernos de Pesquisa, n. 63, pp. 19-24.

SILVA, Maria Aparecida da. 2001. "Formação de educadores para o combate ao racismo: mais uma tarefa essencial". In: *Racismo e anti-racismo na educação: repensando a nossa escola*. São Paulo: Selo Negro Edições.

————. 1998. "Multiculturalismo e educação". *Educa Ação Afro*, ano II, n. 7, Florianópolis: Núcleo de Estudos Negros (NEN), maio/jun./jul.

4

"Abrindo-se as cancelas da África": rompendo as barreiras do conhecimento – a experiência educacional do projeto Geração XXI

Valéria Maria Borges Teixeira

Esta me parece uma missão difícil e ao mesmo tempo estimulante, pois é a de escrever e condensar em poucas páginas a minha experiência como educadora, nos anos de 1999 e 2000, de um projeto tão rico, ambicioso e multifacetado em seus objetivos como é o projeto Geração XXI. Afinal, por ser pioneiro em sua essência no Brasil, porque inserido no processo das ações afirmativas para o povo negro, pretende combater o racismo de modo a garantir melhores condições de educação para 21 jovens negros. Portanto, a tarefa de todos nós, educadores, que, em março de 1999, iniciamos o trabalho com os adolescentes, que na época cursavam a oitava série do ensino fundamental, era fazê-los tornarem-se sujeitos sociais de sua própria história, assegurando-lhes, assim, um modo concreto de se posicionarem na sociedade por meio da escola e posteriormente na universidade. Para tanto, era necessário também proporcionar-lhes, juntamente com seus familiares, formas dignas de sustentabilidade, rompendo com a situação de exclusão em que se encontravam tanto no plano material quanto no simbólico. Logo, a nossa tarefa naquele momento era buscar modos de oferecer aos jovens do Geração XXI estímulos que os instigassem a gostarem mais de estudar e, paralelamente, um suporte teórico e prático de disciplinas como língua portuguesa e matemática,[1] no qual pudessem se ancorar para poderem prosseguir com um

---

1. Fugindo ao esquema da escola tradicional, que centraliza a idéia das inteligências lingüística e lógico-matemática, o Geração XXI oferecia aos alunos outras

melhor desempenho nas escolas públicas em que estudavam. Com a mesma relevância, os alunos do projeto tinham palestras com profissionais de várias áreas do conhecimento e com pessoas que traziam suas vivências (a maioria delas negras), a fim de que pudessem se mirar nas experiências alheias para construírem a sua própria trajetória, suas escolhas individuais e futuras profissões. Procurava-se, assim, alcançar os primeiros objetivos traçados para aquele início de projeto, trabalhando a auto-estima dos jovens e buscando incluí-los efetivamente na escola e, por extensão, na sociedade brasileira. Portanto, uma das estratégias implantadas no projeto foi a de se estabelecer a "suplementação escolar" como forma de expandir os horizontes educacionais dos participantes do Geração XXI.

Por que suplementação escolar?

Muito se tem discutido o que seja "reforço" ou "suplementação" escolar. Nos meios educacionais sempre se travou um embate a respeito de tais questões, ocasionando muitas vezes uma discussão estéril que, ao invés de explicá-las, terminava num jogo retórico entre as duas palavras. Tudo isso determinava um esvaziamento conceitual que igualava o que era o "reforço" e a "suplementação" escolar.

Para as correntes consideradas mais conservadoras, o "reforço escolar", no seu papel de "repetir" conhecimentos previamente ensinados aos alunos e não assimilados por eles, acabava por cumprir seu objetivo ao reforçar as disciplinas da escola, resultando, segundo a visão dos que apoiam essa concepção pedagógica, num ganho para o aluno. Entretanto, para outros estudiosos da educação, a "suplementação escolar" nada mais é do que o "reforço

atividades além de aulas de português e matemática, como forma de eles próprios avaliarem para qual área do conhecimento estavam mais capacitados ou gostariam de se guiar no futuro.

escolar" revestido por uma capa menos conservadora, isto é, somente se modificava o nome, porém, a essência do conceito permanecia a mesma.

A psicopedagogia, teoria que mescla conceitos da área da educação e psicologia, considera a aprendizagem do aluno para além dos limites da sala de aula, pois, ao acompanhar o crescimento cognitivo daquele, analisa o contexto emocional e social que o cerca como partes do processo de aquisição de conhecimentos. Seguindo esse raciocínio, a psicopedagogia é contrária à idéia de "reforço escolar", porque entende que essa linha pedagógica somente responde a uma repetição da matéria escolar do professor para o aluno, sem levar em conta outros aspectos que vão além do ato de ensinar/aprender, ou seja, realidades socioculturais que fazem parte da vida do sujeito. Diferentemente disso, a psicopedagogia tende a se ancorar mais na idéia de "suplementação escolar", pois a compreende não somente como algo puramente conteudístico, mas também, como capaz de observar o aluno em seu crescimento cognitivo e nas dificuldades emocionais que impedem o seu desenvolvimento.

A parte de um todo: a suplementação escolar no projeto Geração XXI

Sair da escola pública da periferia de São Paulo para uma escola particular de qualidade, como ocorreu com os jovens do projeto Geração XXI, não significava somente uma mudança no espaço físico. Podia significar, para muitos, a inserção num outro espaço social, mas para o Geração XXI, queria dizer mais do que tudo isso, pois era a quebra de estruturas sociais que delimitam o espaço físico e social dos jovens negros sempre para a margem.

Nesse sentido, destruir tais estruturas levava tempo, porque uma transformação na educação dos alunos não se fazia somente com a matrícula numa boa escola. Certamente isso era um grande passo. Todavia, uma cobertura do déficit de formação escolar e educacional não se fazia de uma hora para outra. Foi com essa preocupação que o projeto Geração XXI criou como parte de seu programa a suplementação escolar, quando os alunos ainda estudavam em escolas públicas, em 1999. O entendimento que esse projeto tem da suplementação escolar é o mesmo da psicopedagia, e, assim, as aulas dos professores procuravam se integrar às reais necessidades dos alunos no curso da assimilação dos conteúdos das disciplinas. Ao lado disso, também, os docentes procuram entender as dificuldades decorrentes de uma anterior formação escolar tida pelos jovens, advindos de escolas públicas de má qualidade, as suas ansiedades, enfim, os aspectos referentes aos instrumentos e conceitos para manipulação de uma matéria e os problemas emocionais que dificultam o processo de aprendizado dos participantes do grupo do projeto Geração XXI.

Mesmo sabendo que uma transformação educacional é um movimento que se gesta aos poucos, o Geração XXI não ficava assentado na inércia da evidência, ou seja, ao invés de esperar uma resposta das escolas particulares cursadas pelos alunos, que podia levar algum tempo, ele tenta se adiantar a elas, como maneira de tentar suprir um déficit de oito anos de escolas públicas cursados pela turma.

Essa busca de avanço pelo programa se fez pelos motivos anteriormente descritos (tentar superar um déficit de formação escolar dos alunos e acompanhar o crescimento cognitivo e as dificuldades emocionais do grupo que compõe o projeto) e, fundamentalmente, por não se acreditar que as escolas brasileiras, tanto as públicas quanto as particulares, trabalhem de uma maneira crítica as questões referentes à raça e à cidadania.

Desse modo, o projeto Geração XXI, por se deparar com o completo vazio, quando se tratava da discussão da questão racial e da educação dos negros no Brasil, razão pela qual o programa também foi criado, procurava abordar tais assuntos entre os participantes como parte essencial de seu plano. Também por considerar que tais abordagens devessem ser ampliadas para além de suas fronteiras, o projeto buscava um diálogo com as escolas de seus alunos, com seus familiares e com a comunidade na qual o grupo estava inserido.

Por tudo isso, o Geração XXI, ao se defrontar muitas vezes com o lugar da lacuna, trabalhava com a idéia de "suplementação" e não com a idéia de "reforço", pois, sem também querer cair na armadilha do jogo retórico entre os dois vocábulos, conforme o *Dicionário Aurélio*, *suplementar* significa algo que "amplia", que "adiciona", e *reforço* quer dizer "ato ou efeito de reforçar". Seguindo, então, a lógica dos sentidos, o projeto não podia "reforçar" algo, cuja essência estava atrelada ao que se julgava preexistente. Partindo-se para a prática, o projeto se interrogava, assim, como se podia "reforçar" uma má ou, às vezes, nenhuma formação escolar (no que tange à maioria dos conteúdos curriculares do ensino fundamental) dos participantes do projeto, antes nas escolas públicas e, hoje, egressos delas. Como se "reforçar" uma educação, tanto da escola pública quanto particular, que não forma cidadãos e nem discute a questão racial, já que para o Geração XXI isso é primordial?

Tais inquirições podiam soar, de certa forma, como autoritárias e arrogantes por quem as escutava de modo menos crítico, pois esse ouvinte poderia indagar a respeito da bagagem cultural trazida pelos alunos e o porquê de ela não estar sendo considerada, já que o projeto acusou uma lacuna ou ausência referente a formação dos jovens. Além de tudo, poder-se-ia apontar uma contradição na idéia de "suplementação escolar" empreendida pelo Geração XXI, pois se estaria desconsiderando a história do sujeito.

Todavia, não era o que ocorria, porque exatamente por trabalhar com a concepção de "suplementação" e não de "reforço" escolar é que uma parte do projeto Geração XXI se sedimentava. Voltando um pouco aos conceitos, "reforço" está ligado a um pensamento em que o professor se torna um repetidor de conhecimentos preexistentes para os alunos, a fim de se reforçar os conteúdos mal vistos na escola. A idéia de "suplementação" escolar, além de se preocupar com os conteúdos disciplinares, também leva em conta o processo de aprendizagem, que inclui analisar o crescimento cognitivo e o contexto cultural do aluno.

Nesse sentido, o projeto, ao dar suporte para que os jovens aprendessem conteúdos mal ou nunca vistos e ao observar fatores que sinalizavam bloqueios na aprendizagem (frutos de dificuldades emocionais, dos reflexos da realidade sociocultural e da discriminação racial sofrida pelo aluno negro nas escolas), trabalhava na linha da psicopedagogia de "suplementação escolar".

Assim, o Geração XXI, ao "ampliar" e "adicionar" ao horizonte do jovem negro da periferia outros repertórios culturais, sem desconhecer sua bagagem anterior, e ao possibilitar a esse aluno dominar instrumentos básicos para operacionalização de conceitos, formulações que as disciplinas e que a escola formal, como um todo, exigem, terminava por transformá-lo num sujeito aparelhado a enfrentar melhor um cotidiano cheio de percalços, à medida que adquiria novos códigos de poder impostos pela sociedade. Ainda, ao tentar ocupar o lugar da lacuna, da ausência, e envolver os seus participantes, suas famílias e sua comunidade na discussão da questão racial referente ao povo negro, projeto Geração XXI interferia num espaço social para burlar com a inércia das escolas, que se negavam a trabalhar tal "temática" e a reverem o papel do estudante negro nas instituições de ensino e na sociedade, que, por extensão, recusa-se a enxergar a discriminação racial sofrida pelos Afrodescendentes.

Dessa maneira, o projeto Geração XXI, por ser uma ação afirmativa para estudantes negros, transformava a "suplementação escolar", parte de seu programa, numa "suplementação educacional", a estruturação do todo, concretizando o jogo metonímico. Ao buscar dialogar com as escolas e com a sociedade sobre a questão racial e o que decorre desse debate, bem como qual é o lugar do aluno negro nas instituições de ensino, o projeto visava ocupar vazios colocando como pauta fundamental de seu programa essas discussões.

Desafios do projeto Geração XXI: gerando a conscientização dos alunos para os estudos e o vestibular

Um outro desafio que se procurou sedimentar entre os anos de 1999 e 2000, no Geração XXI, foi a conscientização dos alunos para os estudos e o vestibular. Portanto, pensar nisso, quando se tratava de seus participantes, era discutir a suplementação, já se sabendo que ela não era reforço escolar.

O projeto, por não ser também um cursinho pré-vestibular, que desconhecia seus alunos e somente transmitia conhecimentos, devia se preocupar em orientar seu grupo no sentido de alertá-lo para a situação de impacto e competição que é o vestibular.

Mesmo sabendo que os jovens do Geração XXI são marginalizados em relação à raça, à classe, à formação escolar e cultural, o projeto pensava que se devia cobrar, a partir daquele instante, fase de transição da escola pública para a particular, maior dedicação de seus alunos quanto aos estudos. Essa cobrança se justificava no apoio que o projeto proporcionava ao grupo, pela suplementação escolar e educacional. Para tanto, a procura de uma conscientização para o público do programa devia ser buscada pensando-se nessa nova etapa de enfrentamento, que seria o vestibular.

Isso é algo que as boas e raríssimas escolas públicas fazem, bem como as particulares de melhor qualidade, pois estas trabalham com um alunado que já tem um ponto de vista formado sobre o "futuro vestibular" e o "futuro". Tais ideais de futuro são construídos pelas famílias dos alunos dessas escolas desde muito cedo e reforçados pelas instituições de ensino particulares, muitas vezes pulverizados através dos anos, ou seja, da pré-escola ao terceiro ano do ensino médio. Talvez por isso, para uma boa escola particular, o "temido" e "tabu" vestibular seja condição quase *sine qua non* de sua própria existência, que faz tudo para que seus alunos não sintam o impacto de uma só vez, semeando a idéia da seleção para a universidade desde os primeiros anos escolares.

Assim, o Geração XXI, por lidar com um perfil de aluno que variava substancialmente daquele, possibilitava um tratamento diferenciado a seu grupo, pois, em oposição ao que muitos pensavam, os participantes do projeto não eram "jovens carentes" e "sem famílias". Eles eram adolescentes vindos de classes populares, de famílias razoavelmente estruturadas emocionalmente, que sempre cuidaram bem de seus filhos, mas devido a fatores socioeconômicos e raciais os jovens ficaram alijados da "cultura" configurada pela elite, pois não tinham o estudo como valor, haja vista que ele não era enfatizado, dado o ambiente de desestímulo gerado numa escola de má qualidade, ainda que em casa houvesse algum incentivo. Essa situação foi se modificando com o suporte econômico, educacional, cultural e social que o projeto Geração XXI possibilitava aos pais e mães dos alunos.

Todos esses fatores, aliados à mudança da turma de uma escola pública para a particular, confluíram para uma melhor estruturação social dos alunos e de suas famílias. Os jovens do projeto, recém-matriculados em instituições particulares, não traziam a "bagagem cultural" e o nível de conhecimento cobrado pela escola formal, o que os deixava numa situação de desigualdade em relação aos seus novos colegas. Sabia-se, também, que os alunos negros nessas escolas particulares representavam política e estatisticamente uma nulidade em termos percentuais, ou seja, pouquíssimos estudantes negros em meio a centenas de jovens não negros, o que, no mínimo, era fator de estranhamento para os dois lados, tanto para o negro quanto para o outro que não o era.

A suplementação do projeto atenta a isso, mais uma vez se interrogava sobre as possíveis chances de seu grupo obter êxito no vestibular, caso ele continuasse naquele descompasso com a realidade que o cercava. Para tanto, o programa procurou uma transformação nos valores dos jovens e de suas famílias, pretendendo modificar falas e atitudes de alguns pais e mães, como, por exemplo, uma de quando seus filhos começaram a se engajar mais nos estudos a partir do Geração XXI ("Meu filho, você vai ficar doente de tanto estudar!". Isso foi dito por uma mãe de aluno do projeto, o qual antes, conforme ele mesmo disse, jamais havia pegado nos cadernos em casa, pois a escola não exigia). Buscava-se, assim, uma integração entre os membros familiares, no sentido de fazê-los encarar o ato de estudar e aprender com mais compromisso. Houve um empenho conjunto de todo o projeto com a comunidade familiar abordando tal assunto, por meio de reuniões com os pais e mães, conversas individuais e em grupo com os alunos. Sabendo-se que aquela pretensa mudança de valores passava não somente por modificações de atitudes, mas também pela aquisição e acesso a outros bens culturais por parte do grupo familiar, o projeto tentava inteirá-lo, possibilitando que ele lesse (por meio da biblioteca do Geração XXI e por textos distribuídos de interesses específicos, sobre questões de gênero, racismo e de interesses gerais); tivesse acesso a centros culturais, bibliotecas, feiras de livros, exposições de arte, museus, concertos musicais; retornasse e expandisse a aquisição cultural e política para sua comunidade e escolas de origem e outras diferentes dessas (por intermédio de cafés culturais, participações em debates de programas de televisão, incentivo à leitura de artigos selecionados dos periódicos disponíveis no projeto).

Todos esses esforços do projeto para ampliação do repertório cultural dos jovens causaram um impacto positivo nas famílias dos participantes do programa fazendo com que algumas mães retomassem seus estudos interrompidos por causa das dificuldades sociais e econômicas que enfrentaram; pais absolutamente alienados a respeito de arte e do lazer procurassem assistir a filmes, solicitando que seus filhos pegassem fitas na videoteca do projeto semanalmente; mães buscassem uma integração mais efetiva com os professores respondendo positivamente a cartas enviadas pelo projeto (essas correspondências emitidas eram tanto para entregar, exercícios dos alunos e avaliações quanto para pedir aos responsáveis pelos adolescentes um melhor empenho do jovem, no projeto e fora dele, e compromisso do aluno para com os estudos); mães freqüentassem a biblioteca do projeto para leitura, seja para acompanhar o compasso do filho seja apenas pelo prazer de ler, algo que antes não lhes era possível pela simples e cruel ausência do objeto livro; mães procurassem os professores com o objetivo de uma maior interlocução, não somente para que eles respondessem aos anseios em relação a seus filhos, mas também para que lhes devolvessem respostas sobre as suas indagações teóricas a respeito de algo estudado; irmãos de alunos e algumas mães, após irem à Bienal do Livro com os participantes do projeto, solicitassem a estes que lhes trouxessem obras literárias e de cunho político-social, adquiridas pelo projeto nessa feira, para lerem em casa; estudantes do Geração XXI, antes refratários a qualquer leitura ou estudo, ao se mirarem em alguns participantes do projeto, que se empenharam desde o início do programa, buscassem fazer o mesmo, seguindo a referência positiva do colega.

A concretização de metas no âmbito da educação e cultura faz parte de um processo, dentro de outro maior, que o Geração XXI vem desenvolvendo em seu programa. Isso tem produzido sentido, porque muito se acreditava no potencial que os adolescentes e seus familiares têm para enfrentar a vida e, no caso mais específico aqui tratado, o vestibular.

Evidentemente que o projeto se preocupava com um suposto "depósito de expectativas" imposto aos participantes pela instituição/projeto Geração XXI e pelos seus familiares, o que poderia levar alguns adolescentes a se inibirem ou regredirem diante do ato de estudar e aprender. Sabia-se que poderia haver uma reação positiva ou não, afinal, foram oito anos de defasagem escolar. Entretanto, o programa estava preparado para as duas hipóteses, dando suporte por meio de um acompanhamento pedagógico mais efetivo.

A ênfase que o Geração XXI pretendia dar era na orientação objetiva para o vestibular, pois o que se observava em alguns dos participantes, ou na maioria, era uma tal situação de inércia que os fazia pensar num "futuro" pronto e acabado com a sustentabilidade do projeto (o que não era verdade). Paradoxalmente, havia uma profunda ingenuidade por parte de outros alunos e de seus familiares em relação a este objeto "obscuro e distante" chamado vestibular, que tornava o ingresso na universidade, sobretudo naquelas de qualidade, absolutamente inatingível.

O objetivo para o qual o projeto se dirigia era o de fazer com que seus alunos se comprometessem mais em relação aos estudos e vissem que, caso eles se empenhassem, a realidade futura de uma universidade pública ou particular de qualidade seria uma certeza e uma passagem para qualificar suas condições de trabalho, pelo qual poderiam garantir uma maior inserção na sociedade cidadã, com a escolha de suas profissões.

Provocando discussões e criações, gerando pesquisas e estudos: descobrindo habilidades, potencializando talentos

O Geração XXI, nos primeiro e segundo anos de existência, em 1999 e 2000, fez novas descobertas em relação aos seus participantes e estimulou-os a que fizessem o mesmo consigo.

Durante todo o ano de 1999 foram realizadas aulas de matemática e língua portuguesa (e em 2000 elas foram ampliadas para inglês e física, procurando-se atender aos estudantes que estavam no primeiro ano do ensino médio de escolas particulares) e, paralelamente a elas, visitas a bibliotecas e centros culturais, participação em oficinas sobre sexualidade e saúde, em roteiro de artes na região central da cidade de São Paulo, e em atividades de interação lúdica e pintura em azulejos,[2] além dessas, ocorreram outras fixas que abordavam as várias formas de discriminação e o combate ao racismo e ao sexismo (com os alunos), que faziam parte da estruturação do projeto, bem como cursos que discutiam o mesmo assunto (com as mães dos alunos).

Outro programa desenvolvido em 1999 foram as oficinas denominadas "Descobrindo o que queremos ser", nas quais profissionais negros e não negros debatiam com os alunos revelando-lhes um pouco de suas profissões, com o intuito de os despertar para uma determinada área do conhecimento, sem que, com isso, houvesse uma cobrança para que os jovens seguissem uma determinada carreira.[3]

O café cultural, realizado toda última sexta-feira do mês, era outro espaço social, no qual os participantes e a comunidade no geral podiam ouvir pessoas negras ou não, porém, elas sempre eram escolhidas para falar com base no seu comprometimento ou envolvimento, de alguma forma, com a "causa negra". Desse modo,

---

2. Participação no projeto Sem Muros da ONG Cidade Escola Aprendiz.
3. Os convites, no ano de 1999, seguiram indicações de profissões mencionadas pelos alunos como aquelas que gostariam de abraçar no futuro.

também, os adolescentes do Geração XXI tinham sempre algum tipo de referência positiva, isto é, pessoas contando sobre suas profissões e trajetórias de vida e falando sobre temas ligados ao projeto (cultura, desenvolvimento, educação, diversidade e ambiente de trabalho, racismo, discriminação e desigualdade racial, meios de comunicação, artes, dentre outros), que muitas vezes significam mais do que uma carreira construída com diploma.

O espaço específico das aulas talvez tenha sido onde melhor se observavam os alunos, pois o contato era diário. Podia-se ver como as habilidades de cada um eram desenvolvidas para áreas diversas (lógico-matemática, espacial, lingüística, musical etc.).

Após o ingresso dos alunos nas escolas particulares, houve uma reação positiva por parte da turma, na medida em que se instalou um dinamismo produtivo, ligando a escola ao projeto, pois nos colégios particulares a cobrança a respeito do desempenho dos jovens era, sem dúvida, maior, conseqüentemente, havia um maior interesse nas aulas de suplementação escolar: os alunos fizeram trabalhos experimentais de física solicitados pelas escolas e foram orientados pelo professor Fernando; os exercícios de matemática foram cada vez mais pedidos à professora Hilda Figueiredo para serem efetuados em sala, o que levou a uma melhoria no nível de desenvolvimento e raciocínio lógico dos jovens e, inclusive, de suas notas; da mesma forma, eram-me solicitadas correções de redações e reescrita desses textos, o que já era uma rotina e que se intensificou, bem como a prática de leitura, que se tornou uma atividade cada vez mais constante. Ainda nas aulas de português e literatura, os alunos mostraram desenvoltura, procurando discutir temas propostos por mim, muitas vezes a partir de obras literárias, canções populares, poesias e assuntos da história contemporânea. Tudo isso levou a uma circulação maior de textos, tanto de obras literárias, quanto de história, geografia e também de reportagens de revistas semanais e jornais, que eram devidamente escolhidas, a fim de incitar a crítica dos jovens a respeito de assuntos atuais ou que tratassem de temas cujo teor fizesse parte do interesse do projeto.

A interação escola particular – projeto Geração XXI potencializou a descoberta de várias habilidades, além de tornar alguns alunos muito mais independentes, na medida em que, por terem se comprometido desde o início do projeto, alcançaram um patamar que os permitia dedicarem-se mais às disciplinas em que, porventura, tivessem maior dificuldade.

Houve, paralelamente a isso tudo um maior estímulo dos jovens que buscaram, junto a mim e à coordenação do projeto, a aquisição de enciclopédias, CD-ROMs, ampliação do acervo da biblioteca, para que pudessem melhor desenvolver suas pesquisas escolares.

Ficção e realidade – a escrita como testemunho – a escola pública de São Paulo na visão de um de seus alunos

O texto apresentado abaixo é de um aluno do projeto Geração XXI que cursava, em 1999, a oitava série do ensino fundamental numa escola pública da cidade de São Paulo. A redação, na forma de dissertação, foi solicitada na aula de suplementação escolar de língua portuguesa, ministrada por mim, para ser realizada em casa. Não houve uma sugestão temática para ela, o tema foi de livre escolha do aluno.

> Os Professores
>
> Os professores exercem um cargo tão importante que é educar, ensinar, cuidar do futuro do Brasil e mesmo assim ganham tão pouco (escola Publica). os de escola particular ganham bem melhor, apesar de ganharem melhor do que os professores de escola Publica ainda tem melhores condicões de dar aula.
>
> Muitos professores são despreparados não boa aula. na minha escola, por exemplo tenho sete professores so dois dão uma boa aula os outros cinco não dão uma boa aula acredito que tiveram uma ma formacão ou entao, estão com preguiça ou estão muitos cansado e não querem dar aula.
>
> Mas para haver um bom aprendizado não depende so dos professores, mas também dos alunos. existe muitos alunos

> desinteresado vão a escola so para ganhar presença e ficar o periodo inteiro "soando" e a trapalham a aula. e alguns professores acabam ficando desgastado e não conseguem dar aula.
> Tive uma professora que pediu demissão por que os aluno a desrespeitar.

Esta redação está propositalmente estampada, pois é reveladora, nas próprias palavras de um aluno do projeto Geração XXI, o retrato da escola em que estudava em 1999 (lembrando que a partir de 2000 todos os jovens do projeto foram matriculados em escolas particulares de reconhecida qualidade).

É a escrita de um jovem que mostra crítica social e, sobretudo, uma sensibilidade comovente em relação à situação de um ensino de exclusão brasileiro, de um colégio público no qual se inserem professores e alunos.

Essa dissertação desenvolve razoavelmente o tema escolhido, como também mostra embrionariamente o tipo de texto dissertativo-argumentativo. O aluno tem dificuldade em apresentar argumentos novos que possam ser debatidos, como, por exemplo, aprofundar-se nas causas dessa representação de escola e o papel dos professores nesse contexto. Fica, assim, preso a considerações circulares, levando a uma falta de conclusão adequada para o tema proposto.

São evidentes os vários problemas no texto acima no que diz respeito ao emprego da norma culta da língua portuguesa, tais como:

- inadequação do registro à "norma gramatical culta" exigida pela escola formal, concursos e vestibulares de modo geral;
- convenções de escrita aplicadas indevidamente, entre as quais: problemas de concordância nominal e verbal, pontuação, ortografia, acentuação, uso incorreto de letras maiúsculas e minúsculas, além de articulação deficiente na utilização de recursos coesivos e relações anafóricas, o que leva a um excesso de repetição de alguns termos.

Cabe aqui ponderar a respeito de se exigir a "norma culta da língua portuguesa", pois, como "cobrar" do aluno tal convenção se muitas vezes não lhe foi ensinado devidamente por seu professor? Como exigir de um aluno egresso de uma escola de má qualidade uma transformação imediata de sua escrita, um "salto de qualidade" em relação à sua formação escolar que trazia déficits de oito anos? Infelizmente, era a minha posição como professora "cobrar do aluno", cumprir essa difícil missão, dizer a ele que a sua escrita muitas vezes "não correspondia àquela etapa de escolaridade", sem que isso lhe tocasse como um "balde de água fria". A minha função, então, era tentar capacitar os jovens do Geração XXI para que alcançassem uma melhor posição "nesse triste ranqueamento" imposto pelo sistema educacional brasileiro, que estabelece desigualdades abismais entre um aluno com defasagem escolar, advindo de escola pública com deficiências, e outro que foi capacitado durante todo o processo escolar, habilitado nos conteúdos programáticos exigidos para cada série cursada, a enfrentar os desafios de exames introdutórios a uma nova etapa de algum curso, este, geralmente, de uma boa escola particular.

O meu papel, então, era estimular os participantes do projeto, orientá-los, fazendo-os observar que a "norma", a "convenção", "cobrada na escola formal brasileira", no Exame Nacional do Ensino Médio (Enem, que trabalha com algumas dessas categorias expostas acima como parâmetros para corrigir as redações[4]), nos vestibulares e concursos, é a da língua portuguesa culta. Portanto, é quase impossível sair desse jogo estabelecido na educação brasileira, que muitas vezes desconhece o contexto socioeconômico e cultural do aluno e a formação de seu professor. Há inúmeros fatores que problematizam essa situação, desde a afirmação de que pouco se ensina nas escolas e muito se cobra fora delas até o desconhecimento a diversidade do português falado no Brasil, gerando, muitas vezes, o preconceito lingüístico, como pondera precisamente Marcos Bagno:

---

4. Tais critérios de correção foram aplicados em 2001, 2002 e 2003.

> Existe também uma longa tradição de estudos filológicos e gramaticais que se baseou, durante muito tempo, nesse (pre)conceito irreal da "unidade lingüística do Brasil". Esse mito é muito prejudicial à educação porque, ao não reconhecer a verdadeira diversidade do português falado no Brasil, a escola tenta impor sua norma lingüística como se ela fosse, de fato, a língua comum a todos os 160 milhões de brasileiros, independentemente de sua idade, de sua origem geográfica, de sua situação socioeconômica, de seu grau de escolarização etc. (Bagno, 1999: 15)

Diante, então, desse panorama de inúmeras facetas, com vários problemas, qual era a minha posição como professora diante da escrita do aluno do Geração XXI? A postura do projeto, nesse aspecto, sempre foi dar condições para que seus alunos tivessem um bom desempenho na escola que cursavam, bem como possibilidades de concorrerem de modo igualitário com outros no vestibular. Portanto, a lógica me fazia seguir o que era exigido pela escola formal, ou seja, o ensino da norma culta da língua portuguesa.

Tal fato ocorreu desde o início da implantação do projeto, pois o primeiro contato que tive com os jovens do Geração XXI foi por suas redações, mesmo antes de começarmos efetivamente as aulas de suplementação. Elas fizeram parte da seleção para ingresso dos adolescentes no projeto e notei de forma evidente, por meio da escrita dos alunos, a discrepância que eles apresentavam em relação àquela etapa de escolaridade, isto é, oitava série. Infelizmente, isso se revelava de maneira geral, salvo uma ou outra exceção. Portanto, logo que se iniciaram as aulas de português, foi posta em prática, de maneira sistemática, a leitura de livros de literatura de qualidade, bem como a produção de textos pelo menos uma vez por semana, ou, às vezes, até duas, como métodos eficazes para desenvolvimento da crítica, da argumentação e da escrita dos alunos.

As redações eram corrigidas individualmente por mim, com anotações nos próprios textos e um "fichário" anexado a cada uma delas, no qual eu assinalava os problemas gramaticais que porventura existisse. Em seguida, eu escolhia algumas delas para que, com a participação dos alunos, pudéssemos reescrevê-las no quadro.

Desse modo, trabalhavam-se os textos dos alunos, o exercício da prática de escrever uma dissertação (foi uma opção a minha, por se tratar do tipo de estrutura discursiva mais pedida nos vestibulares; entretanto, eram mostrados outros tipos, como poesia, carta etc.), levando-se em conta o desenvolvimento estrutural, temático e as convenções exigidas pela norma culta da língua portuguesa.

Diante desse quadro retratado, não seria impróprio pensar, então, em como ficaria a posição desse aluno negro, advindo de escola pública, caso concluísse o ensino médio nesse mesmo colégio público descrito por ele. Qual seria o lugar que ele alcançaria no "ranqueamento" do vestibular? É provável, pelo menos em relação à sua produção de texto, que ele teria uma avaliação muito baixa se considerados os critérios geralmente postos como parâmetros nas correções.

O que se sabe é que cada dia mais, felizmente, as redações vêm sendo valorizadas (lembrando que, num período anterior, muitos vestibulares haviam retirado as redações como requisito para ingresso na universidade), pois elas permitem avaliar o grau de argumentação do candidato, o que permitiria inferir como o mesmo se posiciona ou discute perante determinadas questões sugeridas. A respeito disso, há o depoimento da vice-diretora-executiva da Fuvest, Maria Thereza Fraga Rocco, no qual responde o porquê de "selecionar alunos que escrevam bem no vestibular":

> Quem é capaz de produzir um bom texto demonstra operações mentais sofisticadas. Quando o candidato estabelece relações e utiliza um vocabulário próprio, revela maturidade para a vida, para as outras disciplinas e para o crescimento como cidadão. Nos anos 80, os estudantes que chegavam à universidade tinham grande dificuldade de escrever porque os vestibulares haviam abolido a redação. Os textos continham barbaridades e acreditava-se que os alunos não tinham condições de pensar. Não era nada disso. Eles pensavam e falavam muito bem, mas não dominavam o texto. Uma exigência feita no vestibular indica a necessidade de mudanças no ensino fundamental e no médio. Por isso, é tão importante atribuir um peso elevado à redação. O domínio da escrita

> eficiente é condição para a cidadania. A exigência da redação nos grandes exames é a salvação do Brasil. (Rocco, 2002: 52)

Se considerarmos então que o domínio da escrita eficiente é condição para a cidadania, evidentemente que o autor da redação anteriormente focalizada estaria excluído de tal categoria. Essa, não há dúvida, é uma visão elitista, pois, se o aluno não detém os instrumentos necessários de articulação da língua portuguesa culta, por uma deficiência, na grande maioria das vezes, do ensino de sua escola, e se não possui um repertório cultural capaz de lhe possibilitar debater e aprofundar-se em assuntos que requerem dominar a leitura de jornais, revistas, livros, assistir a filmes, freqüentar boas bibliotecas, enfim, ter acesso a bens culturais, como alijá-lo de tal processo? Esse jovem, impedido de ter acesso a tudo isso, por razões econômicas e culturais, é excluído de modo ainda mais sutil e não menos contundente, pois o fato de ser negro, na sociedade brasileira, e ser vitimado pelo histórico e presente racismo, em suas variadas modalidades, que potencializa os bloqueios econômicos e culturais, o empurra cada vez mais para fora da zona de inclusão. Portanto, diante desse obstáculo tríplice, será que haveria lugar para esse aluno negro de escola pública numa sociedade brasileira cidadã? Nossa sociedade responde a essa pergunta de forma incisiva, pois basta observar que a população negra ocupa a base da pirâmide social, deduzindo-se, daí, que os alunos negros ocupam em sua maioria escolas públicas, geralmente, dado o quadro da educação atual do Brasil, não tão qualificadas quanto deveriam ser.

Há de se concordar, pois, com a afirmação de Maria Thereza Fraga Rocco, sobre a urgência na modificação dos ensinos fundamental e médio. Deve-se, portanto, corrigi-los em todos os seus aspectos que os tornam, muitas vezes, absolutamente ineficazes, sobretudo, nas escolas públicas.

Diante desse quadro de elitização do ensino no Brasil, somente poucos têm acesso a uma educação de qualidade, a minoria detentora do capital, a qual, obviamente, por razões históricas, não é negra. A concentração de poder no domínio dessa elite precisa ser também modificada, pois o ingresso na universidade pública exige uma maior democracia que torne possível a entrada da camada populacional preterida do poder, que é a negra. As cotas para estudantes negros, como medidas para se tentar corrigir os bloqueios decorrentes da situação de exclusão enfrentada por esse público no exame do vestibular, seriam um dos meios possíveis para se tentar promover a igualdade racial, entretanto, a sua implementação vem sofrendo severas críticas por parte das elites e da classe média.

> Essa idéia é uma forma enganosa de tentar corrigir distorções. Cotas para negros, mulheres ou pobres criam discriminação. Elas abrem cursos de segunda classe para cidadãos ditos de segunda classe. Essa história de cotas é populismo, demagogia barata. As experiências em universidades americanas mostraram-se altamente desastrosas. Quando se fala em falta de acesso à universidade pública ninguém pensa nos excluídos da classe média. Há uma faixa constituída por bons alunos que estudam em escolas de ponta, fazem cursos preparatórios tidos como excelentes, têm boas notas e não entram nas universidades que são objeto de desejo de todos. Eles são bons alunos, mas há poucas vagas para muita gente. Esse é o ponto. Nenhum dos filhos dos seis diretores da Fuvest, incluindo os meus dois, conseguiu entrar na USP. Existe uma grande fatia da classe média que não entra nas universidades públicas. Acho que chegou a hora de também falar desse tipo de exclusão. (Rocco, 2002: 53)

Tal declaração confirma outras muitas no mesmo tom, que suscitam a oposição à idéia de se implantar o regime de cotas nas universidades para alunos negros. Entretanto, ainda que de maneira indireta, esse discurso expõe a posição de defasagem escolar e desvantagem sociocultural vivida pelo alunado negro. A partir do raciocínio da vice-diretora-executiva da Fuvest, deparamo-nos com uma lógica absolutamente perversa, pois se até um estudante que possui condições quase ideais de cursar um trajeto escolar que o leve ao sucesso no vestibular – tendo escola excelente e cursinho preparatório que o antecede – muitas vezes não é aprovado para entrar na universidade, então, surge a pergunta novamente: qual lugar o estudante negro de uma escola pública, na sua maioria de má qualidade, tem nesse processo? Com toda certeza, ele dificilmente será aprovado no vestibular e alcançará o final do "ranqueamento", a não ser que tenha um talento especial e mérito individual, que o faça se diferenciar de todos os demais concorrentes, tornando-se, então, capaz de, isoladamente, fugir desse sistema excludente. Lucidamente, a historiadora Maria Aparecida da Silva lembra que a política de ação afirmativa, em que as cotas para estudantes negros se inserem, não visa à perfeição e é incapaz de acabar com o racismo, pois

> os programas de ação afirmativa por mais completos que sejam, não são suficientes para o sucesso das pessoas beneficiadas, há um fator preponderante que é o desempenho pessoal, a capacidade que cada pessoa desenvolve de lidar com as adversidades do processo e com suas próprias idiossincrasias. A discriminação racial independe das cotas porque o racismo é algo estrutural na sociedade brasileira e combatê-lo com vista a eliminá-lo, é tarefa para toda a vida. As cotas são uma medida provisória rumo à promoção da igualdade racial. (Silva, s/d)

O Estado brasileiro, de modo geral, por não abarcar políticas públicas efetivas capazes de garantir uma boa escola e universidade pública para todos, está sendo instigado, por meio de propostas das organizações do movimento negro, a "atender os mais desiguais", pois o que se observa, no Brasil, é que as políticas universalistas não contemplam as demandas específicas reclamadas pelo povo negro para combater a desigualdade racial (idem).

A cultura africana e afro-brasileira nos currículos das escolas de ensino fundamental e médio

Outra conquista do Movimento Negro brasileiro no que se refere à educação foi a introdução do tema "Culturas Africana e Afro-brasileira" no currículo oficial das redes de ensino fundamental e médio, por meio da Lei n. 10.639, de 10 de janeiro de 2003, assinada pelo presidente da República Luiz Inácio Lula da Silva.

O projeto Geração XXI como ação afirmativa, por ser pioneiro no Brasil na área educacional, como iniciativa para promoção da igualdade racial, vem, desde 1999, trabalhando com uma proposta curricular, no campo da suplementação escolar, no sentido de tornar os participantes dessa empreitada sujeitos sociais de sua história. Para tanto, além das garantias no plano material, era-lhes necessário também ampliar suas visões culturais entendendo a cultura como um espaço abrangente, no qual se abrigam os campos social e político, bem como o econômico.

Suprindo um longo período de ausências de políticas públicas para o povo negro, e antecedendo a já citada Lei n. 10.639, o Geração XXI tem como um de seus principais propósitos, buscando preencher as lacunas deixadas pelas escolas e livros didáticos, a ênfase na cultura negra até então excluída das discussões em classe, antes sugerida somente como "tema transversal".

No âmbito do ensino de língua portuguesa e literaturas de língua portuguesa, foi proposto um programa no qual, além de se ministrarem os conteúdos solicitados pela escola formal, como gramática e história da língua portuguesa, literaturas brasileira e portuguesa, procurava-se preencher um vazio, priorizando, de igual modo, a literatura negra e escritores negros brasileiros e, ainda, um pouco da literatura africana de língua portuguesa, fundamentalmente alguns escritores angolanos e moçambicanos.

O fato de a Lei n. 10.639 ter sido assinada, embora represente um grande passo no caminho de transformação da estrutura curricular da escola, ainda não é o bastante. Ela tem que ser ratificada dia-a-dia pelos docentes que vão lecionar as disciplinas ou os temas propostos em seu contexto. Como se sabe, há uma defasagem de habilitação do professorado quanto a esses assuntos, em razão de ele não ter sido formado para tal, o que só vem a evidenciar o descaso com que a matéria era tratada.

A capacitação dos professores, portanto, será essencial, pois deve-se pensar não somente os conteúdos curriculares e temáticas, mas, sobretudo, o modo de lidar com "matéria tão nova" e como ela deve ser comunicada aos alunos para que os antigos estereótipos e discriminações, no que se refere ao mundo negro, não venham a se repetir.

De forma sintética, apresenta-se abaixo *um recorte do programa de Língua Portuguesa e Literaturas de Língua Portuguesa*, cujo conteúdo é parte integrante do programa global do projeto Geração XXI. Sugere-se, aqui, que o ensino da língua portuguesa e literatura brasileira, sobretudo, possam ser pensados a partir de um conhecimento que foi produzido, muitas vezes, por escritores, romancistas, poetas, dramaturgos, jornalistas e teóricos negros de modo geral, os quais contribuíram para a construção do "saber brasileiro", que é desconhecido pela grande maioria da população do Brasil.

Programa do curso de língua portuguesa e literaturas de língua portuguesa – projeto Geração XXI (elaborado em março de 1999)[5]

Objetivos gerais

Alguns objetivos, descritos a seguir, foram propositalmente retirados dos Parâmetros Curriculares Nacionais, indicados para o ensino fundamental, como forma de evidenciar a coincidência de suas propostas com as do projeto Geração XXI. Mostram-se, ao mesmo tempo, as brechas de uma política educacional brasileira, que se formula muito bem teoricamente e muito mal na prática, devido à falta de ações concretas por parte do governo. O entendimento de que essas propostas são de importância singular, faz com que elas sejam reproduzidas aqui para enfatizar a necessidade de

5. Aqui se apresenta somente parte do programa, devido às questões que se pretendem enfatizar.

se cobrar do governo a efetivação de seus projetos. Também é um meio de expor para os alunos o que o governo brasileiro espera dos estudantes das escolas públicas, para que eles próprios sejam multiplicadores, agentes políticos, a fim de reivindicarem o que lhes é de direito. Abaixo estão reproduzidos apenas dois dos objetivos, dentre outros vários, por meio dos quais os Parâmetros Curriculares Nacionais indicam como capacitação dos alunos para o ensino fundamental.

- "Compreensão da cidadania como participação social e política, assim como exercício de direitos e deveres políticos, civis e sociais, adotando, no dia-a-dia, atitudes de solidariedade, cooperação e repúdio às injustiças, respeitando o outro e exigindo para si o mesmo respeito."
- "Conhecimento e valorização da pluralidade do patrimônio sociocultural brasileiro, bem como aspectos socioculturais de outros povos e nações, posicionando-se contra qualquer discriminação baseada em diferenças culturais, de classe social, de crenças, de sexo, de etnia ou outras características individuais e sociais".[6]

OBJETIVOS ESPECÍFICOS

O curso de língua portuguesa, oferecido no nível de suplementação escolar para os alunos do projeto Geração XXI, tem como objetivo trabalhar o português instrumental articulando forma e conteúdo, estrutura e texto, permitindo uma reflexão do enunciado por meio das análises sintática e semântica. Como se trata de uma classe de oitava série, as aulas suplementares serão concorrentes com o programa da referida série contemplando, quando necessário, algum conteúdo dos anos anteriores, a fim de que os

6. Parâmetros Curriculares Nacionais. Brasília. Ministério da Educação e do Desporto/ Secretaria de Educação Fundamental, 1997.

alunos que estejam finalizando o ensino fundamental tenham uma cobertura de todo o programa exigido para finalização desse ciclo. Os textos apresentados em sala de aula associarão, sempre que possível, sem perder os contornos da área "língua portuguesa", temas de outras disciplinas, de maneira que o aluno possa exercitar na aula de português, idéias de matemática, geografia, história etc. Planeja-se, assim, uma maior integração entre as diversas áreas do conhecimento.

Princípios gerais – As práticas educativas deverão ser organizadas de modo a garantir que o aluno seja capaz de:

- discutir e refletir sobre o papel da escola e da educação na vida dos estudantes e cidadãos brasileiros;
- evidenciar a importância das línguas de todas as nações (a língua como poder de comunicação, resistência e identidade cultural e imposição política de uma comunidade e/ou nação sobre outra etc.);
- entender a variabilidade da língua:
- refletir sobre a importância da língua portuguesa. Por que estudar o "português"?.

Pontos de destaque para discussão

- Nações e comunidades onde se fala a língua portuguesa no mundo (Brasil, Portugal, Moçambique, Angola, Guiné, São Tomé e Príncipe, Cabo Verde, Timor, Macau).
- O domínio do colonizador português sobre o Brasil e alguns países africanos e asiáticos.
- As línguas maternas e dialetos de alguns países africanos.
- Quinhentos anos depois? A reflexão necessária: de onde viemos, quem somos? A África é logo ali, a África é aqui. Os povos indígenas no território brasileiro e suas línguas.
- Quinhentos anos depois da descoberta do Brasil, o que restou? É muito mais do que um resto: a língua como elemento de resistência cultural e identidade. Algumas

comunidades remanescentes de quilombos onde se falam dialetos africanos e tribos que mantêm as línguas indígenas. O português mesclado do Brasil (a influência de outras línguas na composição do português brasileiro).

- Há uma "maneira correta" de se falar? Peculiaridades e diferenças das linguagens.
- A norma culta/padrão. Tipos.
- A linguagem oral e a escrita.
- O coloquial, a linguagem cotidiana. A oralidade e as gírias.
- As pronúncias/prosódias. As adequações e as inadequações.
- Os sotaques do povo brasileiro. O respeito pelo falar do "outro". O respeito pela cultura do "outro".
- Alteridade. Novamente: quem somos nós? O "ser"como sujeito. O que é o "sujeito"? O "sujeito sintático" é diferente do "sujeito social" e "psicanalítico". As várias formas de sermos sujeitos do conhecimento.
- Onde se quer chegar: o negro como "sujeito"da História. O negro retratado como "produto"e "objeto" na História.

Discutir qual é a importância da arte e da literatura

- A literatura como objeto de arte e forma de se refletir sobre o mundo.
- As literaturas portuguesa, brasileira e africanas de língua portuguesa.
- A literatura engajada, a literatura de "cunho social". A *literatura negra e a escrita feminina* (duas escritas polêmicas e necessárias: marginais ou marginalizadas?). Outros gêneros literários (poesia, romance, teatro, conto, crônica cordel, popular etc).
- Todo texto é ideológico (Bakhtin).
- O que é um texto? A diversidade textual (o texto da vida, a escrita propriamente dita, o cinema, o vídeo, o jornal, o rádio, a música, a fala, as revistas em quadrinhos, o grafite etc.).

- A linguagem verbal (escrita, falada), a linguagem gestual, imagens.
- Uma complexidade a ser iniciada: o que é ideologia?
- A retratação do negro na literatura brasileira. Como alguns escritores emblemáticos representaram o personagem negro em seus textos (Castro Alves, Lima Barreto, Luís Gama, Jorge de Lima etc.).
- A representação do personagem negro de forma discriminatória (jornais e literatura dos séculos XIX e XX). O homem Negro como objeto.
- Como o negro é representado hoje na literatura? A mudança de representação do personagem negro. A "literatura negra brasileira" – de combate ao racismo e exaltação da raça à procura de uma África mítica, até uma "literatura negra" que tenta se universalizar. A recorrência de alguns símbolos.
- Os grandes escritores negros do passado, no Brasil, e suas obras imortais (Machado de Assis, Lima Barreto, Luís Gama e Cruz e Souza).
- O negro *(en)*cena: O Teatro Experimental do Negro. Abdias do Nascimento e Ruth de Souza (dramaturgo e atriz, respectivamente).
- Os escritores negros e as escritoras negras do Brasil contemporâneo (Cuti, Míriam Alves, Esmeralda Ribeiro, Edmílson, Leda Martins, Adão Ventura, Semog, e o Grupo Quilombhoje, Jussara Santos etc.).
- Outras escritas: as letras de músicas (Gilberto Gil, Caetano Veloso, Chico César, Mílton Nascimento, Chico Buarque de Holanda, João Bosco etc.).
- Outra escrita: novamente, marginal ou marginalizada? As letras de *rap* (cultura de rua; quando a música urbana é a periferia, a opção pela permanência e pela interferência em alguns espaços sociais; o desbravamento de novos espaços e, sempre, a denúncia social). O didatismo das "mensagens" para o "outro"– o recado dirigido: o discurso para o povo negro.

Observação: Os pontos do programa, contidos no item "Princípios Gerais", serão dados em textos nos quais se possam trabalhar conteúdo e estrutura, semântica, interpretação e análise sintática. A ênfase, que se pretendeu dar ao aspecto sociocultural, representado na proposição anterior, tenta contemplar os objetivos gerais do projeto Geração XXI. Procura-se, também, preencher as lacunas deixadas pelas escolas e livros didáticos, que ainda insistem em deixar a cultura negra e a "cultura marginal" excluídas dos temas de discussão e dos currículos, sugerindo, apenas, que sejam discutidas como "temas transversais", que atravessam a grade curricular apenas de maneira sublinear.

Justificativa

A opção pela proposta pedagógica, acima descrita, justifica-se na medida em que ela busca atender às exigências dos vestibulares mais conceituados.[7] Nesse sentido, os vestibulares e "vestibulinhos" servem de indicadores programáticos para o curso de língua portuguesa que aqui se apresenta como projeto. Entretanto, a linha de trabalho sugerida não deverá ficar restrita ao campo dos vestibulares. As aulas de língua portuguesa, por estarem inseridas em um projeto maior, procurarão afinar seus objetivos específicos aos gerais, elaborados pelo projeto Geração XXI e, nesse sentido, pretendem conjugar os conhecimentos lingüísticos pedagógicos à experiência prévia dos alunos e às suas bagagens culturais. Assim, as aulas tentarão fugir do modelo prescritivo de uma pedagogia que institui o professor como reprodutor do saber e os alunos como receptores passivos. A opção pela interação professor-aluno, mais do que atender à linha de ação pedagógica de relacionar conhecimentos, será necessária para humanizar essa relação. A aplicabili-

---

7. Novamente, ressalta-se que, aqui neste texto, está exposto somente um recorte do programa, o que, de algum modo, não contempla o que está sendo afirmado nesta frase. Entretanto, o programa exigido para os vestibulares está contido no programa completo de língua portuguesa e literatura do Geração XXI.

dade deste programa só terá sentido se o aluno for sujeito cultural e não um reprodutor de fórmulas e conteúdos de um curso que vise ao monocultural (como exemplo, poder-se-ia citar as aulas de português, análises sintáticas, que trabalham frases soltas totalmente desarticuladas de um "macrotexto" ou de um texto que permita uma reflexão crítica e teórico-literária). Para tanto, essa organização curricular de língua portuguesa focalizará o multicultural, associada a disciplinas e atividades culturais do projeto Geração XXI, e incentivará o autodesenvolvimento e a consciência crítica dos alunos. O uso de um livro didático, de reconhecido valor, é indicado a fim de tornar as aulas mais produtivas e para competir com os programas de oitava série das boas escolas.

"Abrindo-se as cancelas da África": finalmente, as portas do conhecimento estão sendo abertas

A tematização sobre a África sempre foi sonegada ao campo do ensino das escolas brasileiras, devido a uma visão racista. A difusão de concepções de que a África não tinha passado, por uma historiografia de cunho positivista, foi responsável por idéias que foram hegemônicas durante anos e que contribuíram para sedimentar pensamentos etnocêntricos e racistas que classificavam o africano, com exceção daquele do norte da África, como "selvagem" e incapaz de produzir História. A dicotomia imposta pelo imperialismo opunha o branco ao negro, o civilizado ao bárbaro, o europeu ao africano, sempre com vantagens para os primeiros desse jogo de duplas absolutamente assimétricas. Tudo isso advém da oposição natureza e cultura, pois, para o ideal eurocêntrico, ilustrado por Hegel (1999: 88), o "que se entende por África é algo isolado e sem história":

> [...] abandonamos a África para não mencioná-la jamais. Não é uma parte do mundo histórico; não apresenta um movimento nem uma evolução e o que tem acontecido nela em sua parte setentrional pertence ao mundo asiático e europeu. (Hegel, 1928: 194)

Mary Louise Pratt, em suas análises de relatos de viagem, mostra como o *olhar imperial*, ou seja, o olhar do branco europeu estava representado nas visões dos viajantes sobre os ditos "não civilizados". Segundo a autora, os viajantes contribuíram para difundir uma *consciência planetária* (Pratt, 1999: 29), uma forma eurocêntrica de consciência global, tanto nas colonizações das Américas como da África. É a partir dessas perspectivas que a teórica canadense observa que a emergência da história natural iluminista em articulação com as explorações continentais redundaram numa mudança de consciência planetária, cuja essência é o eurocentrismo. Tudo isso, de acordo com Heloisa Reichel, sobre as concepções de Mary Louise Pratt, faz com que o imperialismo não possa ser visto somente como um processo político e econômico, mas também deve ser entendido como "um produto e agente responsável pela construção de visões de mundo, auto-imagens, estereótipos étnicos, sociais, geográficos, que se legitima não apenas pela dominação externa, mas pela interferência direta nas mentes das pessoas com ele envolvidas" (idem: 11).

O Brasil, embora tenha tido a sua independência de Portugal há 181 anos, por mais incrível que possa parecer, ainda busca uma "descolonização ideológica", talvez aquilo que um dos teóricos do pós-colonial, Edward Said, denomina de "temas da cultura de resistência" (Said, 1995: 266).

No caso específico tratado, a sociedade brasileira ainda trava um embate contra o racismo, que perpetuou visões de mundo e estereótipos negativos sobre a África, o africano e, de modo geral, sobre todos que dele descendem. É um embate amplo que se deve ter, então, porque a luta contra o racismo engloba mudanças de atitudes em relação ao povo negro e políticas públicas por parte do Estado que possam corrigir a dívida social para com os Afrodescendentes, nas mais variadas áreas.

A focalização deste texto intervém mais especificamente na área da educação, assim, ele objetiva a apontar como as ações compensatórias podem também contribuir para a afirmação do sujeito negro como cidadão, naquele campo referido.

A questão da inserção da cultura africana e afro-brasileira se faz urgente, pois, na universidade, ainda por um longo período, devido à herança da ideologia colonial, questões relativas ao continente africano e sobre a cultura afro-brasileira, de modo geral, não eram tratadas de modo sistemático, como um conhecimento a ser divulgado "em larga escala" para os alunos. Quando havia discussão ou debate sobre tal tema, era por esforço individual de alguns docentes, que procuravam abrir brechas no fechado campo "do saber". Somente há pouquíssimos anos introduziu-se, na maior universidade da América Latina, a Universidade de São Paulo (USP), no curso de História, a disciplina História da África, que jamais havia logrado um lugar ao lado de outras, como História Antiga, Medieval etc.

Portanto, o descaso, quando se trata de ensinar sobre o mundo africano e tudo a ele relacionado, é recente e permanece como herança colonial. Infere-se, portanto, que esse panorama tem que ser modificado.

O projeto Geração XXI vem, ao longo de sua implantação, em várias de suas atividades já descritas anteriormente, dando ênfase à cultura negra, ao conhecimento sobre o mundo africano e afro-brasileiro. Tenta ainda combater o racismo em suas mais variadas manifestações, dando respaldo a 21 jovens e seus familiares para que possam construir suas identidades tendo como parâmetro, também, o mundo negro. A construção identitária do sujeito se faz com o reconhecimento do "outro" e também com símbolos, nos quais ele se reconheça de algum modo. Logo, a representação e a vivência de um mundo negro para a população negra são vitais e, por conseqüência, as visões racistas e negativas, geradas há séculos sobre essa população, devem ser combatidas em todos os aspectos da sociedade brasileira.

Salienta-se que isso não é pouco, pois, quem vivenciou e ainda vivencia atitudes preconceituosas e discriminatórias contra os jovens negros do Geração XXI sabe o quanto é falaciosa a democracia racial no Brasil. Poder-se-ia citar dezenas de casos, no mínimo, de preconceito contra esse grupo, pois, como educadora do grupo que fui, por quase dois anos, testemunhei os inúmeros olhares enviesados que contra eles eram dirigidos, quando adentrávamos espaços, na maioria recintos culturais, como Biblioteca Mário de Andrade, acervos de arte, Centro Cultural São Paulo, Bienal do Livro de São Paulo, e, sobretudo, na rua, quando nos encaminávamos a esses lugares. Afinal, 21 jovens negros reunidos em ambientes quase nunca transitados pela grande maioria da população negra brasileira chamavam a atenção do público desses lugares, o que, infelizmente, não é de causar espanto no Brasil. Penso que, se fossem cem jovens não negros, não seriam vistos com grande sobressalto, pois se imaginaria que eram somente componentes de uma "excursão ou roteiro cultural de estudantes", aliás, como eram, na verdade, os do Geração XXI.

É esse espanto que é admirável, pois se vê como a sociedade brasileira anda a passos lentíssimos no que diz respeito à quebra das estruturas preconceituosas e discriminatórias em relação aos negros.

A escolha do título deste texto, para mim, soa como uma resposta a um grito preconceituoso que eu e os componentes do Geração XXI ouvimos em pleno coração de São Paulo, quando voltávamos da Biblioteca Mário de Andrade, no vale do Anhangabaú. Penso que, por tamanha violência, ele calou em nós por muito tempo, pois o eco foi o seguinte: "Segurem, abriram as cancelas da África", seguido de muitos risos dados por uma turma. É a gaiatice brasileira, justificando que tudo é piada e que não existe preconceito racial, pois foi somente uma brincadeira sem cunho racista.

Foi, assim, essa frase perversa, que de algum modo "me inspirou" a dar título a este texto, evidentemente, para parodiá-la. Afinal, merecia uma resposta à altura do silêncio com que a tivemos que engolir durante o tempo que se passou desde então. Entretanto, refletindo melhor, analiso que a melhor resposta quem está dando são os 21 jovens do Geração XXI, à medida que ingressam em faculdades, universidades, traçam caminhos próprios, antes jamais imaginados para eles. A possibilidade de experienciarem uma sociedade brasileira com menos bloqueios interpostos em seus caminhos, aliada a uma vivência positiva do estar no mundo negro, significam um avanço e abertura de dezenas de "cancelas", seja no plano material, simbólico e, por extensão, do conhecimento de modo geral e, essencialmente, sobre o mundo africano, cujas "cancelas" foram acorrentadas por vários anos sob a ideologia herdada da colonização européia.

Como imaginar, então, que um livro como *Mayombe*, do autor angolano Pepetela (1982), dentre outros vários de também escritores africanos, tenha suscitado tanto interesse para duas mães de alunos do Geração XXI? Atribuo isso à força da palavra "África" e quem sabe a "Ogum, o Prometeu africano", que compõe a epígrafe de tal livro. Seria ainda uma ironia do escritor angolano contrapor dois símbolos, um africano e outro marco da cultura ocidental? Certamente que sim, pois, recordando que Prometeu, por ter roubado o fogo dos deuses do Olimpo e tê-lo entregado aos homens, tornou-se o símbolo da humanidade, aquele que enfrentou a luta para as conquistas civilizatórias, significa também aquele que abre as portas para o conhecimento.

Como explicar, então, tal fato ocorrido com as duas leitoras do Geração XXI? Lembro-me de que elas me pediram sugestões a respeito do que ler, então, eu lhes indiquei vários autores dentre brasileiros, portugueses e africanos de língua portuguesa. Entretanto, seus olhos se guiaram para o lado da estante no qual estava escrito "literaturas africanas de língua portuguesa". Nota-se, o esperável, para quem há tanto tempo desejava se "ver refletido no outro", em saber sobre sua ancestralidade, sobre o passado africano que tem uma História e histórias a contar, que tem uma sabedoria mítica a transmitir, porque fundada nos ensinamentos sagrados de seu povo.

Então, tudo isso não causa espanto, espera-se somente que, a cada dia, mais e mais "cancelas" venham a ser quebradas e que, de fato, "se abram as cancelas da África" por inteiro, dando a conhecer a história de todo o continente e de seu povo e a grandiosa herança deixada no território brasileiro, cujo peso é composição do patrimônio cultural do Brasil.

Referências Bibliográficas

BAGNO, Marcos. 1999. *Preconceito lingüístico. O que é, como se faz*. 4. ed. São Paulo: Loyola.

HEGEL, Georg W. Friedrich. 1928. *Filosofia de la historia universal*. Madri: Revista de Occidente, tomo I.

________. 1999. Filosofia da história. Trad. Maria Rodrigues e Hans Harden. 2. ed. Brasília: Editora Universidade de Brasília.

PEPETELA. 1982. *Mayombe*. São Paulo: Ática.

PRATT, Mary Louise. 1999. *Os olhos do império: relatos de viagem e transculturação*. Trad. Jézio H. Bonfim. Bauru: Edusc.

ROCCO, Maria Thereza Fraga. 2002. "Barrados no vestibular". Revista *Época*, entrevista concedida a Cristiane Segatto, 9 set.

SAID, Edward W. 1995. *Cultura e imperialismo*. São Paulo: Companhia das Letras.

SILVA, Maria Aparecida da. s/d. *Ações afirmativas e a questão das cotas*. Mimeo.

5

Geração XXI, Família XXI: vozes de quem vive essa história[1]

Lucimar Rosa Dias

> *A pós-graduação está esclerosada. Quando falo em preferência para negros, é porque isso forçaria os programas de pós-graduação a ampliar seu leque de temas de conhecimento. Escolher negros e índios para participarem da pós-graduação é uma decisão de conhecimento, não apenas um mecanismo para reparar injustiças* [...] *A entrada de mais negros e índios no sistema forçaria os programas a ampliarem seu leque de temas de conhecimento, incluindo assuntos de interesse mais direto dos negros e índios.*
>
> Antropólogo José Jorge de Carvalho,
> da Universidade de Brasília (UnB),
> em entrevista publicada pelo jornal
> *Folha de S. Paulo* em 21 jul. 2003.

A trajetória dos descendentes de escravos africanos no sistema educacional brasileiro é marcada por duas grandes características que se complementam: no aspecto quantitativo, os negros estão sub-representados em todos os níveis de ensino. Essa situação é ainda mais visível no topo da escolaridade – graduação e pós-graduação. Uma das causas e dos efeitos dessa desigualdade é o cotidiano da escola. Despreparadas, as instituições de ensino e seu corpo docente dificilmente conseguem superar situações de racismo

---

1. Este artigo foi gerado com base no curso "Exclusão/Inclusão: perspectivas culturais relativas à educação de populações excluídas", oferecido no primeiro semestre de 2003 pela Faculdade de Educação da Universidade de São Paulo.

e formular propostas e políticas que incentivem a diversidade racial – situação que, naturalmente, ecoa o que acontece fora dos muros da escola, como no mercado de trabalho, por exemplo.

Para Henriques, pesquisador do Instituto de Pesquisa Econômica Aplicada (Ipea):

> Apesar da escolaridade média de brancos e negros crescer de forma contínua ao longo do século 20, a diferença de 2,3 anos de estudo entre jovens brancos e negros de 25 anos de idade é a mesma observada entre os pais desses jovens. E, de forma assustadoramente natural, 2,2 anos de estudo é intensidade da diferença entre os avós desses jovens. (Henriques, 2002: 39-41)

Já Cavalleiro, ao observar o cotidiano escolar de crianças de cinco e seis anos, conclui que:

> A familiaridade com a dinâmica da escola permite perceber a existência de um tratamento diferenciado e mais afetivo dirigido às crianças brancas. Isso é bastante perceptível quando analisado o comportamento não-verbal que ocorre nas interações professor/aluno branco. Nela é natural o contato físico, acompanhado de beijos, de abraços e de toques. Isso é bastante visível no horário da saída, quando os pais começam a chegar para pegar seus filhos. A menina Solange (branca) despede-se da professora com um beijo e esta retribui. Observando o término de um dia de aula, foi possível contabilizar um número três vezes maior de crianças brancas sendo beijadas pelas professoras em comparação às crianças negras: dez crianças brancas para três negras. (Cavalleiro, 2000: 72)

É esta realidade tão violenta que impulsiona o estudo não só dos problemas referentes à exclusão de grande parte da população negra de uma vida escolar plena, mas também – caso deste artigo – a análise de experiências que se propõem a desafiar essa inércia que, infelizmente, atravessa gerações por cinco séculos.

O projeto Geração XXI é uma iniciativa brasileira de ação afirmativa[2] para a população negra, financiado pela Fundação BankBoston e coordenado pelo Geledés – Instituto da Mulher Negra, em parceira com a Fundação Cultural Palmares, órgão do governo federal.

Iniciado em 1999, o projeto visa prover condições materiais e sociais a 21 jovens, escolhidos em escolas públicas entre os que possuíam melhor desempenho. Após participarem de uma seleção, dez meninos e onze meninas, com idade inicial entre 13 e 15 anos, negros, de baixa renda e moradores de São Paulo, foram escolhidos para serem acompanhados, orientados e financiados do último ano do ensino fundamental ao final do ensino superior. Este projeto é considerado um marco importante para o Movimento Negro, que há muito tem lutado para colocar na pauta a promoção do acesso à universidade para a população negra.

No documento *Marcha Zumbi dos Palmares: contra o racismo, pela cidadania e a vida*, entregue ao então presidente Fernando Henrique Cardoso em 20 de novembro de 1995, quando mais de trinta mil pessoas – a maioria negras – reuniram-se em Brasília para comemorar os trezentos anos da morte de Zumbi dos Palmares e protestar contra a exclusão social, constavam as seguintes propostas na área da educação: A) Desenvolvimento de ações afirmativas para o acesso dos negros aos cursos profissionalizantes, à universidade e às áreas de tecnologia de ponta. B) Recuperação, fortalecimento e ampliação da escola pública, gratuita e de boa qualidade. C) Implementação da Convenção sobre Eliminação da Discriminação Racial no Ensino. D) Monitoramento dos livros didáticos, manuais escolares e programas educativos controlados pela União. E) Desenvolvimento de programas permanentes de treinamento de professores e educadores que os habilite a tratar adequadamente a diversidade racial, identificar as práticas discriminatórias presentes

---

2. O termo ação afirmativa tem sido utilizado no Brasil para designar qualquer ação, governamental ou não, que busque superar condições de desigualdade da população negra beneficiando-a de alguma forma.

na escola e o impacto destas na evasão e repetência das crianças negras. F) Desenvolvimento de programa educacional de emergência para a eliminação do analfabetismo. Concessão de bolsas remuneradas para adolescentes negros de baixa renda para o acesso e conclusão do primeiro e segundo graus (Marcha Zumbi, 1996: 24-25).

No mesmo ano da Marcha, o governo instituiu o Grupo de Trabalho Interministerial (GTI), com a finalidade de desenvolver políticas de valorização da população negra. As ações instituídas pelo grupo aparecem de forma esparsa e descontínua, sendo o Ministério da Educação apontado como um dos setores do governo mais resistentes ao estabelecimento de políticas anti-racismo. O então ministro Paulo Renato de Souza, em artigo publicado pela *Folha de S. Paulo*, em 24 de setembro de 2000, procura de certa forma responder às críticas:

> [...] A História nos cobra caro. Somos chamados hoje, a pagar o preço [...], temos de admitir que, entre nós, existem os mais desiguais entre os desiguais. Quando se fala de pobreza no Brasil, está-se falando principalmente da população negra e da discriminação racial [...] Para interromper esse processo, que condena o filho do pobre a também ser pobre, o governo começou por reconhecer, formalmente, que existem, sim, problemas de discriminação racial na escola. Trabalhar a auto-estima e a auto-imagem das crianças negras e dos jovens negros foi o primeiro passo [...]. Revisamos os livros didáticos e definimos parâmetros curriculares nacionais tendo em vista esta realidade, [...] estamos agora preparando professores, com o auxílio da TV Escola para lidar com a diversidade e combater o preconceito, o racismo e a discriminação. A cultura negra – história, valores e contribuições – estão sendo divulgados em vídeos produzidos para a TV Escola.

Todas as ações governamentais acima de fato ocorreram, mas, como o próprio Souza admite, são insuficientes para o rompimento da desigualdade racial na escola. Sua gestão, porém, ficou marcada pela posição contrária ao estabelecimento do sistema de cotas para negros nas universidades. O ministro argumentava que o importante era prover condições para que mais negros pudessem participar do sistema de seleção das universidades e estabeleceu convênio com o Banco Mundial para apoiar financeiramente projetos de cursos pré-vestibulares que abrigassem entre seus alunos maior número de alunos negros e índios. Tal projeto foi intitulado Diversidade na Universidade e deverá ser implementado pelo atual governo.

A questão da inserção do negro na universidade por meio de cotas (reserva de um percentual de vagas da instituição para a população negra) é a mais polêmica de todas as políticas reivindicadas, pois mexe com o mito brasileiro de que somos todos iguais. Segundo Antônio Sérgio Guimarães, "nada fere mais profundamente a alma nacional, nada contraria mais o profundo ideal de assimilação brasileiro, que o cultivo de diferenças" (Guimarães, 1995: 43).

O debate tomou grandes proporções e tem ocupado espaço na mídia, principalmente devido à adoção de políticas de cotas pela Universidade Estadual do Rio de Janeiro (Uerj).[3] Grande parte dos artigos publicados na imprensa, como é o caso da *Folha de S. Paulo*, um dos principais jornais do Brasil, é quase sempre contrária. Mesmo assim, cresce o número de universidades que aderem a este tipo de política: a Universidade de Brasília (UnB),[4] a Universidade do Estado da Bahia (Uneb)[5] e a Universidade Estadual de Mato Grosso do Sul (Uems),[6] todas com sistemas de cotas já

---

3. O projeto prevê 40% das vagas para negros e pardos e 50% para alunos oriundos das escolas públicas. O primeiro vestibular realizado a partir das cotas foi em 2002.

4. Projeto aprovado em 6 de julho de 2003. Destina 20% das vagas da graduação para negros, uma quantidade ainda não determinada para índios, além da ação afirmativa para escolas, tais definições ainda serão regulamentadas

5. Resolução n. 196/2002, aprovada em 18 de julho de 2002 estabelece a cota mínima de 40% para a população Afrodescendente, oriunda de escolas públicas da graduação e da pós-graduação.

6. Resolução publicada em Diário Oficial em 1º de agosto de 2003. Os negros terão 20% das vagas oferecidas pela instituição. Para indígenas, serão destinados 10% das vagas.

aprovados (contudo em funcionamento, por enquanto, e gerando muitas polêmicas só a Uerj).

É nesse contexto de discussões e experimentações que surge o projeto pioneiro Geração XXI, mas cercado de iniciativas com abordagens distintas, como o cursinho pré-vestibular Steve Biko, da Bahia, criado em 1995, espelhando outras iniciativas; no Rio de Janeiro, a Educafro (Educação e Cidadania de Afrodescendentes e Carentes) alcançou visibilidade nacional e não é mera coincidência que a primeira universidade do Brasil a adotar o sistema de cotas tenha sido a Uerj por meio de decreto do governo estadual quando este tinha como vice-governadora Benedita da Silva, cuja luta em prol da população negra é bastante conhecida.

O projeto Geração XXI teve grande repercussão na mídia escrita como exemplo de uma iniciativa positiva, ao contrário da repercussão quase sempre contrária da mesma mídia quando se trata de reserva de vagas nas universidades.

De acordo com a coordenadora-geral do Projeto Educacional do Geledés, Cidinha da Silva:

> O projeto Geração XXI é uma ação afirmativa fundamentada e dirigida à perspectiva do desenvolvimento humano sustentável que, por meio de uma proposta político-pedagógica inovadora, toma 21 jovens negros(as) como sujeitos de direito, produz condições de aprendizado e de desenvolvimento de talentos, acesso a novas linguagens e tecnologia, amplia as possibilidades de eqüidade nas condições econômicas, sociais, culturais, contribuindo para o aperfeiçoamento e fortalecimento da construção democrática no Brasil. O projeto pauta-se pelo princípio de que o acesso ao conhecimento interfere qualitativamente na vida cotidiana, na apropriação e análise crítica do legado cultural da humanidade e na solução dos problemas práticos. Neste sentido está estruturado de forma que os(as) integrantes sejam motivados(as) a tomar decisões, solicitar a colaboração dos(as) demais companheiros(as) debater e criticar sem medo de sofrer sanção por defender idéias contrárias às do(a) educador(a) que os(as) acompanham. (Silva, 2002b: 2)

Em nosso levantamento, foi possível identificar 18 publicações a respeito do projeto. O maior número de publicações está entre maio de 1999 e setembro de 2002, sendo que a mais recente foi no jornal *Folha de S. Paulo* em maio de 2003.[7]

Os artigos tratam do caráter inovador do projeto para responder à questão da discriminação racial no Brasil. O projeto serve para exemplificar ações que combatem a discriminação racial na educação, assunto central das matérias, que reconhecem o processo de exclusão social do qual a população negra é vítima. Quando há entrevistas, é sempre com um dos jovens beneficiados.

O projeto, além de ter uma clara proposta político-pedagógica para os alunos, prevê ações que beneficiem diretamente as famílias dos jovens – questão que não foi explorada por boa parte das matérias publicadas. A leitura do material me impôs as seguintes perguntas: Como as famílias desses jovens vivenciaram a inclusão de seus filhos? Que benefícios o programa de geração de renda trouxe para as famílias?

Para responder a estas questões, entrevistamos a coordenadora-geral do projeto e quatro mães, o que corresponde a 20% das mães envolvidas. O projeto atende a todos da família, mas estabelece o vínculo formal com as mães por reconhecer que são, ainda, as mulheres que destinam boa parte de seu tempo para cuidar dos filhos.

---

7. As fontes são variadas: desde revistas de circulação nacional como *IstoÉ* (2 fev. 2000, n. 1583, e em 11 out. 2000, n. 1.619) e a revista *Exame* (6 set. 2000, ano 4, n. 18), jornais como *Folha de S. Paulo* (23 set. 2001), *Jornal de Brasília* (7 jun. 1999) e Jornal *O Globo* (19 nov. 2000), *Revista da Folha* (28 mar. 1999) e também em revistas especializadas de diferentes segmentos: a *Raça Brasil* (maio. 1999 e em ago. 2000), revista de assuntos diversos voltada para a população negra; *Educação* (jun. 1999 e set./2002), especializada em assuntos educacionais de circulação nacional, mas com grande abrangência em São Paulo; *Perspectivas em Saúde e Direitos Reprodutivos* (mar. 2000), voltada para a militância feminista; informativos internos como ADVB, publicação da Associação do Dirigente de Vendas e Marketing do Brasil (edição especial *Top Social*, 1999); *Informativo Palmares* (maio, 1999), da Fundação Cultural Palmares; *EmCasa* (março, 1999), publicação de circulação interna dirigida aos funcionários do BankBoston; e ainda encontramos referências ao projeto em dois livros: *Afro-brasileiros hoje*, de Darien J. Davism, Selo Negro, 2000, e *Criança e educação: o futuro de São Paulo*, Summus, 2000.

As entrevistadas: vozes de mulheres negras

Das quatro mães entrevistadas, fui à casa de duas; as outras, por sua própria escolha, deram o depoimento na sede do projeto Geração XXI. Três mães mantiveram padrões parecidos durante a entrevista, foram muito simpáticas quando aceitaram nossa proposta e no encontro mantiveram essa postura: desenvoltas ao falar, não poupavam detalhes nas respostas. Apenas uma mãe pareceu aceitar a proposta da entrevista como uma obrigação: muito educada ao me receber, mas sem nenhuma vontade de falar, respondia estritamente ao questionado, e, ainda assim, com uma certa insistência de minha parte. Esta era uma das mães que aparentemente possuem melhores condições socioeconômicas. Suas respostas e o modo como a entrevista foi tratada sugere que ela, de certa forma, se sentia pouco à vontade como beneficiária de um projeto de ação afirmativa.

Em um dos casos, o pai estava presente e participou bastante. Das quatro, três tinham fenótipo negro, contudo, todas se identificam como mulheres negras.

Das quatro famílias, duas têm três filhos; uma, cinco filhos; e outra, dois filhos. Fazem parte do projeto Geração XXI três meninas e um menino. Desses, três já estão na faculdade, uma faz matemática na PUC-SP, outro faz comunicação e multimeios na PUC-SP, uma faz jornalismo na Universidade Metodista e uma prestará vestibular no final deste ano, segundo ela também para Jornalismo.[8]

O percurso

Uma das visitas dá a dimensão dos sentimentos que nos acomete em trabalhos como este. A visita foi no Jardim Helena, bairro

8. Dos 21 jovens, dez já estão em universidades nos seguintes cursos: Jornalismo, Engenharia Mecatrônica, Enfermagem, Engenharia da Produção, Direito, Arquitetura, Comunicação e Multimeios, e Matemática.

da zona leste de São Paulo. O caminho até a casa é um significativo percurso no qual as paisagens retratam a inclusão e a exclusão da população negra.

Para Santos, "o Estado moderno capitalista, longe de procurar a eliminação da exclusão, pois que assenta nela, propõe-se apenas a geri-la de modo a que ela se mantenha dentro de níveis tensionais socialmente aceitáveis" (1995: 19).

Realizar uma travessia tão espacialmente identificável da desigualdade social e racial me fez indagar se o nível tensional a que se refere Santos não está chegando a seu limite. Quando saí da estação de metrô Clínicas em direção a Corinthians-Itaquera, as pessoas vestiam-se bem, muitas portavam livros durante o trajeto e boa parte do grupo era de brancos. À medida que nos aproximamos do final da linha, a paisagem foi mudando: muitos negros, pessoas pedindo esmola dentro do metrô e muitas acompanhadas de crianças. A chegada do metrô ao seu destino é um choque. A estação está cheia de pessoas, barracas de camelôs, muitos jovens gritando por clientes em suas peruas, quase sempre garotos negros.

Novamente recorro a Santos para compreender que "as práticas sociais, as ideologias e as atitudes combinam a desigualdade e a exclusão, a pertença subordinada e a rejeição e o interdito. Um sistema de desigualdade pode estar, no limite, acoplado a um sistema de exclusão [...]" (idem: 4).

Tal análise serve para explicar a forma de pertença do povo negro à população brasileira. O processo de desigualdade, fenômeno atrelado à questão de classe, e o processo de exclusão, atrelado à questão racial no Brasil, transformam sempre qualquer discussão sobre as condições da população negra em propostas de mudanças conjunturais e estruturais ao mesmo tempo.

Por isso, a questão que buscamos responder ao entrevistar as mães parte do pressuposto de que os movimentos de inclusão desses jovens são de ordem conjuntural, mas que, sem dúvida nenhuma, os protagonistas do projeto almejam que esses jovens possam ser impulsionadores de mudanças estruturais.

Depois de pegar um ônibus na estação Itaquera e andar mais trinta minutos, cheguei finalmente ao meu destino. Lá aguardei uma das filhas de dona Celeste[9] me buscar – quando solicitei o endereço consideraram mais fácil este arranjo, pois, segundo Roberta, a jovem do projeto Geração XXI, "é muito complicado chegar aqui". Fui levada até a casa. Ruas sem asfalto, com grandes poças de água, crianças descalças correndo atrás de pipas. Muitas casas pequenas e mal-acabadas, sem muros.

Nossa intenção inicial era investigar em detalhes o programa Família XXI, que propõe programas de geração de renda. Contudo, ao conversarmos com as mães sobre o projeto Geração XXI, foi possível perceber três momentos que marcaram a trajetória das famílias ao se envolverem no projeto que não se centram apenas no programa de geração de renda. São eles: a) o estímulo de seus filhos para estudar sabendo que poderiam ir até o final de um curso universitário e o impacto positivo que isso trouxe aos outros membros da família; b) a participação nas palestras (chamados cafés culturais) e reuniões destacando o conhecimento que adquiriram sobre o racismo no Brasil; c) a confiança em si mesmas como capazes de vencer desafios e protagonizarem melhorias em suas condições de vida.

Uma questão bastante intrigante quando analisamos projetos como este é compreender quais as condições que fizeram desses jovens candidatos à bolsa, visto que um dos critérios é que estes considerem o aprendizado como um valor social. Como famílias de baixa renda e baixa escolaridade produzem jovens com tal valor? Esta é uma resposta que nós, pesquisadores das relações raciais e educação, devemos buscar incansavelmente. Perrenoud dá algumas pistas:

> [...] a condição social da família desempenha, certamente, um papel muito importante; todas as estatísticas mostram isso. Para interpretá-lo, ultrapassemos os modelos materialistas do meio social: o nível de vida e a extensão da bibliote-

---

9. Apesar de ter autorização das mães para gravar entrevista, preferi manter nomes fictícios a fim de preservar-lhes a identidade.

> ca familiar contam menos que o estilo de educação, o clima, a densidade das interações, a relação com o jogo, com a norma, com a realidade e com o uso da linguagem. Por outro lado, o meio não se reduz a uma condição de classe: cada família tem sua própria cultura, seu próprio paradigma. (Perrenoud, 2000: 24)

Elementos apontados por Perrenoud como favorecedores de sucesso escolar entre crianças – mesmo entre as que possuem uma família em condições sociais desfavoráveis. Estiveram presentes em todas as justificativas das mães para explicar por que seus filhos foram selecionados. Para Perrenoud, o clima, a densidade e a interação existentes entre os membros da família são responsáveis por favorecer aos filhos de famílias de baixa renda e escolaridade o sentimento positivo em relação à aprendizagem escolar.

Celeste, mãe de Roberta, fala com desenvoltura. Discutimos intensamente sobre o projeto Geração XXI e as mudanças causadas na família. A mãe diz que a filha "sempre foi menina muito estudiosa, muito aplicada, muito dedicada aos estudos". Questionada sobre por que a filha apresenta essas qualidades, a mãe relata que:

> Olha o pai dela... antes de a gente casar, ele fez uma opção. Entrou no Exército e queria seguir carreira, aí ele chegou para mim e perguntou assim: "O que você acha? Eu continuo no Exército ou os meus estudos?". Eu falei assim: "olha, no Exército você vai ficar muito privado, você vai engordar [risos], não vai ter aquela liberdade, eu preferia que você continuasse seus estudos". Foi o que ele fez, a gente se casou, éramos muito jovens, ele continuou os estudos. Então ela foi uma menina que cresceu vendo o pai estudar, na luta, estudando, se dedicando. Eu também, terminei meus estudos e ela via a batalha da mãe, do pai. Não consegui prestar uma faculdade, fiz, mas chegou na hora não tinha grana. [10]

---

10. Entrevista realizada em 17 de julho de 2003. Procurei manter o texto como originalmente foi transcrito, fazendo correções apenas de ordem formal para melhorar a compreensão do leitor.

Mesmo com este contexto familiar favorável à construção do conhecimento como um valor positivo para Celeste, uma das mudanças mais significativas que o projeto trouxe à família foi a visão de Roberta sobre educação.

> Eu acho que mudou muito, porque, depois que ela entrou no projeto, os estudos para ela têm um significado muito importante. Ela viu que, através dos estudos, pode ser alguém e pode ajudar os outros irmãos. Ela pode ser, não sei, uma doutora. Ela primeiro queria ser dentista, agora ela quer ser jornalista, vamos ver, eu desejo que ela continue uma menina muito responsável, educada e que sempre seja uma menina humilde, nunca deixe de ser humilde.

Estudos do Ipea de 2001 apontam que menos de 2% de estudantes universitários são negros e, destes, apenas 15,7% concluem os cursos. Podemos compreender a dimensão de um projeto como este ao garantir a sustentabilidade até o término de um curso universitário, seja qual for a faculdade escolhida pelo jovem.

> Para nós foi ótimo, caiu do céu, são três filhos, a gente não tem condições de pagar a faculdade para eles, talvez através de uma que é a Deise que já está [na faculdade] quem sabe a gente abre as portas para ter condições de ajudar os outros da família? Também deu um entusiasmo a mais para os outros irmãos! (Pai de Deise)

Das quatro mães entrevistadas, duas tinham o ensino médio e duas tinham o ensino fundamental incompleto, apenas em uma família o pai tinha curso superior. Por isso, a oportunidade de ter um filho no curso superior é sentimento compartilhado por todas as famílias já como uma vitória diante da situação de exclusão vivenciada por eles, e com isso almejam a possibilidade de inserção de outros membros da família. Todas as mães que têm filhos mais novos falam da esperança que seus outros filhos consigam o mesmo feito.

Nem sempre estes pais atribuem à sua participação efetiva o sucesso educacional de seus filhos. Quando buscam explicar o interesse de seus filhos pela escola, prevalece a idéia de que o próprio jovem é o responsável, praticamente considerando isso como um atributo nato. A resposta do pai de Deise também começa com a palavra sempre.

> Ela *sempre* foi uma criança inteligente, dedicada, chegava da escola sempre e por conta dela mesma pegava os livrinhos, às vezes sentava até assim... na porta. Sempre se interessou por brincar com tudo, uma formiguinha que ela achasse no quintal já era motivo para chamar os irmãos, mostrar que tinha passado uma formiguinha. Sempre pegando livro para ver, gibis, essas coisas e sempre a gente pensava que ela ia ser uma boa aluna na escola e se destacar em alguma coisa.[11]

A resposta demonstra que esses pais, como nos indicativos de Perrenoud, estabelecem uma interação profícua de aprendizagem, estímulos, permitindo que a cultura familiar favoreça as iniciativas de curiosidade e aprendizagem da filha. A mãe é mais esclarecedora ainda sobre as motivações pelas quais Deise tem a aprendizagem como valor positivo.

> Eles *sempre* tiveram interesse de aprender, eu sempre sentava com eles, ensinava isso e aquilo. Sempre ensinava alguma coisinha para eles, comprava material da escola antes de eles começarem a ir para escola, então tinha de tudo. Também, o pai ensinava e nós passamos muita responsabilidade para eles e passo até hoje que o estudo está em primeiro lugar, nós não tivemos estudos, nem eu nem ele, mas nós queremos que nossos filhos sejam bons alunos, sejam alguém no dia de amanhã.[12]

---

11. Entrevista realizada em 18 de julho de 2003.
12. Idem.

Também nas respostas da senhora Isabel, mãe de Wilson, encontramos uma idéia de espontaneidade para explicar as razões que fizeram Wilson ter a aprendizagem como um valor positivo.

> *Sempre* foi estudioso, nunca teve falta, sempre gostou de estudar, um menino esperto, aliás, todos os meus filhos são [risos]. Seguiu o exemplo dos outros irmãos, que graças a Deus sempre foram ótimos. O Wilson é o caçula de cinco filhos. Sempre estudaram em escola de periferia, mas nunca repetiram de ano, então ele seguiu o exemplo dos mais velhos. E essa oportunidade do projeto surgiu para ele em boa hora, os outros nunca tiveram essa oportunidade de estar entrando num projeto como este. Agora depois dele eu tenho uma filha fazendo faculdade também.[13]

Os depoimentos das mães são importantes para pensarmos que o suporte da família e a cultura nela desenvolvidos têm grande importância para que jovens negros superem as adversidades encontradas no cotidiano escolar.

Apesar de reconhecerem os esforços, a inteligência, o empenho e outras mais habilidades, três das quatro mães consideram o projeto fundamental para que seus filhos estejam na universidade, apenas uma das mães disse que o projeto é importante, mas que a filha faria faculdade de qualquer jeito – mesmo assim reconhece que, tendo garantida a entrada e permanência da filha, pôde investir mais na educação do filho, que passou a estudar em escola particular. Fato relatado por mais de uma mãe entrevistada.

É avassalador que a democracia brasileira possa conviver com anos e anos de exclusão de famílias que, como vimos nesses exemplos, acreditam nas potencialidades de seus filhos e os estimulam mesmo tendo acesso restrito aos recursos disponíveis. O que causa apreensão é saber que o projeto Geração XXI atende e possibilita a

13. Entrevista realizada em 1º de agosto de 2003.

inclusão de 21 jovens com efeitos diretos atingindo cerca de 111 pessoas. E os outros jovens negros? Quais as políticas públicas colocadas à disposição da população negra?

Deixo as palavras de uma das mães que parecem ser a melhor síntese da justificativa do movimento negro na luta pelo fim da segregação racial no Brasil.

> Esse projeto foi tão bom para Deise e para nós da família. Hoje eu estou assim... sabe... eu não sei como explicar. Algumas pessoas perguntam: como surgiu esse projeto? Eu não sei como explicar, para mim foram as mãos de Deus. Eu não sei explicar como surgiu direito, eu começo a falar... eu sei explicar um pouco, não sei explicar tudo. Tem convênio médico, temos *ticket* alimentação todo mês. Eu tenho que agradecer a Deus mesmo. No começo foi difícil sim, porque a gente não estava acreditando no que estava acontecendo com a gente.[14]

Acessando conhecimentos

O projeto foi apontado pelas mães entrevistadas como uma fonte de conhecimentos. A participação nas reuniões e nos chamados cafés culturais ocorre na última sexta-feira de cada mês, quando um convidado de importância nacional discute temas diversos.

Das quatro mães entrevistadas, três apontaram esses momentos como espaços importantes de aprendizagem, crescimento pessoal e coletivo. Apenas uma não atribuiu tais significados a eles. A resposta de uma delas dá a dimensão do que foi possível construir nesses momentos.

> Eu acho que foi muito importante para a família, abriu mais a mente da família para participação, de reuniões. O negro às vezes fica com medo de certas coisas, de participar, de ir a

14. Entrevista realizada com os pais de Deise em 18 de julho de 2003.

> certos lugares. Depois que ele entrou no Geração, a gente conheceu muitas coisas, tivemos muitas palestras e surgiu agora o geração de renda, nas famílias. Quem sabia fazer alguma coisa teve oportunidade para mostrar a sua capacidade, principalmente das mães.[15]

Duas apontaram os conhecimentos sobre racismo como os mais importantes adquiridos e relataram experiências em que os mesmos serviram para intervenção.

> Tinha muita coisa que era leiga pra gente. A gente não dava tanta importância. Com o café cultural toda última sexta-feira do mês, a gente aprendeu muita coisa, muita coisa mesmo, muita cultura, muita coisa boa. Teve com um professor da USP. Ele falou sobre racismo no Brasil. Isso me chamou muita atenção, tem coisas que a gente deixa passar. Você vai a um supermercado, uma loja, as pessoas te olham principalmente por você ter uma família negra, ser da raça negra, a gente é muito discriminado, já acha que a gente vai entrar na loja para furtar, não vê a pessoa, o ser humano. Essas coisas me chamaram muito a atenção, coisas que eu não dava muita importância, sabe, entrava na loja, comprava, me olhavam, mas não dava muita importância e isso chamou muito minha atenção. A gente aprendeu muito. A gente sabe como se defender agora, não deixa mais passar como antes. Deixa pra lá, não esquenta. Não. A gente não deixa mais passar em branco.[16]

Uma das dificuldades apontadas pelos estudiosos da questão racial no Brasil é o racismo brasileiro "disfarçado", "cordial", de tal forma que nem sempre as vítimas da discriminação racial percebem ou atribuem ao racismo as desventuras pelas quais passam. Sofrem cotidianamente constrangimentos, "olhares desconfiados",

---

15. Idem.
16. Entrevista com Celeste, mãe de Roberta, em 17 de julho de 2003.

"respostas enviesadas" e procuram outros motivos para justificar tais tratamentos, pois o mito da democracia racial obviamente sobrevive. Diz Carneiro:

> A "genialidade" do racismo brasileiro reside exatamente nisso. Aqui se produziu a forma mais sofisticada e perversa de racismo que existe no mundo, porque nosso ordenamento jurídico assegurou uma igualdade formal, que dá a todos uma suposta igualdade de direitos e oportunidades e liberou a sociedade para discriminar impunemente [...]. Ora, não havendo segregação legal, estaríamos no paraíso racial. [...] Essa situação de igualdade formal aprofundou a visão de inferioridade natural do negro, porque, se você tem uma situação em que supostamente há uma igualdade – pelo menos no plano legal –, então, se os negros vivem pior, se são desgraçados, miseráveis, pobres e analfabetos, é porque devem isso às suas próprias características... E isso denuncia o desprezo absoluto que a sociedade brasileira tem pelo negro. O negro não chega a ser objeto de ódio dessa sociedade, é apenas objeto de desprezo. Ainda nem chegamos nesse patamar de desenvolver uma força poderosa como a provocada pelo ódio, e que causaria um confronto entre negros e brancos. A possibilidade nem chegou a existir entre nós; foi sufocada por essa engenharia da igualdade no plano legal e a exclusão absoluta no plano das relações concretas, acobertadas pelo mito da democracia racial.[17]

Por isso, não é pouco o que o projeto conseguiu reverter em apenas quatro anos de intensas discussões. Colaborar para que os sujeitos negros discutam a "democracia racial", pessoas de 40, 45 anos ou mais, e ainda possibilitar-lhes que desmontem esse discurso ideologicamente produzido pelas várias instituições sociais e transmitam a seus filhos elementos de resistência é, sem dúvida, uma lição de construção de cidadania.

---

17. Entrevista com Sueli Carneiro, uma guerreira contra o racismo, publicada pela revista *Caros Amigos*, ano III, n. 35, fev. 2000, por Marina Amaral e outros.

A mãe de Roberta exemplifica o impacto benéfico que possui esse desvelar da realidade brasileira ao contar como seu filho, de 13 anos e sua filha, de 14, resolvem um conflito racial ocorrido na escola.

> Coloquei os dois na escola privada. Lá meu filho sofreu um pouco de racismo, porque só tinha branco, o único pretinho era ele. Então a minha filha foi atrás dos direitos do irmão. Eu sei que foi uma briga danada, um menino falou para o meu filho: "Você não vai entrar no jogo porque você é preto!". Aí a minha filha foi lá e falou: "O meu irmão paga a escola, minha mãe paga". Então ela aprendeu a se defender e a procurar correr atrás dos seus direitos. Isso foi parar na direção, nós tivemos uma conversa. A professora foi chamada, foi um diálogo, todo mundo conversou, se acertou e não teve mais esse tipo de problema. Isso aconteceu porque eu falei pra eles: "Olha, quando as pessoas fizerem insinuações, mesmo que seja verbal, que não seja tanto para agredir [fisicamente], agrediu de forma verbal, mas agrediu". Você tem de se defender. Foi o que ela fez educadamente – dou educação para eles – faço um sacrifício danado, mas eles têm de saber também como se defender na hora certa e foi o que aconteceu e nunca mais aconteceu nada disso. O diretor gosta muito de mim, o pessoal da escola gosta muito de mim e deles [dos filhos], nossa! Se eu tivesse deixado passar em branco, sempre ia acontecer, e o meu filho ia sempre se retrair, ser uma criança deprimida, sempre abaixar a cabeça e não é isso que quero para eles. Quero que eles aprendam a se defender em qualquer circunstância da vida, para serem cidadãos de bem.[18]

Dificilmente serão mensuráveis impactos qualitativos desse nível em projetos como este, mas as vozes dessas mulheres são fortes argumentos para concordarmos que o conhecimento gera

---

18. Entrevista com Celeste, mãe de Roberta, em 17 de julho de 2003.

cidadania e, de certa forma, produz capacidades e possibilidades de inclusão, o que considero um dos mais importantes feitos do projeto, pois há muitos educadores que trabalham com a temática das relações raciais e educação que defendem ser fundamental a escola incluir em seus currículos conteúdos que valorizem a população negra e reconheçam sua intensa participação na construção da nação brasileira.

Vimos pelos depoimentos das mães que, de fato, o conhecimento gera uma nova postura diante dos conflitos. Na maioria das vezes não ocorre aquilo que o discurso racista argumenta, isto é, que, ao tratar da questão racial na escola, aumentaremos o racismo. A mãe de Roberta não confirma tal afirmativa, ao contrário, ela é taxativa ao dizer que, depois da conversa, tudo ficou bem. É uma sugestão que o ambiente escolar possui porosidade suficiente para comportar discussões desse tipo e superá-las construindo espaços de melhor convivência para todos.

Considerações finais

O projeto Geração XXI concebeu em agosto de 2001 o programa Família XXI visando apoiar às famílias na geração de renda. O programa previa linha de crédito, orientações sobre empreendimentos, capacitação profissional e educacional. As primeiras famílias beneficiadas correspondem a 40% do total, sendo estas as que possuíam menor escolaridade e pior renda.

A confiança em si mesmas como capazes de vencer desafios e protagonizarem melhorias em suas condições de vida é apontada por Maria Aparecida da Silva como o objetivo principal do programa. E de fato este foi o impacto mais importante captado por meio das entrevistas e expresso nas palavras dos próprios atores (das próprias atrizes) deste processo ao relatarem o que mais aprenderam com esta experiência.

> A gente tem de aprender a ter comportamento de gente grande, não esse comportamento de gente pequenininha, pensar

> pra cima, pra frente, pensar em ser alguém na vida, pensar: vocês são capazes, por que não? [19]

Com o mesmo teor Isabel reafirma a função político-pedagógica do projeto de que na verdade construiu outros alicerces não pautados na questão econômica.

> A gente aprendeu auto-estima, porque quando você é negro, principalmente mulher, qualquer coisa você tem medo, por exemplo, eu gosto de dar aula, aí eu tinha aquele receio: "Ai, meu Deus como seria? Será que vou ser bem recebida?". Agora, não. Entro sem medo! Você aprende a se gostar e saber que você pode, tem capacidade. Antes a gente tinha medo, agora eu entro em qualquer lugar, falo sem medo.[20]

É claro que as ambições dessas famílias vão além da crença em si mesmos. Isto é o cimento com o qual foi alicerçada a disposição dessas pessoas em melhorar as condições materiais em suas vidas.

Das quatro mães entrevistadas, duas participaram do projeto de geração de renda e duas aguardam sua vez. Elas obtiveram recursos financeiros na forma de empréstimos e devolveram ou estão devolvendo em prestações o valor recebido para realizar cursos nas áreas de suas escolhas para fins de produção ou montagem de algum pequeno negócio. Ambas já trabalhavam nas atividades antes do projeto, e o financiamento serviu para que pudessem aprimorar seus conhecimentos naquela área.

A mãe de Wilson é lembrada pelas outras três como uma das mães bem-sucedidas no seu projeto de geração de renda. Ela justifica assim, essa imagem:

> É porque, desde que eu comecei, eu não parei, mesmo que eu faça pouco, eu continuo. Às vezes a gente tem problema

19. Pai de Deise, em entrevista realizada em 18 de julho de 2003.
20. Mãe de Wilson, em entrevista realizada em 1º de agosto de 2003.

> de documentação também e não pode expor em qualquer lugar, não é simples, então eu nunca parei, mesmo que faço pouco, faço por encomenda. Não tem aquela saída de venda assim não é uma empresa, ainda, nem uma microempresa, mas eu estou caminhado pra isso. Ser microempresária.[21]

Ela trabalha com artesanato de material reciclável. Diz gostar muito do que faz e atualmente esta é a sua ocupação principal. Vende seus produtos, dá aulas e conseguiu em troca de seus serviços de professora de artesanato, espaço em uma loja de *shopping* na zona leste para expor e vender seus materiais. Tem pretensão de tornar-se uma microempresária e confia bastante que o projeto a ajudará. Atribui ao projeto a responsabilidade por ter intensificado essa habilidade.

A mãe de Deise, que também recebeu financiamento, fez curso de cabelereira, mas sua principal ocupação é como cozinheira. O trabalho, segundo ela, funciona como bico.

> Eu fiz um curso de trancinhas, entrelaçamento, *megahair* e fio. Tentei montar um salão, mas não deu certo e voltei a trabalhar fora de novo. Não está sendo o momento ainda, mas eu vou ter, o ano que vem eu tenho com certeza, eu pretendo, sim.[22]

A mãe de Deise acha que fez o curso errado, mas escolheu este porque já fazia em casa como bico e queria mudar de ramo profissional. Hoje pensa que, se tivesse escolhido alguma coisa relacionada à alimentação, teria se saído melhor.

> Eu me arrependi tanto, sempre trabalhei com comida, doméstica, escola, eu fiz o curso errado, devia ter feito o curso

21. Entrevista realizada com a mãe de Wilson em 1º de agosto de 2003.
22. Entrevista com a mãe de Deise em 18 de julho de 2003.

> de culinária pra continuar no meu ramo. Eu tive vontade de trocar de profissão, mas ainda não consegui. Eu faço cabelo em casa, tenho minhas freguesas, mas isso pra mim está sendo um bico, o principal é cozinhar.[23]

As duas outras mães não receberam nenhum recurso, mas se mostram dispostas a participar. Uma tem projeto definido: quer montar uma confecção e disse que outras mães do projeto participarão. Outra ainda não se decidiu, talvez um salão de beleza – ela é cabeleireira – ou uma padaria.

Todas citaram o fato de que terão uma reunião com o Sebrae para obterem conhecimentos sobre cooperativa e demonstraram bastante confiança nos gestores do projeto e em si mesmas como capazes de produzir mudanças significativas em suas vidas.

De acordo com as entrevistas, o projeto Família XXI, no que trata da melhoria da renda familiar, ainda é algo a ser alcançado, mas o objetivo principal, segundo as palavras da coodernadora Maria Aparecida da Silva, "é criar condições de 'empowerment' do grupo de famílias do projeto para que elas mesmas impulsionem a mudança das condições de exclusão que lhes são impostas como parte da população negra no Brasil" (Silva, 2002a: 18).

Essa capacidade de buscar alternativas por "si mesmas" está calcada na ajuda concreta das instituições que até agora lhes garantiram espaços de solidariedade, confraternização, respeito mútuo e, sobretudo, condições de inserção em lugares antes impensados.

O contato com as famílias é muito rico. Percebe-se que esse grupo está confiante, pois conseguiu aquilo que milhões de pessoas esperam: apoio. No que é provocante pensar. Se este projeto que atende a 21 famílias é capaz de produzir tamanhas mudanças, o que fariam políticas públicas de grande capacidade de inserção? E política de ações afirmativas em vários âmbitos, inclusive, mas não somente cotas? Não seria melhor, esse país?

---

23. Idem.

Referências Bibliográficas

BENTO, Maria Aparecida Silva & CASTELAR. Marilda. 2001. *Inclusão no trabalho: desafios e perspectivas*. São Paulo: Casa do Psicólogo, Livraria e Editora Ltda,.

CASTORIADIS, Cornelius. 1987. *As encruzilhadas do labirinto: os domínios do homem*. Rio de Janeiro: Paz e Terra.

CAVALLEIRO, Eliane dos Santos. 2000. *Do silêncio do lar ao silêncio escolar: racismo, preconceito e discriminação na educação infantil*. São Paulo, Contexto.

DAVIS, J. Darien. 2000. *Afro-brasileiros hoje*. São Paulo: Summus.

GUIMARÃES. Antônio Sérgio Alfredo. 1995. "Racismo e anti-racismo no Brasil". *Novos Estudos*, n. 43, pp. 26-44, nov.

HENRIQUES, Ricardo. 2002. *Raça & gênero nos sistemas de ensino: os limites das políticas universalistas na educação*. Brasília: Unesco.

MARCHA ZUMBI. 1996. *Por uma política nacional de combate ao racismo e à desigualdade racial: Marcha Zumbi contra o racismo, pela cidadania e a vida*. Brasília: Cultura Gráfica e Editora Ltda.

MEIHY, José Carlos Sebe Bom. 2002. *Manual de história oral*. São Paulo: Loyola.

MOEHLECKE, Sabrina. 2002. "Ação afirmativa: história e debates no Brasil". *Cadernos de Pesquisa*, n. 117, pp. 197-217, nov.

MUNANGA, Kabengele (org.). 1996. *Estratégias e políticas de combate à discriminação racial*. São Paulo: Edusp: Estação Ciência.

PERRENOUD, Philippe. 2000. *Pedagogia diferenciada: das intenções à ação*. Porto Alegre: Artes Médicas.

SANTOS, Boaventura de Souza. 1995. *A construção multicultrual da igualdade e da diferença*. Rio de Janeiro (mimeo.).

SILVA, Maria Aparecida Cidinha. 2002. "Projeto Geração XXI – pioneirismo em ações afirmativas para jovens negros no Brasil". Washington, D.C.: Inter American Dialogue, set. (prelo).

———. 2002b. "Ações afirmativas em educação: acesso, permanência e sucesso do povo negro na universidade". *Palmares em Ação*, ano I, n. 2, out./dez.

———. 2003. "Violência racial e de gênero: subsídios sobre sua manifestação no cotidiano escolar". São Paulo: Geledés – Instituto da Mulher Negra, jun. (texto para discussão).

SILVÉRIO. Valter Roberto. 2002. "Ação afirmativa e o combate ao racismo institucional no Brasil". *Cadernos de Pesquisa*, n. 117, pp. 219-246. nov.

6

Com o que a física não se parece

Fernando Arruda

Então o professor irrompe seu discurso sobre as leis da Dinâmica e sobre as leis de Newton, inicia com a Lei da Inércia:[1] "*Um corpo só altera seu estado de movimento se uma força atuar sobre ele*", fala incessantemente durante dez ou quinze minutos, exemplifica com o caso de um ônibus freando, do trem em movimento e da pedra girante na ponta de uma corda. Em seguida introduz a jóia da coroa, a Segunda Lei de Newton, $F = m \cdot a$, salientando a presença dos vetores, sendo detalhista, mas se esquece das complicações que tais abordagens podem trazer.

E com o que a física se parece aos olhos dos alunos?

Um emaranhado indecifrável de fórmulas e equações matemáticas? Um recitativo de leis incompreensíveis e totalmente distantes da realidade cotidiana?

"– E quem foi esse Newton?"

"– Ele também comia arroz com feijão?"

"– Da maneira com que dele se fala e pelo que fez, só podia ser pancada, talvez tresloucado."

Talvez falte um pouco de história nas aulas de física. Mas são poucos os professores que dão real valor ou que se preocupam com isso.

"– A Primeira Lei de Newton... é de Galileu..."

---

1. Primeira Lei de Newton.

Newton nunca escreveu $F = m \cdot a$, aliás, a álgebra ainda não havia sido consolidada naquela época..., o único instrumento matemático era a geometria.

E nos esquecemos, diante de tantos termos, "força", "massa", "energia", "kgm/s", "$Q = mc\Delta\theta$", que a Física é fundamentalmente experimental. E mais, que sempre está à nossa volta, tão próxima de nós quanto o ar que respiramos, que sempre pode ser observada sem o menor esforço, desde o vôo de um pássaro até o acender de uma lâmpada, desde o aquecimento trazido ao planeta pelo Sol até a reprodução de uma bactéria.

E por quê? Por que nos esquecemos?

Oh, sim... Claro! A linguagem ... nós nos perdemos na semântica, talvez nas complexidades que, na gramática, por sua própria característica, fazem-se presentes... Mas não é culpa exclusivamente nossa... Pobres físicos!

A Natureza esbanja sua criatividade na oratória. E quão prolífera ela pode ser. Imensos sonetos, esbeltos na sua forma, ricos em seu conteúdo, carregados de um sentido que transcendem a razão de sua própria existência, mas que justificam seus bilhões de anos de evolução, sim, pois a Natureza foi criada assim que o Universo pôs-se a existir. Mas ela sempre tende ao monólogo eterno. O que podemos fazer? Sentar e admirar? Sim!

Mas não somente. Ainda podemos traduzir os sentidos que, do vasto conteúdo de informações que a Natureza nos fornece, captamos. Basta encontrarmos os instrumentos necessários para tanto.

"– Do que é que esse cara tá falando?"

Quão prodigioso pode ser o homem na sua capacidade de complicar. Mas de todas as suas invenções, a matemática é a menos complicada. Incrível? Não.

A matemática não é somente usada como uma linguagem, mas sua principal razão de utilização na física varre um vasto campo de aplicações. Fundamentalmente é um instrumento que possibilita fazer previsões de fenômenos, tanto futuros quanto passados: saber quanto tempo uma pedra demora para cair de uma certa altura, sem antes executar tal experimento; saber como foi o processo de consolidação do Sistema Solar, sem que ninguém estivesse presente naquele momento... São exemplos de alguns processos de previsão comumente utilizados em física elementar que se apóiam na arte matemática como instrumento único.

Galileu afirmou certa vez que "Deus escreveu no livro da Natureza com símbolos matemáticos", fato conhecido anteriormente por Da Vinci, que já havia observado padrões equacionáveis em fenômenos que envolviam a queda dos corpos.

Sim, a matemática está para a física assim como a manteiga está para o pão, e ambas atuam num sistema quase como uma simbiose, uma necessitando do amparo da outra, entrelaçando-se num diálogo frenético, uma tessitura de relações consonantes com a ordem universal que rege as doces melodias sinfônicas que brotam da Natureza!

Quando nossos alunos dominarem a matemática, só então estarão aptos a dominar a física, não há outra saída.

Não podemos, entretanto, responsabilizar somente a matemática pelo desinteresse coletivo nas salas de aula, mas existem outros fatores que contribuem para isso.

Lembremo-nos daquele curso de física na escola pública, daquele curso ministrado por aquele professor de ciências que mal sabia álgebra, que dava aula nos três períodos, para todas as séries do colegial, que sempre estava cansado, e que, portanto, quase sempre dava uma péssima aula, mas que se esforçava e se dedicava para cumprir o mínimo de conteúdo anual.

Um grande percentual de profissionais que dão aula de física e matemática, hoje, no ensino público, não é composto por físicos nem matemáticos. De acordo com dados recentes do MEC, o ensino público sofre, em toda a rede,[2] uma deficiência de mais de trezentos mil professores nas áreas de matemática, física e, inclusive, química.

Os cursos de física costumam ter um alto índice de desistência ao longo dos anos do ciclo básico. Há casos de desistência no

---

2. Consultar o *site* www.mec.gov.br.

último ano e até mesmo no último semestre. Isso pode gerar falta de mão-de-obra profissional tanto na área de ensino quanto na área de pesquisa científica.

Muitos dos alunos que passam num curso de física não se sustentam no curso por falta de preparo à própria física ou em relação ao aparato matemático necessário para entendê-la. Outros passam no curso porque o ingresso é relativamente fácil, visto que quase ninguém disputa carreiras como essa, mas também não permanecem por falta de vocação. Os poucos que ainda persistem são aqueles com predileção pela área de exatas e que conseguem se manter mesmo diante de algumas provações extremosas.

Pergunta-se freqüentemente por que uma pessoa se tornaria um físico. Muitas das respostas são baseadas nas tendências que caracterizam cada pessoa, mas, muitas vezes, existem respostas com uma pitada a mais de romantismo ou outras com um desvio para a ludicidade. Talvez aqueles que se mantêm no curso tenham um pouco de cada uma dessas características, mas a teimosia é um fator comum a todos, teimosia e perseverança. Problemas que no segundo grau eram resolvidos em quinze minutos agora passam a demorar duas horas, dois dias, uma semana – exageros à parte. Sem dedicação não se pode progredir em coisa alguma.

É, entretanto, admirável como pessoas ainda podem se predispor a gostar de física e matemática na situação em que se encontra a escola pública. Não se pode ensinar física no ensino médio sem um laboratório apropriado, sem professores conscientes do seu papel, sem que estes tenham todo o apoio fornecido pela instituição e pelo governo (ponderando, inclusive, sobre seus benefícios financeiros). E é aqui que o Estado deveria executar sua função primária: fomentar a educação.

Infelizmente as coisas ainda estão longe de funcionar como deveriam. Mas não nos resta alternativa senão, de alguma forma, enfrentarmos o problema. Este é um bom momento para desenvolver a arte do improviso.

Poderíamos resumir em uma palavra o problema enfrentado pelos professores de física em sala de aula: desinteresse. Não há receita ou método que torne possível resolver esse problema de maneira uniforme, mas há o professor que dosa, mescla, inventa e aprimora métodos para atrair a atenção de seus alunos. E é ele que deve empreender e conduzir as ações necessárias para esse fim. No entanto, não é primeiramente no aluno que devemos nos centrar, mas no próprio professor, pois primeiro devemos questionar o interesse dele próprio como educador e eterno estudante dessa disciplina. Ele deve investigar e buscar razões que justifiquem seu próprio interesse. Ter autoconsciência de seus desejos. Tal tarefa docente, de maneira nenhuma, deve subtrair da mão do aluno a responsabilidade maior pelo seu próprio aprendizado, pois, em última instância, a atividade intelectual é individualizada, por ser fundamentada essencialmente na leitura, que também é individualizada.

A física está longe de ser uma ciência estagnada. O progresso científico evolui com o tecnológico, e este é alimentado por aquele. Os ventos que moviam os físicos do século passado não são os mesmos que nos movimentam hoje em dia. O professor de sala de aula também deve ter consciência disso, e saber que ele próprio, mesmo não pertencendo diretamente a nenhum grupo de pesquisa,[3] deve estar ciente e informado de que tipo de física se está falando na comunidade científica, e qual a física que está sendo construída atualmente.

Durante o processo de ensino de física é essencial citar exemplos atuais de suas aplicações. Como citá-los se não os conhecer, e como explicá-los se não se conhecer a física envolvida?

O conteúdo de física ensinado na escola pública, durante muito tempo, não passava daquela física dos séculos XVI, XVII e XVIII, e, em menor, grau a do século XIX,[4] mas atualmente alguns livros e

---

3. No que diz respeito a pesquisa, podemos nos referir à pesquisa em Educação ou em Filosofia da Ciência (em Física), ou em Física propriamente dita (Física Experimental, Física Teórica ou Física Matemática). Aqui nos referimos a esta última.

4. Abrangendo o conteúdo de cinemática, dinâmica, óptica e, por último, eletromagnetismo.

professores já estão começando a abordar assuntos de física moderna, tais como Relatividade e Teoria Quântica. Somente dominando alguns desses temas é que podemos explicar fenômenos recentemente descobertos, tais como lentes gravitacionais ou mesmo o funcionamento de um diodo.[5]

Além disso, ampararmos os conhecimentos em física propriamente dita, de nossos professores, é importante. É necessário completarmos ou engrossarmos alguns conteúdos gerais necessários à sua formação.

Nesse sentido, estudar um pouco de História da Física pode ser o primeiro passo. Desmistificar que na física as idéias já nascem prontas e que ela se dá em blocos[6] é um bom caminho. Saber localizar onde e por que determinados eventos aconteceram e a repercussão de tais eventos na sociedade da época e de hoje resulta produtivo. Vejamos alguns exemplos.

Por que, em relação às idéias de Galileu sobre o transladar da Terra e dos outros planetas ao redor do Sol, foram feitas, tão intensamente (senão desesperadamente), tantas tentativas de expurgo, por parte da Inquisição? Que ameaças poderiam trazer seus manuscritos sobre o surgimento de uma nova ciência?[7]

Como o interesse da Alemanha pré-Segunda Guerra Mundial por processar metal contribuiu para o advento da Mecânica Quântica?

Por que Einstein, considerado pela revista *Life* como a personalidade do século, criador das teorias da Relatividade Restrita e Geral, pelas quais é tão fortemente relacionado, não foi laureado com o Nobel?

---

5. Componente eletrônico que permite a correntes elétricas com até uma certa intensidade percorrê-lo somente em um certo sentido. É utilizado em fontes de corrente contínua.

6. Esta afirmação se refere às divisões da física: dinâmica, eletromagnetismo etc.

7. Referência sobre o livro *Duas novas ciências*, de Galileu Galilei. Versão de 1952, Two New Sciences, Dover, Nova York.

A física é feita por homens[8] sujeitos a todas as vicissitudes que a vida e suas condições podem lhes trazer, inclusive aquelas (condições) trazidas por outros.

A mudança de perspectiva do geocentrismo para o heliocentrismo repercutiria na Igreja equivalentemente ao abandono da Terra por Deus, e isso não poderia ser, de forma alguma, aceito. As idéias aristotélicas foram para a Igreja o principal pilar "científico" estabelecido que ela poderia se agarrar. Quem ousaria contradizê-la?

De um lado temos a Igreja, grande e honrada representante de Deus na Terra, pautada na ciência de um dos principais e maiores sábios da Antigüidade, resoluta, irredutível, temerosa por perder a afeição e o dízimo de seus fiéis seguidores, prestes a entrar em declínio. De outro, o filho de um músico, relativamente desconhecido, inventor do relógio de pêndulo, do telescópio[9] (que sacerdote algum queria pôr seus olhos), teórico e experimentador, característica, esta, abominada pela Igreja.

Galileu foi julgado e condenado pelo Santo Ofício, obrigado a se retratar e, publicamente, renegar seus escritos.[10] Por pouco não vai para a fogueira, assim como alguns de seus predecessores.[11]

A Alemanha pré-Segunda Guerra Mundial tornara-se uma potência competitiva e auto-suficiente. Os investimentos na ciência bélica cresciam e cada vez mais engenheiros e físicos eram convidados a participar. Um dos estudos era baseado na medição da temperatura de metal fundido por emissão de radiação. O material teórico que surgiu desse estudo começou a envolver cientistas de

---

8. Referência à espécie, e não ao gênero.

9. Usualmente atribuída ao holandês Lippershey. Alguns desses instrumentos (utilizados como meros brinquedos) foram levados à Itália por viajantes. Por volta de 1609, Galileu construiu uma versão aprimorada e tremendamente aperfeiçoada, capaz de aumentar a área dos objetos por um fator 1000.

10. Diz-se que, ao término da contenda, Galileu pronunciou "no entanto ela se move...", ainda se referindo à Terra.

11. Há referências que tendem a afirmar que Galileu somente foi punido com prisão domiciliar por ter sido colega do papa.

todo o mundo, tornando-se uma nova área de estudo, cujos interesses eram puramente científicos.

Durante esse estudo surgiram os primeiros resultados que contradiziam a Mecânica Clássica, os quais foram explicados matematicamente por Planck em 1900 – este feito é considerado o primeiro artigo sobre Mecânica Quântica da história.[12]

Einstein escreveu três artigos fantásticos no prazo de cerca de um ano que poderiam, qualquer um deles, garantir sua celebridade ao lado de Galileu e Newton. Seu trabalho mais conhecido, "Sobre a Eletrodinâmica dos Corpos em Movimento", denominado pomposamente de TRR,[13] não lhe rendeu, no momento, nada além de uma má fama. Seu trabalho sobre Efeito Fotoelétrico,[14] oferecendo uma "explicação física" para o trabalho de Planck (e, portanto, garantindo sua participação na construção da Teoria Quântica), é que lhe conquistou o respeito dos físicos da época[15] e lhe valeu o Prêmio Nobel em 1921.

O próximo passo é entender onde estão aqueles conceitos ensinados em sala de aula, onde podem ser aplicados ou se são apenas instrumentos teóricos.

Essas propostas não consistem em passos únicos que podem levar à solução dos problemas citados, mas podem ser boas refe-

---

12. Os detalhes deste artigo e os resultados que levaram a ele são um tanto longos, e não cabe tratá-los neste artigo. Para maiores detalhes, recomendamos o acesso ao *site* www.fma.if.usp.br nas páginas dos professores Fleming ou Piza. Ou consultar o livro do professor Nussenzveig, *Física básica*, vol. IV, capítulo 8.

13. Teoria da Relatividade Restrita.

14. A tradução do título do alemão seria algo como "Sobre um ponto de vista heurístico a respeito da produção e transformação da luz".

15. Alguns nomes de peso, como o próprio Planck, não deram, entretanto, muita atenção a este artigo. Na verdade, alguns acharam que a teoria do fóton, apresentada neste artigo, não passava de devaneio. O outro trabalho é conhecido e denominado simplesmente por Movimento Browniano. Para físicos interessados, podemos recomendar o livro *O ano miraculoso de Einstein*, de John Stachel, Editora UFRJ, em que é apresentado este, e mais dois artigos que Einstein escreveu no mesmo período. Para leitores curiosos, *A evolução da física*, de Einstein e Infeld, São Paulo, Cia. Editora Nacional, 1971, pode ser um prato cheio.

rências para o desenvolvimento individual e a reflexão de questões que nos impulsionem em direção a possíveis soluções.

De qualquer forma, quanto melhor preparado o professor estiver, mais apto estará para utilizar-se de seus conhecimentos em prol do ensino coletivo.

Finalmente, no que se refere ao aluno, a atenção de cada indivíduo da sala de aula deve ser medida, não importando qual método o professor utilize. Alguns costumam atrair a atenção de seus alunos descontraindo-se com brincadeiras, outros, com jogos e charadas, outros, com curiosidades... Não existe limite para a imaginação, contanto que tais parâmetros sejam fixados. No momento em que a disciplina está em andamento, aqueles conhecimentos adquiridos (e propostos) acima devem ser empregados. Em geral, o tratamento propõe que o andamento das aulas seja levado no sentido de desmistificar a caricatura monstruosa que a física acaba adquirindo, atraindo a atenção para fatos do cotidiano, do dia-a-dia, sempre frisando que as dificuldades são naturais, pois uma nova maneira, sistemática e incrivelmente desenvolvida, de ver alguns aspectos do universo está sendo aos poucos apresentada.

Este pequeno esboço deve sofrer os ajustes necessários do ministrante da disciplina levando em conta a quantidade de alunos na sala, o conteúdo (que freqüentemente é vastíssimo) e o objetivo da aula. A maneira com que cada professor conduz seu método é bastante pessoal e, normalmente, possui razões para ser como é, mas devemos nos lembrar que é ele, o professor, quem mais deve se manter atento a suas falhas, a seus vícios e aos alunos.

É sempre bom que, se possível, algum(a) outro(a) companheiro(a) também professor(a), vez ou outra, assista a nossas aulas, relatando-nos suas impressões e suas propostas para melhorá-las. Muitas vezes não enxergamos fatos banais que nos cercam por estarmos por demais próximos a eles.

Um físico, um educador

Um trabalho pode ser considerado bem-feito pelo fruto que dele se originou ou pelo aprendizado que ele pode fornecer.

Nesse sentido, poderia certamente afirmar que meu trabalho com o Projeto Geração XXI[16] foi proveitoso, tanto no que se refere aos resultados quanto aos ensinamentos que pude assimilar.

Quando ingressei no Geração, a questão sobre a discriminação racial, embora já a conhecesse e a tivesse presenciado, nunca tornou-se tão presente e tão comum. Atitudes discriminatórias de terceiros que antes me passavam despercebidas começaram a me chamar a atenção: desde a maneira de tratamento individual habitual diária, como um cumprimento ou uma saudação, até posturas e posicionamentos de organizações ou empresas em relação a funcionários e até mesmo clientes negros.

Entendi que existe discriminação numa ocorrência muito mais comum e em maior intensidade do que imaginava. Notei que pessoas que não se diziam racistas agiam como tal, e era possível que nem tivessem a consciência desse fato; notei, ainda, que o fenômeno atinge todas as classes sociais independentemente da idade e credo e que, em muitos casos, o ambiente ou a educação paterna/materna poderiam exercer fortes influências sobre a conduta de uma pessoa a esse respeito.

Ao longo dos três anos de trabalho com os(as) jovens, pude notar algumas ocorrências de discriminação perpetradas nas mais diversas circunstâncias, na rua, na escola por professores, em bancos por funcionários, em ambientes sociais como *shoppings*, bares, boates e em uma série de outras localidades, mas uma coisa me deixou abalado em vários desses acontecimentos: algumas dificuldades de aprendizado eram reflexos desse tipo de conduta.

A discriminação na escola, por professores ou por colegas, ajuda a compreender o não-favorecimento do ambiente de estudo à assimilação de conhecimento por parte do(a) aluno(a) negro(a). Mas

16. Ação afirmativa para 21 jovens negros(as), desenvolvida por Geledés – Instituto da Mulher Negra em parceria com a Fundação BankBoston, desde março de 1999.

isto ainda continua tendo validade numa infinidade de outras circunstâncias em que pequenas variações sobre o tema ainda se manifestam, desde um problema de concentração em aula ou nas leituras que são exigidas, até problemas que exijam apoio de psicólogos ou profissionais adjacentes.

Houve uma dessas ocorrências com um dos jovens do Geração XXI, o que o deixou aturdido durante alguns dias. O jovem estava na iminência de depositar (ou descontar) um cheque para sua mãe quando foi barrado por um segurança numa das portas de acesso. O segurança (também negro),[17] um tanto bruto ao solicitar que esvaziasse seus pertences, não o deixou passar, mesmo o jovem cumprindo o que lhe foi solicitado. No calor da discussão, o segurança o encaminhou, aos supetões, até a saída e terminou por mostrar-lhe a arma, numa atitude traumática e terrivelmente ameaçadora.

Como é possível dedicar-se em estudar se a mente e a alma estão perturbadas, atingidas? Como é possível descansar para mais um dia de faina, se alunos, como o jovem discriminado no banco, não conseguem dormir à noite? Com muito custo e a dedicação de uma série de pessoas que trabalhavam conosco, esse problema foi parcialmente resolvido. Mas, avalie-se a quantidade de pessoas que não têm esse tipo de apoio. Como será sua situação de aprendizado? Quem poderia passar intacto a uma situação dessas?

Nem todas as recordações, porém, são tristes. Não, muito pelo contrário. A maioria é alegre e merece ser lembrada.

Quando comparo como eram os jovens do Geração quando comecei a fazer parte do grupo, com o que eles são agora, só tenho motivos para me sentir bem-aventurado. Tornaram-se maduros, conscientes da sua condição de negros num país que não gosta de ser taxado como racista. Muitos estão estudando nos cursos universitários que sempre sonharam ou passaram a sonhar a partir do

---

17. Para quem quiser se aprofundar no entendimento da relação opressor/oprimido, naquilo que concerne à apreensão que muitos oprimidos fazem das idéias do opressor, repetindo sua prática e discurso, sugiro a leitura de Paulo Freire.

momento que fizeram parte do Geração. A concretização do desejo de mudar de vida, guiá-la com suas próprias mãos, triunfar onde, sabe-se, uma minoria sai vitoriosa. Sim, esses(as) 21 jovens ingressaram no projeto como crianças, pré-adolescentes e vão sair como adultos e cidadãos, homens e mulheres que teceram, eles mesmos, a trama de seu futuro e nele vão repousar como doutores de seu próprio destino.

O meu trabalho no Geração era ministrar, inicialmente, aulas de apoio de física e matemática. Algumas surpresas bastante agradáveis surgiram durante esse período. É singular a sensação, para um educador, quando nota que o fruto de sua dedicação ao ministrar uma disciplina reflete de uma maneira tão profunda nas ações e até mesmo nas escolhas de seus alunos...

Normalmente as pessoas costumam ter uma dificuldade natural nessas disciplinas, independentemente se possuem vocação ou não, mesmo assim, aqueles que gostam, se dedicam. Esse arquétipo não era diferente no Geração XXI. Existiam, porém, duas pessoas no grupo que, apesar de suas dificuldades, eram extremamente dedicadas, não só às disciplinas exatas, mas a todas as outras. Particularmente em física e matemática iniciaram-se com problemas básicos e profundos, mas que, com muita porfia e obstinação, romperam e transcenderam seus limites. Qualquer um que estivesse presente, no meu lugar, poderia notar que com a orientação ministrada de maneira precisa elas poderiam se sobressair e ganhar as asas que lhes eram destinadas. Foi o que, de fato, aconteceu.

Para minha surpresa, ambas começaram a ter uma relação muito mais íntima com as exatas, fato que me possibilitou executar um trabalho de elaboração de um programa especial de estudo em matemática e física, especialmente para cada uma delas, e independentemente. O programa consistia, além de sanar os problemas e dúvidas que iam surgindo, possibilitar o conhecimento mais aprofundado de outras facetas da arte que elas estavam apreendendo, isso incluía listas de exercícios, textos avulsos, textos programados, revistas, jornais, apostilas e o que mais fosse necessário. O acesso à *internet* foi explorado.

Aos poucos e lentamente, os resultados começaram a surgir. Passaram, então, a um novo estágio de desenvolvimento. As idéias começaram a fluir, aptidões foram sendo desenvolvidas, ocorrências significativas passaram a acontecer; aquilo que, no início, para elas parecia apenas um sonho, estava prester a se realizar. Estavam dominando a disciplina, entendendo e compreendendo minúcias, aqueles mesmos detalhes que antes não passavam de citações e palavras sem sentido. Houve momentos memoráveis, como o único dez da turma, numa prova de física de uma das garotas, ou, a decisão de participar de um grupo de estudos em matemática, da outra. Essas experiências foram incrivelmente gratificantes, e, de tal forma incisivas, que ambas ousaram optar por áreas das ciências exatas, cursos que no momento estão fazendo. Uma delas foi aprovada em nono lugar no curso de matemática, na PUC de São Paulo, um resultado digno de menção. A outra, no curso de Arquitetura, para o qual, além de provas de conhecimentos gerais, havia avaliações específicas de desenho.

Ministrar as duas disciplinas de exatas foi essencial como apoio a ambas. Por ter o controle de conteúdo, era mais fácil projetar os mapas de ações que deveríamos tomar ao longo do curso. Não havia problemas de conhecimentos prévios em física, por já terem sido vistos em matemática, e não tínhamos a necessidade de abstrair totalmente em matemática por termos a oportunidade de encontrarmos exemplos reais em física.[18]

Ministrei também um outro curso criado especialmente para aqueles que iam fazer o vestibular para exatas, o curso de Matemática Avançada.[19] Consistia do conteúdo básico dos dois primeiros meses de um curso de Cálculo Diferencial e do curso de Geome-

---

18. Este último procedimento contou com uma boa dose de pesquisa de minha parte.

19. Originalmente para aqueles que iriam para alguma área das exatas, mas o interesse atraiu pessoas que gostariam de ampliar e aprofundar seus conhecimentos na disciplina.

tria Analítica do primeiro ano de física.[20] O objetivo era minimizar o impacto que esses cursos costumam causar ao aluno ingressante[21] e possibilitar a contemplação de um dos ramos da matemática Moderna.

Inicialmente, ao se depararem com idéias e concepções tão sofisticadas quanto as apresentadas num curso dessa envergadura, notei que o grupo estava um pouco ansioso por não saber ao certo o que o esperava. Este sentimento é natural, mesmo para os ingressantes na faculdade. Eles conheciam a fama e sabiam, por intermédio de pesquisas prévias que fizeram, que não seria uma coisa muito fácil. Deveriam ter condições de dar conta das matérias que ainda estavam tendo no colégio e conseguir entender em toda sua plenitude os tópicos que seriam apresentados.

De forma geral, o curso havia sido planejado para que eles conseguissem executar todas as tarefas em tempo hábil, ao mesmo tempo em que fossem aprendendo todos os conceitos novos da disciplina.

Um dos aspectos mais importantes desse experimento foi notar o processo de superação que cada um dos envolvidos tinha para consigo mesmo e para com o companheiro. Organizavam-se em grupos montados por eles mesmos, pesquisavam por conta própria na *internet*, obtinham dados de livros e revistas, levantavam questões de âmbito interdisciplinar e transdisciplinar,[22] e buscavam, a todo custo, interpretar corretamente cada resultado.

Um dos jovens envolvidos sempre me pedia para adiantar a matéria, sempre querendo mais e mais, estava se conhecendo com isso, obtendo e notando seus próprios resultados. Se auto-estimula-

---

20. Referente ao curso USP.

21. Fatos reais. O curso de cálculo em matemática ou física costuma ser chamado de disciplina gargalo. Muitos entrando para fazer e poucos saindo com o curso concluído. Nem em Harvard este problema foi solucionado.

22. Interdisciplinar: entre disciplinas, como a aplicação dos conhecimentos de cálculo em economia ou biologia. Transdisciplinar: aplicação de cálculo em outras áreas da própria disciplina, como geometria ou análise vetorial.

va por saber que estava obtendo conhecimento diferenciado, que agora poderia sentir-se dominador de uma área da matemática "que não se encontrava em livros do colegial", como ele próprio afirmou.

O companheirismo do grupo se acentuou consideravelmente, e se comportavam como um bloco, no qual o deslocamento de um era acompanhado pelos dos demais. Ajudavam-se no aprendizado.

Alguns resultados foram notados assim que eles começaram a cursar suas faculdades. Disseram-me que o conhecimento construído no curso de Matemática Avançada (MatAvan) pôde, ao menos no início, auxiliar na apreensão de conteúdo.

A maioria conseguiu adentrar na disciplina sem tantos problemas de conhecimentos prévios, e sem encará-la como aquele "bicho de sete cabeças", tão comumente notado pelos(as) alunos(as).

Em relação a alguns fatores psicológicos, também se tornaram um pouco mais confiantes em suas capacidades, torneando, com maior precisão, os limites (neste aspecto, mais ampliados) de suas capacidades.

O único aspecto negativo, como afirmou um dos jovens desse programa, é "não ter havido mais tempo para continuarmos com os próximos tópicos".[23]

Outra experiência pode ser relatada: no final do último ano tive o prazer de trabalhar como educador de física e matemática no projeto Próxima Parada: Universidade.[24] A diferença básica entre este projeto e o Geração é que visava exclusivamente ao ingresso na universidade.

Os jovens cursavam suas disciplinas na escola no período matutino, faziam o cursinho à tarde e suplementação escolar à noite. Foi nesse último item que nossa participação foi decisiva, auxi-

---

23. Desejava estudar partes de outras disciplinas, como álgebra linear ou física matemática.

24. Ação afirmativa para sete jovens negros(as) visando facilitar seu acesso à Universidade, desenvolvida por Geledés – Instituto da Mulher Negra, em parceria com a empresa Colgate-Palmolive.

liando os jovens na compreensão de uma quantidade maciça dos dados expostos no cursinho.[25]

Foi nesse projeto que também participei da seleção dos(as) jovens. A avaliação consistia de duas fases: uma escrita (redação) e outra de entrevista, realizada após a primeira fase (classificação).

A avaliação escrita do grupo de jovens deveria levar em conta também uma reflexão sobre a situação do negro hoje em nosso país, e esse jovem na condição desse negro. Poucos entenderam esse aspecto crítico da proposta.

A capacidade de transformar idéias em palavras é uma arte, aliás, pelo que pude notar, pouco dominada e enfatizada na escola pública.[26] Muitas das redações retratavam aspectos completamente díspares de nossa proposta, e dentre as poucas que restavam, uma proporção ainda menor possuía uma percepção mais abrangente.

No entanto, ainda existe a boa impressão de que o ingresso em uma universidade pode representar a mudança de vida para muita gente (isto me pareceu). Característica tão marcante que até um garoto branco, pobre, se inscreveu, fez a redação e foi para a entrevista (ele se autodeclarou pardo) buscando uma oportunidade de ingresso ao terceiro grau. Obviamente reconheceu que seu lugar não era naquele grupo, mas admitiu honestamente seu intento. Foi desclassificado sem discussão, mas sua honestidade me comoveu.

E neste ano também estou tendo o prazer de fazer parte do grupo de excelentes professores do projeto Afro-ascendentes.[27]

---

25. Nem é preciso mencionar que, como todos sempre estudaram em escolas públicas, a maioria dos assuntos que estavam sendo dados no Cursinho sequer havia sido mencionada a esses jovens, anteriormente.

26. Na minha época do ensino médio, esta característica não era diferente.

27. Ação afirmativa para vinte jovens negros(as) da cidade de São Paulo, visando facilitar seu acesso, permanência e sucesso na universidade, desenvolvido por Geledés – Instituto da Mulher Negra, em parceria com a empresa Xerox. O projeto contempla mais vinte jovens negros(as) no Rio de Janeiro, sendo desenvolvido pela ONG Centro Integrado de Estudos e Programas de Desenvolvimento Sustentável (CIEDS) em parceria com a mesma empresa.

O tratamento individual é a base do método que tenho utilizado, por sorte, com um grupo pequeno. E é o método que uso desde o Geração. Particularmente no Afro-ascendentes, o objetivo deve ser alterado, pois a intenção é "educar" para o vestibular, a não ser em casos específicos, em que exige-se educar para um determinado fim.[28] De forma geral, subdivide-se em grupos de mesma dificuldade e trata-se cada grupo conforme o interesse por área de ingresso e dificuldades. Existe o tratamento coletivo (em que a matéria é dada), mas o momento mais "individualizado" é necessário na maioria das vezes em forma de plantões e aulas de suplementação escolar.

O método tem como cerne o sistema socrático de resposta, refletindo a pergunta para o inquiridor para que ele sozinho obtenha a resposta. O crescimento pessoal é garantido, mas cabe ao administrador da disciplina ponderar sobre o momento e ocasião de seu emprego, pois o uso extremo desse sistema atravanca o processo coletivo de assimilação e retarda o tempo individual (se houver esta preocupação). Por exemplo, em uma circunstância em que um aluno diz não estar conseguindo resolver algum problema, perguntar quais são os dados do problema, ou o que o problema está pedindo, costuma encaminhá-lo para a reflexão do problema.

De qualquer forma, do ponto de vista de aprendizado,[29] tenho sido bastante gratificado pelo conhecimento e autoconhecimento que tenho adquirido durante todo este longo processo trabalhando com os jovens.

Um professor sempre deve ter um tempo para seu auto-aprimoramento, e é isto que tem acontecido com bastante freqüência ultimamente. Estar sempre atento a novos métodos, novas maneiras, novos desafios, novas perguntas. Sempre temos truques, jeitos, métodos escondidos na manga, mas quando somos obrigados

---

28. "Educar" está sendo usado no sentido mais nobre do termo, "educar" consiste em doutrinar para passar no vestibular. Embora estejamos a maior parte do tempo "educando", às vezes, quando o interesse é intenso, podemos arriscar um "Educar", vez ou outra.

29. Este, sim, sem aspas.

a dispor de todos e nenhum faz com que a compreensão chegue ao coração de nossos estudantes, é neste momento que nós, professores, somos impelidos a crescer. Portanto, são aqueles ligados diretamente ao educar, ou mesmo ao "educar", que estão em condições de alcançar o próximo patamar. E, nestes últimos tempos, tenho me sentido incrivelmente ligado...

Sempre tive propensão à Física Teórica ou Física Matemática. Sempre gostei de matemática, sempre fiz minhas incursões por essas áreas desde idades precoces e tinha, para comigo, que meu futuro seria trabalhar com uma dessas áreas. Oportunidades não faltaram, mas minhas impressões sobre a questão do ensino acabaram por me atingir de tal forma e com tal intensidade que meus intentos foram remodelados e hoje tenho me preocupado e me dedicado com certo afinco em questões dessa vertente. O universo que tenho pela frente ainda me parece muito misterioso, mas há muito que aprender.

Em relação a esta decisão muito devo à minha participação nos três projetos supracitados e a uma boa dose de reflexão. Não pretendo abandonar minhas pretensões em pesquisa física, mas trabalhar com ensino traz algumas sensações e alguns questionamentos que podem ser convertidos em prol do deleite de muito mais que uma só pessoa. O trabalho em benefício do coletivo, em benefício de muitos. Não que o trabalho científico não possa se converter a isso, mas não participamos tão presentemente da autoconstrução do conhecimento de uma pessoa, como se participa fazendo educação.

A base para que um país progrida está na educação.

Isso é sabido desde eras pré-históricas.[30]

Findando este pequeno relato, tenho meus agradecimentos voltados inteiramente a minha cara Cidinha por me oferecer a oportunidade de expor toda a minha experiência sobre o longo trabalho com os projetos Geração XXI, Próxima Parada e, atualmente, Afro-ascendentes.

30. Perdoe-me o termo hiperbólico, mas a intenção continua verdadeira.

7

Pelo direito de sonhar o futuro

EDUARDO HENRIQUE PEREIRA DE OLIVEIRA

Sentada com a cabeça baixa e mãos juntas sobre o colo, aquela menina magra, de olhar tímido, não havia chamado muito minha atenção até que lhe perguntei o que ela pensava em fazer no vestibular. Sem me olhar nos olhos, mas com uma expressão de orgulho, ela foi direta: "O que eu quero mesmo é ser diplomata, mas como eu soube que para ser diplomata é necessário fazer uma faculdade primeiro, pensei em fazer direito ou relações internacionais".

Surpreso com a firmeza da resposta, perguntei-lhe o porquê da escolha. Então, Michelle, uma linda jovem de 18 anos, com os cabelos repletos de cachos brilhantes, olhou pela janela, respirou fundo para tomar coragem e com muita timidez me disse: "Eu nunca vi um diplomata negro e nem mulher. Acho que quero ser a primeira diplomata negra do Brasil".

A verdade contida em sua resposta marejou meus olhos de lágrimas, além de me fazer despertar para a responsabilidade que eu tinha naquele momento. Por convite do Centro Integrado de Estudos e Programas de Desenvolvimento Sustentável (CIEDS), eu entrevistava um grupo de jovens candidatos a participar de um projeto-piloto ousado: auxiliar na formação de vinte jovens negros, oriundos de regiões pobres da cidade do Rio de Janeiro, estudantes do último ano do ensino médio em escola pública, de modo que tivessem a oportunidade de entrar numa das universidades públicas da cidade.

Minha tarefa era inglória. Devia tentar encontrar no meio do grupo de candidatos aqueles que parecessem ter maior disposição, responsabilidade e qualidades para enfrentar o desafio. Infelizmente, porém, percebi logo que o significado de todo o procedimento era ainda mais forte. Aquilo que eu e o grupo de avaliadores tínhamos que fazer nada mais era do que decidir quem teria oportunidade na vida.

A ousadia do projeto residia no fato de ele ter por objetivo assegurar chances de mobilidade social a jovens negros. Exatamente no momento em que o Rio de Janeiro debatia a pertinência das cotas, uma empresa privada multinacional resolveu encarar aquilo que o Brasil sempre temeu reconhecer. Ou seja, enquanto as ações do setor público vinham sendo contestadas em sua constitucionalidade, uma empresa propunha agir afirmativamente em relação à ausência de oportunidades iguais para todos.

O projeto Afro-ascendentes surgiu na esteira de outra iniciativa privada. Seu idealizador, José Pinto Monteiro, diretor-executivo do Instituto Xerox, foi sensibilizado pelo exemplo do BankBoston que, através de sua Fundação, patrocinou o projeto pioneiro de suporte educacional para estudantes negros, o Geração XXI, que tem detalhes abordados nesta publicação.

Para desenvolver o projeto, buscou-se associar a inovação da proposta à experiência no campo da educação popular. Assim, o desafio foi posto à ONG CIEDS, composta por um grupo de profissionais que vinha se destacando pelo acúmulo no campo do treinamento profissional e de geração de renda em mais de uma centena de comunidades de baixa renda da cidade do Rio de Janeiro.

A novidade da proposta exigiu cuidados. Uma pesquisa qualitativa foi desenvolvida, na tentativa de se compreender quais questões deveriam ser contempladas. Com isso, semelhantemente ao que se verifica no caso das cotas, ficou evidente que possibilitar a permanência na universidade era tão importante quanto melhorar as condições de acesso a ela.

Buscando desenvolver um projeto que, além de grande impacto sobre a realidade, pudesse gerar um exemplo a ser seguido, foi decidido que o projeto aconteceria simultaneamente nas duas maiores cidades do país. Seu objetivo seria provar que a ascensão profissional e educacional é uma questão de acesso a oportunidades; provar que a inteligência e o sucesso não estão ligados à cor dos indivíduos e aprofundar a discussão da discriminação racial tão mascarada na nossa sociedade.

Em janeiro de 2003, o CIEDS deu início à implantação do projeto. Foi criada, em 30 de janeiro, uma comissão para assessorar a coordenação do projeto, composta por Diolinda Prado e Liliana Secron, definindo as estratégias a serem adotadas na fase inicial do projeto, sobretudo as relacionadas ao processo de seleção dos candidatos e à constituição do Conselho Consultivo, definindo os critérios de representação, atribuições, procedimentos para escolha dos representantes e duração dos mandatos, dentre outros aspectos.

A Comissão foi constituída inicialmente pelas seguintes instituições com seus respectivos representantes: CIEDS; Instituto Xerox; *Afirma* – Revista Negra *Online*; Universidade do Estado do Rio de Janeiro (Uerj); Criola; Afro Reggae e Visão Mundial.

As duas últimas instituições optaram por acompanhar o projeto sem participar de suas decisões. Mais recentemente, em maio de 2003, foi feito convite ao Instituto Palmares de Direitos Humanos (IPDH) para integrar a Comissão.

O processo seletivo foi dividido em duas etapas e contou com a coordenação da equipe do CIEDS, participação de integrantes da equipe da comissão de implantação, instituições comunitárias, ONGs e escolas.

Na primeira etapa (eliminatória) foram avaliados os seguintes pré-requisitos:

- ser negro(a);
- ter até 21 anos de idade;
- ter sido aprovado para o terceiro ano do ensino médio com média superior a seis e estar cursando a escola pública regular;
- não trabalhar;
- residir ou estudar nas seguintes comunidades: Cidade de Deus, Morro da Formiga, Morro do Borel, Vila Isabel, São Gonçalo, Complexo do Alemão e Mangueira.

A prioridade por essas regiões deveu-se à sobreposição de fatores demográficos, dado que elas representam um enorme contingente populacional, aliado à maior possibilidade de rápida divulgação e mobilização pela rede comunitária atendida pelo CIEDS.

Na segunda etapa foram utilizados como instrumentos de avaliação para verificar as potencialidades dos concorrentes uma dinâmica de grupo; a produção de dois textos; e uma entrevista. Assim, de um total de 48 candidatos foram selecionados vinte jovens, 13 do sexo feminino e 7 do masculino. No decorrer desse período houve o desligamento de um dos selecionados, o que possibilitou a inclusão de mais uma participante. Este procedimento se deu pela ordem de classificação do processo seletivo.

Selecionados os participantes da primeira turma do projeto, foram organizadas as atividades iniciais com o objetivo de propiciar espaços de encontros e de discussão sobre assuntos de interesse comuns, que a partir do mês de junho de 2003, passaram a ser ministrados em encontros quinzenais, nos quais buscamos tratar questões relacionadas à cidadania, direitos humanos, ética, escolhas profissionais, sexualidade, prevenção de doenças, mercado de trabalho, uso de drogas, relações interpessoais e familiares, racismo, entre outros.

Inicialmente foi realizado um seminário de integração composto de cinco oficinas conduzidas pelas seguintes instituições: Afirma – leitura crítica da exploração da mídia através do jornal; Criola – Resgate da História; Uerj – O que é a universidade; CIEDS – perspectivas do projeto Afro-ascendentes e construção do Plano de Desenvolvimento Individual; Instituto Palmares – mercado de trabalho e o direito.

A participação dos jovens nessas atividades[1] aparece como uma estratégia para o resgate ou, ainda, a compreensão inicial da

---

1. Seminário "Ações afirmativas – o que são?", comemorativo do Dia Internacional pela Eliminação da Discriminação Racial (21 de março); peça *Candaces*, origem de mitos da cultura negra, seguida de debates; seminário "políticas de inclusão social – a reserva de cotas" (promoção: Uerj); peça *Navio Negreiro* e lançamento do *site* Atabaque Virtual.

cidadania e cultura da população Afrodescendente, uma vez que entender e perceber a questão racial é fundamental para os participantes de um projeto que se propõe contribuir para o combate das desigualdades raciais. Assim, foi articulada uma série de atividades culturais pensadas para oferecer uma visão positiva da condição do ser negro. Essas atividades foram organizadas com o suporte da Assessoria de Cultura Afro da Secretaria de Estado de Cultura do Rio de Janeiro.

Na sua essência, o projeto Afro-ascendentes tem que compensar deficiências estruturais em relação à educação formal de seus participantes, bem como a situação de vida que sua origem social lhes impõe. No período de 19 a 24 de maio de 2003 foram realizadas visitas domiciliares às famílias dos participantes do projeto. O trabalho foi realizado por uma assistente social com base em um roteiro elaborado pela coordenação do projeto. As visitas nos forneceram dados para traçar o perfil socioeconômico e cultural das famílias. Além de mostrar que, mais do que condições materiais, são as marcas e heranças sociais que contam nos processos de mobilidade. Percebe-se, por exemplo, que dentro da realidade social em que vivem nossos jovens, o papel da família na continuidade dos estudos é muito importante. A grande maioria vive em comunidades em que a realidade de violência e de envolvimento juvenil com o narcotráfico impõe regras éticas e uma rígida disciplina para as famílias que desejam manter seus filhos e filhas longe da sedução do mundo das gangues.

As ausências são muitas. Na escola pública, muitos não tiveram uma ou duas disciplinas, por um ano inteiro. Entre os vinte selecionados, não são raros os casos dos que apresentam a sigla "SP" escrita em seus boletins escolares. A sigla, numa demonstração cínica de descompromisso, significa "Sem Professor(a)" durante um bimestre ou mais.

De imediato, foram criadas suplementação em redação e interpretação de textos, considerada uma competência fundamental por todas as equipes responsáveis pela organização de vestibulares das principais universidades do país. As oficinas foram realizadas por uma professora de língua portuguesa que integra a banca de correção das redações dos vestibulares da Uerj.

O passo seguinte foi estabelecer contatos com escolas privadas com tradição na preparação pré-vestibular. Surpreendentemente, logo no primeiro contato houve um grande interesse em estabelecer uma parceria. A rede de ensino Grupo Perspectiva Integral (GPI), um tradicional colégio/curso com várias unidades espalhadas pela cidade, imediatamente se dispôs a matricular as jovens e os jovens do projeto, chegando a nos oferecer a possibilidade de transferência escolar. Optou-se, contudo, por não afastar os alunos do convívio social presente na escola pública.

Os alunos foram matriculados em três unidades do Colégio GPI,[2] sendo cinco na unidade do bairro de Cascadura; sete no Méier e sete na Tijuca, considerando o local de residência; o local e horário do colégio em que o jovem cursa o ensino médio e a sua opção de carreira.

A relação construída com a Rede GPI possibilita à equipe do projeto um espaço de diálogo constante junto à instituição. O diretor pedagógico da rede, bem como os administradores das unidades em que os jovens se encontram matriculados também dedicam especial atenção às demandas do projeto.

Considerando as dificuldades dos alunos em assimilar os conteúdos ministrados pelo GPI nas disciplinas de matemática, química e física, foi necessária a criação de uma oficina de matemática com o intuito de possibilitar um melhor aproveitamento. Nelas, o professor busca trabalhar com o grupo as principais lacunas deixadas pelo ensino público. Visa, também, atender, de uma forma mais específica, a cinco alunos que na escola regular não possuem professores em duas das matérias citadas (química e/ou física).

As dificuldades enfrentadas não são, porém, obstáculos intransponíveis. Percebe-se isso observando o desempenho apresentado

2. As alunas oriundas da Cidade de Deus estudam em Cascadura; os moradores do Complexo do Alemão, no Méier; e os moradores de Vila Isabel, Morro da Formiga, e alunos do Colégio Nação mangueirense, na Tijuca.

em menos de quatro meses de efetivo suplemento educacional. Jonas,[3] por exemplo, o mais jovem dos selecionados, obteve como resultado do segundo simulado que fez na Rede GPI a classificação de terceiro colocado geral, entre todos os alunos da rede, e o segundo lugar da unidade em que estuda. Ele quer estudar arquitetura, curso que estranhamente exige do candidato uma prova de habilidade específica. Na era dos computadores, não basta sonhar em ser arquiteto, porque a universidade só vai lhe ajudar se o talento ou o dom do desenho estiver inato em você. Além disso, a prova possui questões de "cultura geral" que muitos professores formados não teriam condições de responder.

Outro bom exemplo de como a ausência de oportunidades acaba por determinar a vida de muita gente pode ser comprovado no desempenho de Carla, no último Exame Nacional do Ensino Médio (Enem), aspirante ao curso de Psicologia, ela acertou 52 das 63 questões, 82,54% do total. No vestibular, porém, ela não será avaliada pelo seu desempenho nos três anos de colégio, mas sim por aquilo que for capaz de fazer numa única avaliação. Somos levados a acreditar, contudo, que esta competição verificaria o mérito de cada candidato sem que raciocínio (lógico-matemático, abstrato etc.), criatividade e motivação sejam levados em consideração.

A base das condições precárias a que nossas alunas e alunos estão sujeitos deriva, tristemente, da forma como a sociedade brasileira sempre se apoiou nas desigualdades como forma de manutenção dos privilégios e injustiças estruturais. No Rio de Janeiro, uma lei estadual,[4] que garantia uma reserva de vagas a negros e negras, e a estudantes de escola pública nas universidades estaduais, foi a primeira tentativa de efetivação de ações afirmativas por meio de cotas em uma universidade pública brasileira. Logo ficou evidente, contudo, que a classe média, supostamente afetada pela medida, reagiria em massa contra a novidade.

---

3. Os nomes de alunos utilizados no texto são fictícios.
4. A lei previa 40% de vagas para negros e pardos e 50% para alunos oriundos das escolas públicas.

A oportunidade que o novo sistema de avaliação nos trouxe para um profundo debate, quero esperar, não foi de todo perdida. Primeiro, porque ela poderia significar uma grande chance de se debater o valor e o caráter da educação num país como o nosso. Esse pode até parecer um tema surrado em nossas praias, mas não é. Embora o Brasil tenha uma *expertise* sobre metodologia e filosofia da educação, é exatamente sobre a educação, como serviço e direito humano básico que se apóia uma das bases da máquina excludente brasileira.

Todos sabemos, mas aparentemente não nos importamos, que a excelência alcançada pelo sistema público de ensino superior está longe de ter paralelos nos sistemas fundamental e médio. E é exatamente aí que está o teorema a ser equacionado: se nossos recursos e capacidade humana podem fazer o topo do sistema funcionar, é no mínimo estranho que não garantam padrões aceitáveis para a base. Acontece que não é a base que serve o topo, mas sim uma indústria paralela capaz de vender o melhor serviço a quem for capaz de pagar bem por ele.

Em qualquer Estado moderno o sistema educacional é fundamental para oferecer algo de primeira necessidade para as sociedades, talentos. O sistema capitalista sobrevive às custas de cérebros e mão-de-obra altamente qualificada. O problema é que o regime verdadeiramente meritocrático é incompatível com o sistema de castas do Brasil. Quanto maiores as oportunidades geradas pelo sistema educacional, maiores as chances de se encontrar gente talentosa.

Quando a universidade pública argumenta que seu ensino será atingido se houver um ingresso grande de estudantes da rede pública de ensino médio, porém, nos presta um desserviço. Nenhum pró-reitor do país exige que as escolas particulares responsáveis pela aprovação da maioria dos alunos todos os anos, melhore o desempenho de seus alunos em "Cálculo I".[5] Anualmente, milhares

---

5. Disciplina fundamental do primeiro período da maioria dos cursos das exatas nas universidades brasileiras.

de estudantes, cerca de 70% deles,[6] são reprovados em seu primeiro semestre na universidade. Alguns chegam a fazer "Cálculo I" mais de duas vezes, mas não se vocifera que a qualidade do ensino de engenharia, arquitetura, física, matemática ou informática é afetada por esse fato.

Com os resultados do novo processo de avaliação na Uerj, contudo, a manipulação dos números beira a fraude. Primeiro, apareceram notícias de que alguns dos aprovados pelo *sistema de cotas* teriam obtido notas como sete num universo de cem pontos. Ora, a universidade que aprovar um aluno com uma nota dessas não só estará cometendo um erro, como dará motivos para que desconfiemos que pretende prejudicar qualquer projeto de mudanças na seleção. Ao contrário do que pensam muitos, ninguém está exigindo favores, e sim, direitos.

A seleção para o curso de Medicina é exemplar. No vestibular de 2003, 1.541 candidatos obtiveram conceito A, o que pressupõe notas entre cem e oitenta. Estando disponíveis 46 vagas, seu preenchimento se dá por uma diferença tão pequena de pontos entre os candidatos, que a distância entre o primeiro e o último colocado não chega a quatro pontos. Além disso, 1.495 candidatos com o conceito máximo não entrarão, nem com auxílio judicial. A cobertura jornalística, contudo, dá a entender que são exatamente esses candidatos os que se sentem mais prejudicados pelo novo sistema.

Com a reserva de vagas, estudantes do sistema público de ensino médio teriam um novo modelo a seguir, podendo até passar pela avaliação nas próprias escolas (o que só deve acontecer no futuro). O Estado do Rio de Janeiro, entretanto, possui uma herança de seus tempos de glória como sede do Poder Público nacional que pode prejudicar tudo. A grande parte dos estudantes de escolas públicas aprovados vem de instituições federais de ensino, como o Centro Federal de Educação Tecnológica (Cefet), o Colégio Pedro II, o Colégio Militar, mas não da rede estadual de ensi-

---

6. Informação confirmada pela reitora da Uerj, Nilcéia Freire, em conversa pessoal com o autor.

no, onde está a maior parte dos alunos do ensino médio no Estado do Rio de Janeiro. Além disso, essas instituições atendem majoritariamente os jovens oriundos da classe média.

Entre as unidades estaduais, com exceção do CAP-Uerj – o Colégio de Aplicação da Universalidade do Estado do Rio de Janeiro –, mais de cem escolas tiveram apenas um aprovado. O novo sistema irá mudar a qualidade das escolas públicas? Há, porém, uma clara ausência desse processo no debate atual. O que perturba mesmo a paz nacional é a idéia de reserva de vagas para estudantes negros. Embora se possa utilizar o argumento de que estudantes da fraca escola pública podem afetar a qualidade do ensino, parece que os estudantes negros já são compreendidos como os mais fracos.

No Brasil, ninguém estranha o fato de a universidade pública existir para atender o topo da pirâmide. O fato de termos apenas 2% de negros entre os estudantes resultaria de um problema que, apesar de ser lamentável, estaria mais para o campo da "natureza" dos indivíduos do que da sociedade que os forma.

A idéia de que ações afirmativas ferem o princípio da igualdade é uma falácia. O primeiro problema diz respeito ao caráter de universalidade das políticas públicas. Nenhuma política pública no Brasil é verdadeiramente universal. No campo educacional isso fica mais do que evidente. O que significa ter uma política educacional universal, ter salas de aula e giz? Se todos as crianças em idade escolar resolvessem fazer matrícula nas escolas públicas, a universalidade brasileira enfrentaria seu primeiro problema. Depois, se não existe isonomia de qualidade e se a escola não educa, o que está diretamente ligada com a noção de universalização de oportunidades, como podemos ter uma política que espera atender todos que necessitam dela?

Outro problema está ligado ao falso dilema, capaz de afirmar que a melhor maneira de lidar com as diferenças seria não reconhecê-las. Quando da implantação das primeiras delegacias especializadas no atendimento à mulher, muitos administradores públicos se orgulhavam em pensar que suas políticas de segurança não percebiam homens e mulheres de forma distinta. Alguns, ainda, debocharam da proposta com argumentos machistas de baixo nível. Mais de vinte anos após as experiências pioneiras, somente pessoas de má vontade não reconheceriam as inegáveis vantagens dessa política de ação afirmativa para as mulheres. Isso porque a política universal de segurança discrimina quando trata igual os desiguais.

E exatamente quando se consegue formular uma política pública capaz de alterar o quadro de auto-reprodução da estrutural desigualdade brasileira, surge a questão que nos aprisionaria a todos: afinal, quem é negro no Brasil?

Uma matéria da principal rede de televisão do país, exibida em maio, no horário nobre dominical, parece ilustrar bem nosso maior problema. Tentando mostrar como seria difícil a classificação racial no Brasil, a reportagem apresentou uma pesquisa realizada na Universidade Federal Fluminense, na qual oito fotos de homens foram mostradas aos entrevistados. Exemplificando a ausência de padrões rígidos de classificação, o jornalista mostra uma das fotos e diz que no Norte/Nordeste o homem em questão era pardo para 88% dos entrevistados. Em aparente contradição, o mesmo homem só seria pardo para 66% dos entrevistados da região Sudeste. Mas 88% e 66% dos entrevistados não são a maioria nas duas pesquisas? A diferença de 22% entre as regiões é mais importante, em si, do que o fato de que o homem era pardo para a maioria dos entrevistados em mais da metade do país?

O problema da classificação racial no Brasil é uma fraude intelectual. Em primeiro lugar, nenhum ser humano possuidor de suas faculdades mentais e morais em bom estado defende a idéia de que raça ou etnia possui alguma validade biológica, muito menos nós, negros. Em segundo lugar, não me parece justo que, exatamente porque ela não se sustenta mais biologicamente, sejam os negros acusados de racistas por desejarem seu reconhecimento como grupo histórica e socialmente construído e discriminado. O que está em questão nunca foi a existência da raça, mas a existência de um sistema de hierarquização, capaz de usar de pretensas verdades do campo da natureza para instituir pretensas verdades no campo da sociedade.

A esse respeito, decepciona a postura de grande parte dos intelectuais brasileiros. O negro no Brasil parece existir, se o caso é o de justificar alocação de recursos para pesquisas. As universidades estão cheias de pessoas pesquisando a cultura do negro, a mobilidade social do negro, a religião, a história, a presença do negro no mercado de trabalho. Ele existe até para os pesquisadores do IBGE ou do Ipea, importantes no auxílio à elaboração de políticas públicas. O negro no Brasil só não existe para ser beneficiado pela riqueza que ajuda a gerar.

Aqui, infelizmente, ainda parece um sonho impossível o desejo da tímida Michelle, que quer ser diplomata. A mulher negra, a quem a sociedade brasileira certamente mais deve, está super-representada nas funções menos nobres do mercado de trabalho. O incrível, porém, é que os opositores das ações afirmativas estão convencidos de que jovens como Rosa, que quer estudar medicina, não enxergam a discriminação. Estão convencidos de que os jovens não vêem oportunidades abertas a eles ou, pior, que não alcançam seus sonhos por falta de vontade, mérito ou empenho.

Com o privilégio que tenho tido de acompanhar seus sonhos, porém, consegui entender o que é de fato muito importante. Primeiro, devemos fazer algo que seja capaz de anular uma verdadeira "cultura da derrota" que os impede de amar a si. Segundo, eles merecem, e é isso que o conceito de mérito também tem que levar em conta, o direito de realizar seus sonhos e ajudar a construir uma sociedade mais criativa e justa.

8

Afro-ascendente: produzindo lastro para o sonho

CIDINHA DA SILVA

Introdução

Este texto discutirá os critérios adotados para a seleção de vinte jovens negros(as) para integrar o projeto Afro-ascendentes em São Paulo,[1] ilustrando os principais aspectos do processo seletivo com gráficos e tabelas, por gênero,[2] de forma a apresentar números absolutos e percentuais que revelam a dimensão do sonho dos(as) 388 postulantes (249 mulheres e 139 homens) a uma vaga no projeto.[3]

O projeto Afro-ascendentes objetiva inserir vinte jovens negros(as) em universidades públicas e privadas de boa qualidade,

---

1. Uma ação afirmativa voltada para o acesso, permanência e sucesso de jovens negros(as) na universidade, proposta pelo Instituto Xerox e inicialmente implementada pelo Centro Integrado de Estudos e Programas de Desenvolvimento Sustentável (CIEDS), no Rio de Janeiro (março 2003). Em abril do mesmo ano, as duas organizações convidaram Geledés – Instituto da Mulher Negra para implementar o projeto em São Paulo.

2. Quando os dados forem similares para mulheres e homens, apresentaremos a tabela geral. Agradecemos imensamente ao professor de história, Francisco Bezerra, pela elaboração dos gráficos.

3. Os dados educacionais e socioeconômicos dos(as) vinte jovens selecionados(as) não serão analisados neste artigo.

acompanhá-los(as) e orientá-los(as) durante a graduação, facilitar estágios em empresas parceiras e propiciar condições para o desenvolvimento integral de talentos, contribuindo, assim, para o fortalecimento da construção democrática do Brasil. Tem a duração média de sete anos, sendo os anos anteriores ao ingresso na universidade, os mais intensos, pois constam de atividades de suplementação escolar, cidadania, cultura, ética, arte, saúde e sexualidade.

Um conjunto de ações é proposto pelas organizações parceiras para possibilitar a qualificação educacional e profissional das pessoas selecionadas, a saber: suplementação escolar e acadêmica; investimento na formação de lideranças comprometidas com mudanças sociais; expansão do repertório cultural de cada participante; acesso ao computador e à *internet* na residência de cada integrante do projeto; acesso a cursos de línguas estrangeiras; facilitação de estágios nas organizações parceiras que, futuramente, formarão um consórcio de empresas interessadas em co-financiar a iniciativa; convênio médico e odontológico e bolsa de estudos.

Os(as) jovens selecionados(as) assumem os seguintes compromissos:

- dedicar-se aos estudos para ingressar em uma das universidades públicas da cidade de São Paulo ou em uma das particulares melhor credenciadas em sua área;
- capacitar-se como liderança para atuar no mundo do trabalho, acadêmico e/ou comunitário;
- apoiar a sustentabilidade do programa com o compromisso de, após sua formatura e entrada no mundo profissional, financiar a entrada de um(a) novo(a) participante durante um ano;
- multiplicar ou gerir novas experiências educacionais ou sociopolíticas em suas escolas e comunidades de origem.

Critérios para concorrer:[4]

SER NEGRO(A)

Como afirmamos em textos anteriores, pessoas negras são aquelas que se identificam como negras e são tratadas como tais e para além da autodeclaração e das características físicas, têm uma história de vida que as situa no quadro de heranças dos povos de origem africana espalhados pela Diáspora, expostas às vicissitudes impostas pelo racismo. Esta é uma terminologia que permite aos programas e às políticas de ação afirmativa desconstruir os(as) negros(as) de ocasião e os(as) negros(as) emergentes que deles tenta se locupletar.[5] Nessa edição do Afro-ascendentes, 72% dos(as) jovens se autodeclararam como negros(as).

LIMITE DE IDADE ATÉ 22 ANOS

Nesse processo seletivo partimos da constatação de que há poucas oportunidades para continuar os estudos, dirigidas às pessoas que já concluíram o ensino médio, por isso resolvemos estender o limite etário o quanto podíamos, ou seja, de forma a não criar

4. A montagem do processo seletivo contou com a participação do Educafro na elaboração do formulário de inscrição, material complexo e detalhado que embasou o exercício analítico deste artigo; definição dos critérios e dinâmica da seleção composta por redações, interação em grupo e roteiro de entrevistas; avaliação conjunta de todos(as) os(as) candidatos(as) nas etapas eliminatória e classificatória. Embora as informações aferidas na ficha de inscrição tenham sido de riqueza singular, como se poderá observar ao longo deste artigo, reconhecemos que alguns quesitos importantes nos escaparam, sendo o principal deles, uma questão que indagasse a maternidade/paternidade de cada candidato(a), já que, como sabemos, este é um fenômeno bastante freqüente no seio da juventude.

5. Para aprofundar o tema sugerimos a leitura do artigo "Definições de metodologias para seleção de pessoas negras em programas de ação afirmativa em educação", nesta obra.

um abismo entre os(as) selecionados(as) mais jovens (16 e 17 anos) e os(as) mais velhos(as). O resultado final nesse quesito comprovou que estávamos certos(as): 55% das candidaturas se concentraram entre 19 e 22 anos, apenas 43% dos(as) jovens tinham entre 16 e 18 nos, idade correspondente ao terceiro ano do ensino médio, conforme explicitado no gráfico a seguir.

Idades dos participantes

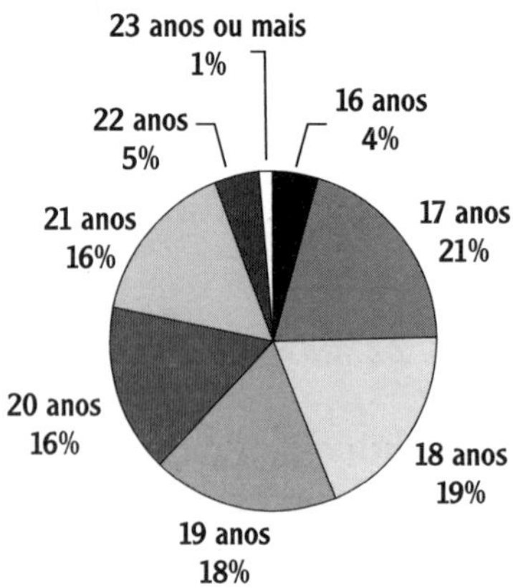

Fonte: Pesquisa direta.

CURSAR O TERCEIRO ANO DO ENSINO MÉDIO OU TÊ-LO CONCLUÍDO

Novamente, intentamos contemplar aquele público jovem que se encontra majoritariamente imerso na falta de perspectiva trazida pelo fim do ensino médio bem como pela ausência de políticas públicas que promovam alternativas de formação cultural e educacional que extrapolem a escolarização formal. Encontramos 63% dos(as) postulantes nessa situação, como se ilustra a seguir.

Ensino médio

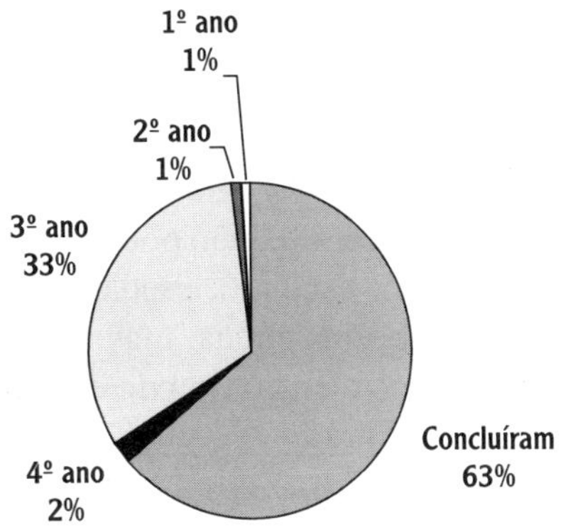

Fonte: Pesquisa direta.

Pesquisas da Unesco[6] citadas por Castro (2002), apontam dados significativos sobre a carência cultural e social no país quanto à distribuição de equipamentos de lazer e cultura, tais como biblioteca, museu, teatro e cinema, e confirmam nosso pressuposto de falta de opções de formação extra-escolar para a juventude, principalmente aqueles setores que não dispõem de recursos e incentivos familiares. Para cada cem mil jovens, São Paulo tem 11,95 bibliotecas; 10,66 museus; 12,69 teatros e 9,01 cinemas. Segundo da Secretaria de Juventude da Prefeitura, há cerca de três milhões de jovens na cidade. Em Salvador, cidade mais negra do país, a proporção é ainda mais deprimente, para cada cem mil jovens há 0,12 bibliotecas; 0,20 museus; 0,25 teatros e 0,64 cinemas.

---

6. Para informações mais detalhadas ver Castro, 2002.

TER FREQÜENTADO A ESCOLA PÚBLICA A MAIOR PARTE DA VIDA ESCOLAR

A escola pública é o *locus* no qual se concentra a população negra e de baixa renda, entretanto, somente alguns(as) poucos(as), principalmente por meio de bolsas de estudos, têm acesso à educação de qualidade e, obviamente, não podem ser punidas por isso. Não restringimos a origem escolar a escolas públicas, as pessoas que as freqüentaram têm preferência, mas não exclusividade. Os dados do gráfico comparativo entre tipo de escola freqüentado por mulheres e homens apresentado a seguir mostra-nos que estamos fazendo a divulgação do processo seletivo nos lugares mais acertados, haja vista que o público que desejávamos foi alcançado, 93% das mulheres e 93,5% dos homens concluíram ou ainda estudam em escolas públicas.

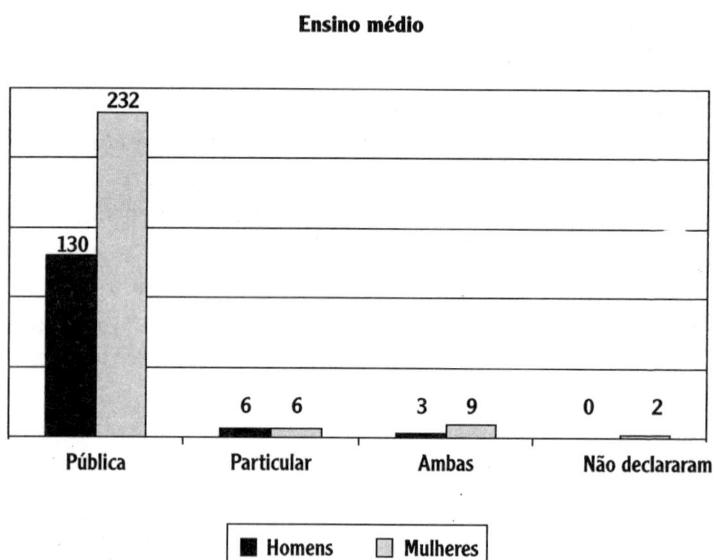

Fonte: Pesquisa direta.

RESIDIR NA GRANDE SÃO PAULO

As distâncias são muito grandes e os gastos com transporte são altos na cidade de São Paulo. Além disso, as atividades do programa são diárias e esses três fatores aliados inviabilizam a participação de jovens oriundos(as) de cidades vizinhas à sede do projeto.

TER DISPONIBILIDADE PARA OS ESTUDOS

O programa em São Paulo não exigiu dos(as) jovens disponibilidade de tempo integral para os estudos, o mais importante era perceber o movimento de cada candidato(a) para que a preparação para o vestibular se tornasse uma prioridade. Esse foi o nosso entendimento da "total disponibilidade". Por exemplo, 16% do total de inscritos(as) declararam trabalhar e 21% alegaram estudar à noite. Foi divulgado a todos(as) que o período de atividades seria das 15 h às 20 h, diariamente, o que nos permite inferir que várias pessoas contavam com a possibilidade de mudar o horário da escola formal ou do trabalho, ou mesmo deixá-lo, se necessário, para investir em um sonho de futuro, posto que 80% do grupo declarou ter tempo para dedicar ao projeto. Várias pessoas que não tinham tempo disponível se candidataram.

Tempo livre para dedicação ao projeto

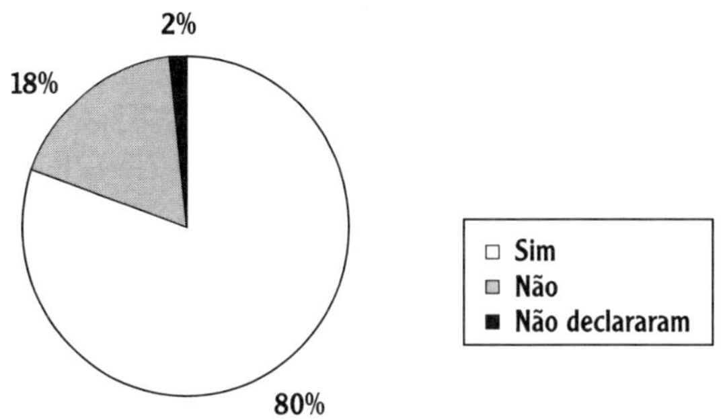

Fonte: Pesquisa direta.

RENDA *PER CAPITA* DE ATÉ DOIS SALÁRIOS MÍNIMOS

Procuramos não fixar um limite para a renda mínima visando contemplar também às pessoas que estão abaixo da linha de pobreza. Assim, nosso critério central focou as potencialidades demonstradas pelos(as) candidatos(as) nas etapas do processo seletivo, como se discutirá posteriormente. Entretanto, em seleções futuras, para as quais Rio de Janeiro e São Paulo definirão a mesma metodologia, pretendemos propor ao CIEDS o alargamento da faixa de renda, isso porque, em nosso entendimento, não sobram recursos para que as famílias pequenas (até quatro pessoas) que chegam a ter três salários mínimos como renda *per capita*, possam investir satisfatoriamente na educação dos(as) filhos(as), de forma, por exemplo, a prepará-los para concorrer em universidades públicas. A nosso ver, elas também devem ser contempladas. Vejamos os dados.

Mulheres – Categoria Econômica

Fonte: Pesquisa direta.

Homens – Categoria Econômica

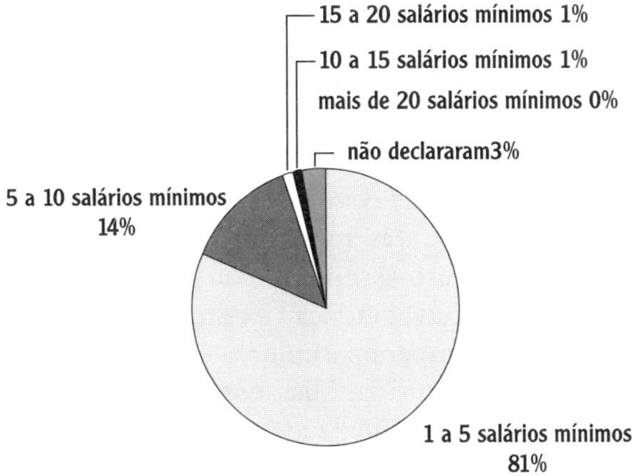

Fonte: Pesquisa direta.

Um critério realmente importante, em nossa opinião, é que o(a) candidato(a) tenha a maior parte da vida escolar vivenciada em escola pública, todos(as) os que não têm condições econômicas, atualmente, estão estudando lá. Portanto, a escola pública além de indicar uma educação precária, também dá sinais importantes sobre a condição de vida da família. É preciso e é possível descobrir nesse ambiente jovens que, a despeito das condições adversas, emergem como a flor de lótus. São pessoas que contam com apoios combinados que se alternam ao longo da vida escolar: descobrem a paixão por aprender que as leva à descoberta da leitura, das bibliotecas, à busca de mestres para orientar a construção do conhecimento; têm o suporte da família que considera importante a atitude de aprender e ensinar; encontram bons professores e boas professoras ao longo da vida escolar. Os(as) detentores(as) dessas características não podem submergir ao discurso enganoso da carência e da precariedade, não podem ser punidos(as) porque floresceram. Queremos responder assim aos argumentos de alguns (algumas) críticos(as) que defendem a busca simples dos(as) mais pobres entre os(as) discriminados(as) racialmente para participarem das ações afirmativas. Tal postura é adequada para projetos que se destinam a jovens negros(as) em situação de risco social, nas quais o foco forte se concentre nesse aspecto.

Para projetos que buscam a formação de excelência, em nosso caso, acadêmica e profissional, os critérios são outros. Se pudermos combinar a ausência de condições básicas de existência com o perfil de determinação e desempenho pessoal exigido por projetos com o desenho do Afro-ascendentes, a proposta será tanto mais completa, mas há que haver atenção e critérios objetivos, para não punirmos os(as) que romperam a cultura do desalento e da derrota e ousaram determinar sua vida. Aliás, essas pessoas já demonstram um potencial de multiplicação de idéias e ampliação do alcance da ação, fantástico. Quando investimos na formação de líderes investimos na mudança social.

Carta de recomendação

A carta de recomendação é um aval que o(a) candidato(a) busca para sua candidatura e deve ser elaborada por um(a) professor(a) ou liderança social, conhecedora da trajetória educacional do(a) jovem. Recebemos muitos textos *pro forma* expedidos por seções de ensino de escolas ou mesmo professores(as). Chegaram cartas que clamavam por auxílio para os(as) postulantes, baseadas nas precárias condições de vida dos mesmos, mas, em compensação, chegaram-nos, também, cartas maravilhosas que nos ajudaram a conhecer melhor certos(as) candidatos(as) e a formular questões específicas quando classificados(as) para as entrevistas.

Preencher adequadamente o formulário de inscrição

Foram muitos os casos de pessoas que não decodificaram o que lhes era solicitado, demonstrando uma capacidade de compreensão bem aquém daquela esperada para um(a) estudante do ensino médio, aspirante a uma boa universidade. Em reiterados questionários o registro de linguagem denotava que o(a) candidato(a) não adquiriu "cultura letrada"[7] durante sua vida escolar. Citamos dois exemplos bastante ilustrativos dessa questão: "pubricidade", como curso escolhido, uma autodefinição de outro jovem como um "aluno ezemplar".[8]

Essa imensa defasagem de conhecimentos associada ao "censo comum" e a palavras de ordem (utilizadas ali com o objetivo de enriquecer o texto), produziram também respostas interessantes e algumas vezes incompreensíveis.

PARTICIPAR DE TODAS AS ETAPAS DO PROCESSO SELETIVO

Embora esta pareça ser uma orientação óbvia e imprescindível, algumas pessoas não fizeram a redação (prova eliminatória) no dia marcado e telefonaram perguntando se não poderiam fazê-la posteriormente; outras faltaram à dinâmica de grupo, mas insistiam para ser entrevistadas.

Dinâmica do processo seletivo

PRIMEIRA ETAPA (ELIMINATÓRIA) – PRODUÇÃO DE DUAS DISSERTAÇÕES

Cada candidato(a) deveria produzir duas dissertações em um período de três horas. Na primeira delas deveria comentar pequenos trechos do discurso do presidente Lula durante a implantação da Sepir,[9] articulando-os ao seu "projeto de vida" e futura carreira

---

7. Esses aspectos são exaustivamente trabalhados por Cristiano da Silva no texto "Um perfil dos projetos de vida da juventude negra na cidade de São Paulo", nesta obra.

8. Em todas as referências escritas pelos(as) jovens mantivemos a forma original.

9. Texto 1 – "O Estado brasileiro não deve ser neutro em relação às questões raciais. Cabe a ele assegurar a todos os brasileiros e brasileiras, igualdade de oportunidades na busca de melhores condições de vida".

universitária. A segunda dissertação solicitava que cada um(a) discorresse sobre a área ou profissão escolhida para o vestibular.[10]

Algumas justificativas chamaram-nos atenção, por exemplo, vários(as) candidatos(as) atribuíram suas escolhas profissionais a uma suposta "Vocação de Deus", outra candidata interessou-se pela área de Nutrição, assistindo a uma entrevista de profissional respeitada e atuante no campo em questão, durante um programa de televisão voltado para donas-de-casa. Alguns(algumas) candidatos(as) encararam o acesso de negros(as) a determinadas profissões como "incentivo" (desafio) para sua escolha profissional, vejamos dois trechos elucidadores: "você já viu dentista preto?" e "nunca vi pediatra negra". A falta de referências positivas na área das ciências biomédicas bem como das exatas, dentre outros motivos, manifesta-se nos dados que veremos abaixo. Entretanto, merecem destaque as diferenças significativas entre mulheres e homens. Percentualmente as mulheres têm o dobro de interesse pela área de biomédicas (33%), comparadas com os homens (15%). O inverso se verifica quanto à área de exatas, ou seja, as mulheres manifestam metade do interesse (16%) declarado pelos homens (34%). Parece se ratificar o princípio de que as mulheres, culturalmente, têm sido encaminhadas para opções relacionadas aos cuidados com o corpo e com a vida, enquanto aos homens são destinados os cálculos que estruturarão o mundo nas grandes construções, dirigirão os negócios, as empresas, enfim, toda a economia e as áreas nas quais se disputa poder.

Entretanto, focalizando a falta de interesses e habilidades na área de exatas, patenteada pelos(as) jovens, Fernando Arruda[11]

Texto 2 – "A democracia brasileira será tanto mais substantiva quanto maior for a igualdade racial no nosso país". Presidente Lula, em 21 de março de 2003, durante a instalação da Secretaria de Promoção da Igualdade Racial (Sepir).

10. Ver comentários detalhados sobre as dissertações no artigo de Cristiano da Silva, nesta obra.

11. Ver artigo de Fernando Arruda, nesta obra.

argumenta que, muitas vezes o(a) professor(a) de ciências, primeira pessoa a apresentar os conteúdos de física, tem dificuldades em álgebra, leciona nos três períodos da escola para todas as séries do fundamental II e, conseqüentemente, está sempre cansado(a) e desmotivado(a), mesmo que se dedique bom cumprimento do ano letivo.

> Um grande percentual de profissionais que dão aula de física e matemática, hoje, no ensino público, não é composto por físicos nem matemáticos. De acordo com dados recentes do MEC, o ensino público sofre, em toda rede, uma deficiência de mais de trezentos mil professores nas áreas de matemática, física e, inclusive, química.
>
> Os cursos de física costumam ter um alto índice de desistência ao longo dos anos do ciclo básico. Há casos de desistência no último ano e até mesmo no último semestre. Isto pode gerar falta de mão-de-obra profissional tanto na área de ensino quanto na área de pesquisa científica.
>
> É, entretanto, admirável, como pessoas ainda podem se predispor a gostar de física e matemática na situação em que se encontra a escola pública. Não se pode, segundo Fernando Arruda, ensinar física no Ensino Médio sem um laboratório apropriado, sem professores conscientes do seu papel, sem que estes professores tenham todo o apoio fornecido pela instituição e pelo Governo (ponderando, inclusive, sobre seus benefícios financeiros). E é aqui que o Estado deveria executar sua função primária: fomentar a educação.

Quanto à justificativa dada pelos(as) candidatos(as) para definir a área de interesse, organizamos os dados nos seguintes temas aglutinadores.

- *Afinidade:* respostas que tinham como principal motivação a aproximação com o tema, a vocação e o gosto por determinada área, tendo como principal argumento as seguintes afirmações: "eu gosto", "é meu sonho", "tenho

Mulheres - Área de Interesse

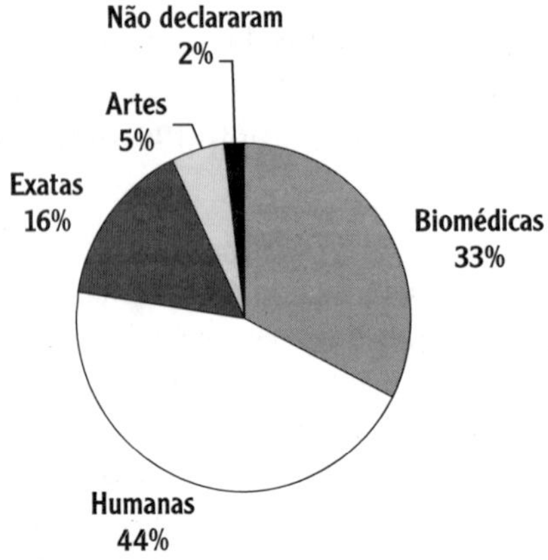

Fonte: Pesquisa direta.

Homens - Área de Interesse

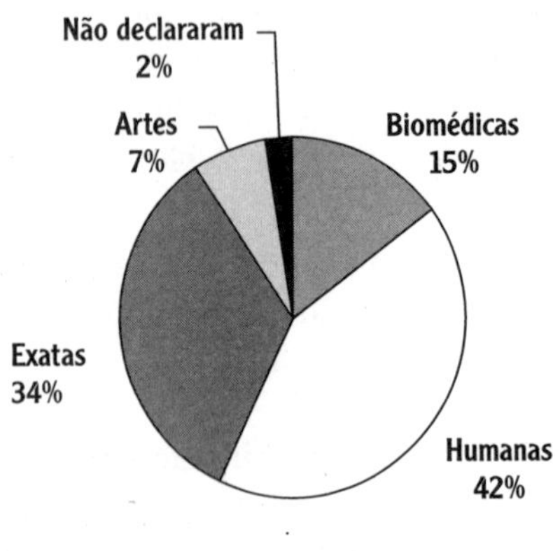

Fonte: Pesquisa direta.

afinidade", exemplificadas nos seguintes trechos: "porque é a área [Medicina] que eu me identifico melhor e a que mais gosto"; "quero a Pediatria porque sempre gostei de crianças";

- *Interesse:* respostas ligadas a uma motivação oriunda de experiências de trabalho ou vivências temáticas anteriores como declararam uma moça e um rapaz: "já trabalhei em farmácia, fiz um estágio como secretária por isso gosto dessa área" [saúde]; "escolhi este curso [engenharia] pelo fato de estar cursando eletrotécnica em um centro profissionalizante";
- *Mercado:* respostas cujo principal argumento é a suposta oportunidade no mercado de trabalho, como se vê nas três declarações subseqüentes: [Turismo] "é uma das profissões que mais cresce no Brasil e nosso país tem enorme potencial turístico"; [Administração] "é um curso que apresenta um grande mercado de trabalho"; [Tecnologia] "olhando para o futuro... vejo tecnólogos";
- *Transformação social:* foram agrupadas nesse item, as justificativas que relatavam um interesse social de algum tipo, seja por questões referente a lutas sociais, seja à questão racial, como nos exemplos seguintes: [Direito] "lutar de uma maneira correta por uma sociedade mais justa"; [Odontologia] "Você já viu dentista preto? Não, mas algum dia irão ver"; [Medicina] "Pelo fato de, eu sempre gostar de ajudar as pessoas, tenho vontade após formada exercer minha profissão na África..."

Como se pode observar no gráfico seguinte, 62% dos(as) candidatos(as) demonstraram não conhecer substantivamente as áreas eleitas. Além de um desconhecimento sobre as escolhas profissionais, apresenta-se uma visão bastante estereotipada das profissões, na qual a função do médico é ajudar o próximo, o advogado faz justiça, o engenheiro da computação tem um vasto mercado para trabalhar etc.

Conhecimentos sobre a área profissional

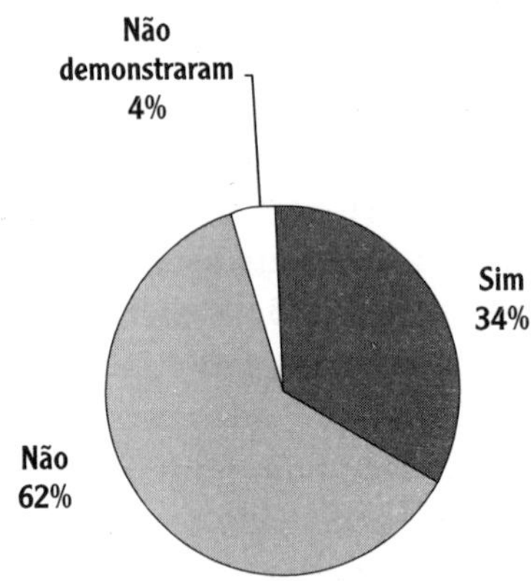

Fonte: Pesquisa direta.

Apresentamos na página seguinte um gráfico comparativo dos cursos escolhidos pelos(as) candidatos(as) ao projeto Afro-ascendentes, edição 2003.

Segundo a análise de cada redação, por quatro examinadores(as) (duas educadoras do Geledés e dois educadores do Educafro), foi estabelecida uma tabela que variou de zero a seis pontos tirando-lhes a média. A nota de corte resultante para a fase seguinte foi de 4,75%. Para a etapa final foram classificados(as) 48 candidatos(as) (30 mulheres e 18 homens).

Segunda etapa

Aqui, as avaliações foram distribuídas em dois momentos: no primeiro foi realizada uma interação em grupo, com questões relacionadas à pratica da solidariedade, companheirismo, bem como responsabilidades e dedicação aos estudos. Uma das tarefas determinadas foi a discussão em pequenos grupos da letra da música *A Carne*, de Marcelo Yuca, Seu Jorge e Wilson Capellete, a qual transcrevemos na página 184 com o intuito de que os(as) que não a

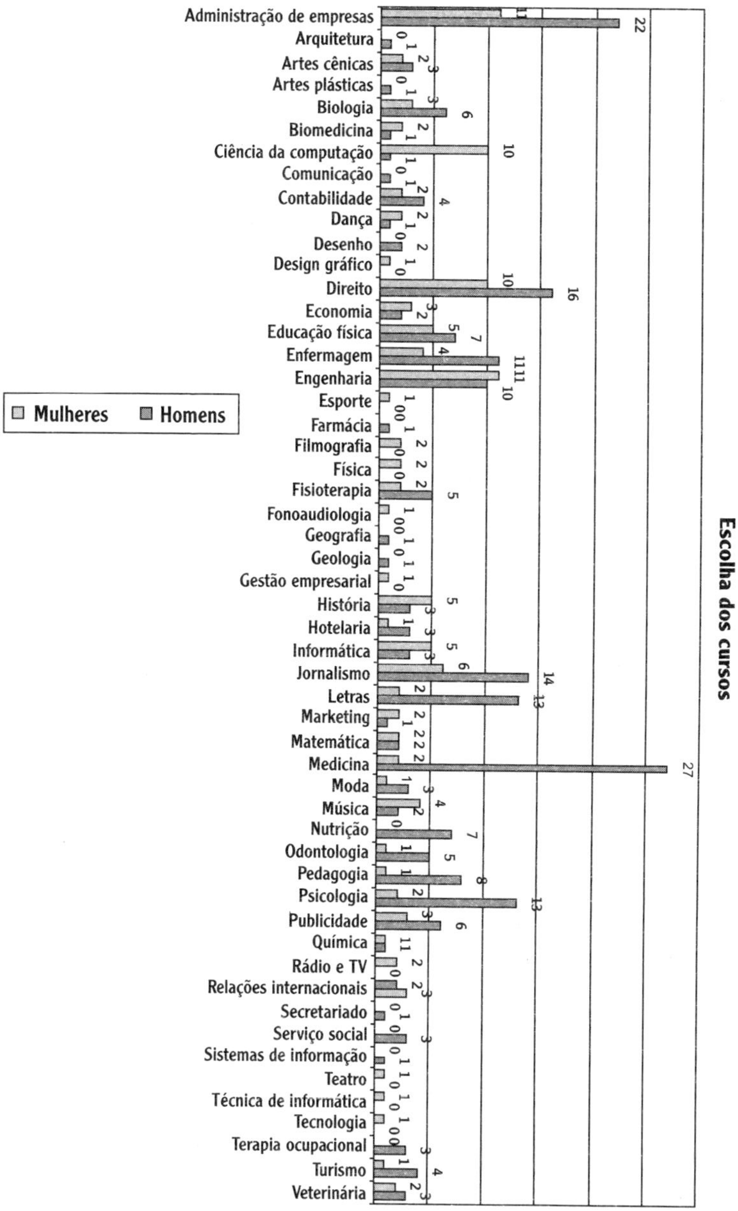

Fonte: Pesquisa direta.

conhecem. É também a sugestão de um texto riquíssimo para impulsionar a discussão racial, cantado pela maravilhosa e inovadora Elza Soares.

> A carne mais barata do mercado é a carne negra
> Que vai de graça pro presídio e pra debaixo do plástico
> E vai de graça pro subemprego e pros hospitais psiquiátricos
> A carne mais barata do mercado é a carne negra
> Que fez e faz história
> Segurando esse país no braço (meu irmão)
> O gado aqui não se sente revoltado
> Porque o revólver já está engatilhado
> E o vingador é lento
> Mas muito bem intencionado
> E esse país vai deixando todo mundo preto
> E o cabelo esticado
> Mas mesmo assim ainda guarda o direito
> De algum antepassado da cor
> Brigar, sutilmente, por respeito
> Brigar, bravamente, por respeito
> Brigar por justiça e por respeito
> De algum antepassado da cor
> Brigar....

Em seguida, os(as) candidatos(as) foram divididos(as) em dois grupos e definidos os horários para as entrevistas individuais.

Cada candidato(a) foi entrevistado(a) por uma dupla de pareceristas (Geledés/Educafro). Foram abordadas questões relativas ao funcionamento e estruturas familiares e, nestas, o lugar ocupado pelo(a) candidato(a). Também buscamos compreender quais os mecanismos que cada um(a) dispunha para enfrentar esta nova vivência, e com quais elementos facilitadores e dificultadores lidavam, bem como buscamos compreender a autodeclaração racial feita por cada um(a) no formulário de inscrição. O grupo final de vinte jovens é composto por doze mulheres e oito homens.

A coordenadora pedagógica, Janja Araújo, analisa a dinâmica seletiva do projeto Afro-ascendentes em São Paulo, da seguinte forma: "é importante salientar que deste processo fica o sentimento de ter realizado um trabalho que, embora exaustivo, primou por uma conduta ética resultante na seleção de um grupo bastante diversificado, com impressionantes níveis de maturidade e determinação frente aos objetivos almejados. Assim, tomando este sentimento como um valor educativo, acreditamos contribuir para avanços criativos na continuidade do projeto Afro-ascendentes, valorizando edições autorais" (Araújo, 2003).

Outras informações importantes sobre a juventude negra paulistana levantadas nos formulários de inscrição

Perguntamos se o(a) candidato(a) já havia desenvolvido algum tipo de trabalho comunitário. Surpreendeu-nos o alto número de jovens que respondeu positivamente à questão: 50% das mulheres e 53% dos homens. Porém, esses números não tiveram ressonância na questão seguinte que indagava sobre o impacto do trabalho no crescimento pessoal de cada um(a), 66% das mulheres e 70% dos homens se abstiveram de responder. Pode ser que não tenham entendido a questão, o que é preocupante por constituir-se em mais uma demonstração da falta de "cultura letrada" correspondente ao nível de escolaridade em questão; talvez não tivessem ainda refletido sobre o assunto, de toda forma, a sua presença em um formulário que seria avaliado constituía-se em boa oportunidade para refletir, ou, finalmente, podem tê-la desprezado em benefício de outras que julgaram mais importantes.

Agrupamos as respostas dadas à questão do impacto do trabalho comunitário na vida pessoal dos(as) postulantes em três categorias, além daquela reservada aos(às) que não declararam.

- *Motivações solidárias*: grupo de respostas que repetiram o discurso de ajuda ao próximo, ou os clichês sobre o "trabalho voluntário", que impregnou as classes populares, a partir da propaganda massificada pela televisão sobre o ano do voluntariado, feita em 2001. Esses depoimentos, freqüentemente terminam numa elevação pessoal ou na certeza de que sua realidade não é tão ruim quanto a do outro, como apontam as seguintes falas: "deveríamos agradecer tem muita gente com bem menos e com muita força de vontade e que não reclama tanto"; "[o trabalho] me tornou uma pessoa mais humana e sensível para com o próximo"; [sobre atividades esportivas] "e também afastando eles da criminalidade e de drogas"; "em sabe [saber] que tem gente pior que eu no Brasil"; "ouve um enorme crescimento da minha pessoa, pois fico perto de gente que às vezes necessitam muito mais de um ombro amigo...".

- *Transformação social:* conjunto de respostas que apontam uma idéia de projeto social de mudança afirmando: [o trabalho teve impacto] "para transformar a realidade da sociedade em que faso parte..." ; "atingimos o nosso objetivo que é dar palestras informativas com os temas exclusão social, consciência negra, saúde...".
- *Identidade:* respostas que trazem a questão da identidade racial relacionada ao trabalho comunitário: "a dança afro-contemporânea, que tem o apoio da igreja [Pastoral Afro] me ajuda a auto me afirmar com o que realmente sou [negra] e de onde vim [África]".

Buscamos, de maneira incipiente, mapear o nível de inclusão digital de nosso público e tivemos uma boa surpresa, 22% das mulheres e 24% dos homens declararam possuir computador em casa. Não formulamos uma questão específica quanto a uma conexão à *internet* na residência, mas perguntamos sobre a familiaridade com o uso do endereço eletrônico, obtivemos a seguinte resposta: 44% dos homens possuem, em contraposição a apenas 32% das mulheres. A diferença se torna muito significativa, porque, como já vimos, o número de mulheres inscritas (249) foi bem maior que o número de homens (139). Outro aspecto de gênero é que, pelo

Impacto do trabalho comunitário

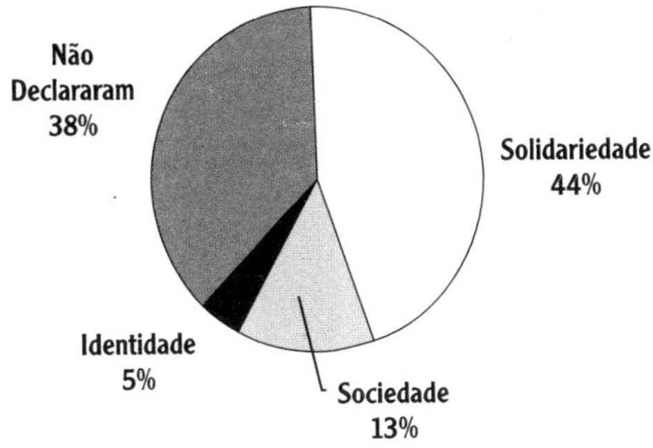

Fonte: Pesquisa direta.

fato de as mulheres serem mais educadas, esperava-se que elas apresentassem um número maior de inclusão digital,[12] mas isso não se verificou nessa singela amostra. Arriscamos dizer que outros aspectos estão pesando mais, por exemplo, a maior familiaridade que meninos têm com brinquedos eletrônicos desde cedo, levando-os provavelmente a vasculhar mais o mundo fascinante da eletroeletrônica. Vejamos os dados comparativamente na página seguinte.

Outra importante questão pesquisada foi o acesso a cursos de língua estrangeira, 18% das mulheres e 16% dos homens declararam ter freqüentado algum tipo de curso, sendo que estes apresentaram maior diversificação na escolha das línguas, inglês, espanhol e francês, as mulheres se restringiram a inglês e espanhol.

Por fim, outra questão considerável em nosso desenho do perfil dos(as) candidatos(as) foi a formação em artes, 34% das mulheres e 24% dos homens declararam ter participado de algum curso ou

12. Para aprofundamento dessa perspectiva e mais informações sobre a exclusão digital sugerimos uma visita ao *site* do Comitê pela Democratização da Informática (www.cdi.org.br).

Possuem computador

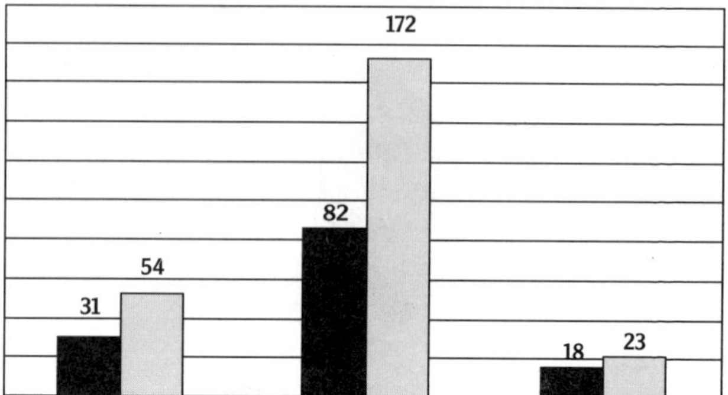

	Sim	Não	Não declararam
■ Homens	31	82	18
□ Mulheres	54	172	23

Fonte: Pesquisa direta.

34 Homens – Formação-Artes

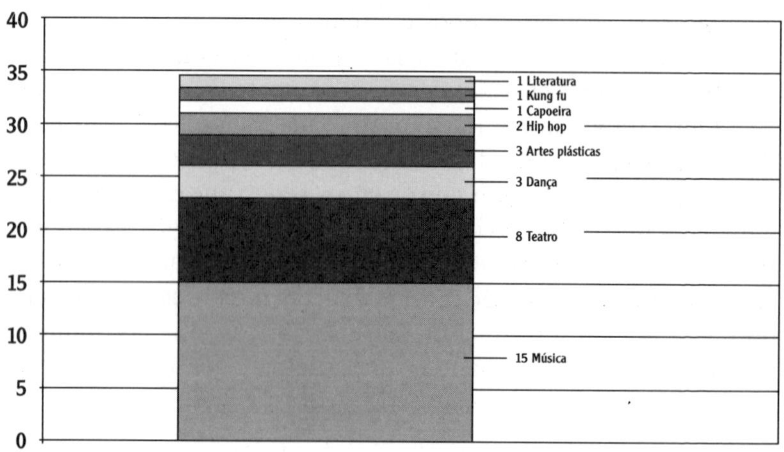

Fonte: Pesquisa direta.

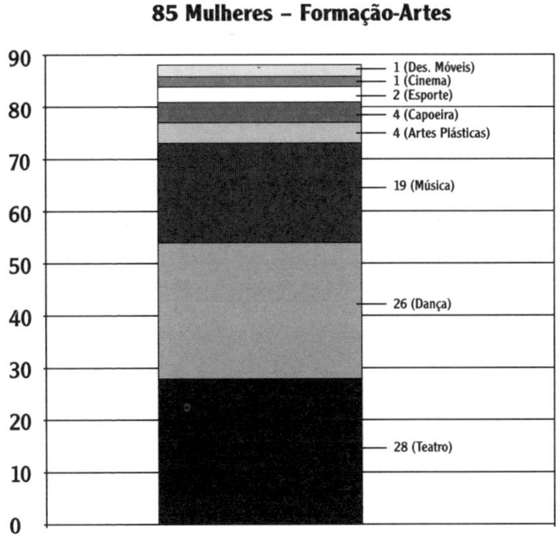

Fonte: Pesquisa direta.

atividade artística por um certo período, muitos(as) incluíram também neste item a prática de esportes.

Segundo a análise de Janja Araújo, estudiosa das manifestações da cultura popular, o(a) jovem de baixa renda, morador(a) de periferia, costuma seguir dois modelos predominantes de interação com a arte: a inserção em programas sociais que oferecem diversas modalidades artísticas ou a busca por áreas nas quais seu talento venha a ser descoberto, conquistando, assim, uma chance de "ser alguém na vida". Nesse sentido são muito procurados os cursos de música, dança e teatro. Não por coincidência essas atividades artísticas receberam maior menção. Além disso, tal como no futebol, não são necessários recursos materiais dispendiosos para dançar e interpretar, principalmente.

A princípio, o fato de apenas duas mulheres mencionarem o Hip Hop nesta categoria e, mais ainda, o fato de nenhum homem tê-lo feito nos surpreendeu, haja vista que o processo seletivo foi intensamente divulgado em comunidades fortemente marcadas pelo movimento. Depois do primeiro olhar, ponderamos que boa parte dos(as) integrantes do Movimento Hip Hop o entende como poderoso canal de expressão política e, talvez o formato da pergunta, os(as) tenha levado a uma interpretação de que arte pela arte, pela simples fruição, seria coisa de "mauricinhos" e "patricinhas". Talvez também haja outros motivos, por exemplo, a compreensão válida para muitos(as) de que o Hip Hop é sua filosofia de vida e como tal, seria um reducionismo aprisioná-la na categoria de prática artística.

Foi ínfimo também o número de praticantes de capoeira (seguramente regional)[13] declarados(as), mais uma vez, nos valemos do diálogo com Janja, para explicar que pessoas empobrecidas na faixa etária de 16 a 22 anos procuram trabalho em seu tempo livre. Quanto mais empobrecida a comunidade, maior a exposição a situações públicas, logo, o código de ética dos(as) mais pobres considera absurdo que um(a) jovem em "idade de trabalhar" (isso vale principalmente para os homens) fique nas praças públicas, onde acontecem as rodas de capoeira, brincando. Boa parte dos praticantes de Capoeira nesses bairros são crianças entre 9 e 14 anos.

Próximos passos

Embora esta não seja uma análise completa, posto que o formulário de inscrição nos permitiu a produção de 137 gráficos e, apenas alguns foram contemplados neste artigo, o perfil de escolaridade, majoritariamente apresentado pelo grupo de 388 postulantes negros(as) a um programa de ação afirmativa em educação, nos angustiou e estarreceu. Os fragmentos de textos escolhidos são exemplos contundentes do deficitário nível educacional que pre-

---

13. Para uma distinção profunda e avalizada entre os princípios da Capoeira Angola e da Capoeira Regional, ver artigo de Rosângela (Janja) Costa Araújo, nesta coletânea.

dominou no grupo. Verificamos também o quanto é avassalador o processo de lavagem cerebral que certas tendências religiosas têm realizado em nossos(as) jovens, roubando-lhes a coragem, a criatividade, o espírito inquieto e transformador, ao mesmo tempo em que lhes incute o culto à inoperância, à resignação ao insucesso, como se essa fosse a "Vontade de Deus". Certamente, se não tivéssemos realizado a ampla divulgação que optamos por fazer, não teríamos conseguido os(as) vinte candidatos(as) portadores(as) das potencialidades e condições que o projeto exige.

Mas o trabalho segue, refeitas do susto do diagnóstico inicial resta investir para que o grupo selecionado constitua-se em referência positiva para os(as) demais jovens das comunidades empobrecidas nas quais vivem. Impõe-se o desafio de desenhar programas de ação afirmativa que acolham não só aqueles(as) que de alguma forma romperam a cortina do desalento, mas também aqueles(as) que ainda chafurdam no sentimento de que o sonho e o futuro não existem, aqueles(as) que não têm autodeterminação, autoconfiança, gana para superar obstáculos e adversidades; aqueles(as) a quem o racismo venceu no primeiro tempo do jogo. Temos construído modelos de excelência para pequenos grupos, mas não nos furtaremos à tarefa de também construí-los e aperfeiçoá-los para aqueles(as) milhares que ainda não puderam se descobrir como condutores(as) da própria vida. Talvez este seja o desafio mais instigante, seguimos caminhando para respondê-lo.

Referências Bibliográficas

ARAÚJO, Rosângela Costa. 2003. *Relatório de implantação do projeto afro-ascendentes*. São Paulo: Geledés – Instituto da Mulher Negra. (mimeo.)

CASTRO, Mary Garcia. 2002. "Pesquisas da Unesco sobre juventudes no Brasil". In: *Juventude, Cultura e Cidadania*. Comunicações do ISER. Rio de Janeiro, ano I, edição especial, pp. 63-89.

9

Um perfil dos projetos de vida da juventude negra na cidade de São Paulo

Cristiano Augusto da Silva

Cara juventude, imagine as seguintes situações:

1) Você está disputando uma única vaga em uma empresa, há muitos candidatos. Após um longo processo seletivo, restaram você e uma outra pessoa, branca. Você possui mais experiência e um currículo melhor do que o outro concorrente, no entanto, depois de alguns dias você recebe um telefonema dizendo que não foi escolhido. Já passou por essa situação ou conhece alguém negro que já tenha passado por isso?
2) Você se forma em uma faculdade particular numa certa área, na hora de procurar emprego, o seu concorrente é formado pela PUC ou pela USP; a vaga fica com o concorrente. Isso é comum de acontecer?
3) Você é negra(o), trabalha em um escritório de advocacia e se considera respeitada(o) pelo seu chefe, pois faz seu serviço de maneira caprichosa e dedicada. Uma de suas funções nesse serviço é carregar malotes de dinheiro a pé pela cidade; mesmo tendo menos de 16 anos. Você realmente é respeitado pelo seu serviço?

Com certeza, você deve ter respondido "sim" a algumas dessas perguntas, pois conhece, por experiência própria, as desigualdades entre negros e brancos no Brasil. Os relatos acima são verídicos, foram extraídos de alguns textos dos cerca de 350 jovens negros que participaram, em maio de 2003, da seleção para o projeto Afro-ascendentes.[1] Cada candidata(o) a este projeto deveria redigir duas dissertações. Na primeira, a(o) jovem apresentaria seu "projeto de vida" articulado à sua carreira universitária, mostrando a importância do ingresso na universidade e como torná-lo realidade; tendo como ponto de partida uma declaração do presidente Lula sobre a necessidade de o Brasil combater o racismo.[2]

Na segunda dissertação, a(o) jovem escreveria sobre a área/profissão que pretende seguir, seu conhecimento sobre o mercado de trabalho e os requisitos para ser um bom profissional. Ambas deveriam ter pelo menos 25 linhas.

As redações convidavam as(os) jovens a falar sobre seus projetos de vida, os meios para torná-los realidade devido ao racismo no Brasil. Enfim, o tema das redações eram os próprios autores.

"E o resultado de tudo isso?", vocês devem estar se perguntando. Uma pequena parte vimos nas três pequenas histórias no início do texto; a partir de agora tentarei compreender as idéias e opiniões colocadas pelos autores das redações. Para organizar a leitura, escolhi trechos de redações e os agrupei em cinco partes: a) projeto de vida e carreira escolhida para o vestibular; b) esvaziamento da instituição escolar; c) racismo e desigualdade; d) língua portuguesa; e) sugestões de trabalho em aula para desenvolvimento da escrita e da leitura.

---

1. Trata-se de um projeto de ação afirmativa para jovens negros e negras visando a sua inserção em universidades de boa qualidade, desenvolvido numa parceria entre o Geledés – Instituto da Mulher Negra e o Instituto Xerox. Participaram da segunda fase 48 jovens, a qual consistiu em entrevista, explicação das condições de participação no projeto e dinâmicas de grupo; vinte jovens foram escolhidos.

2. "O Estado brasileiro não deve ser neutro em relação às questões raciais. Cabe a ele assegurar a todos os brasileiros e brasileiras igualdade de oportunidade na busca de melhores condições de vida. A democracia brasileira será tanto mais substantiva quanto maior for a igualdade racial no nosso país." Discurso durante a instalação da Secretaria Especial de Políticas de Promoção da Igualdade Racial. Brasília, 21 de março de 2003.

PROJETO DE VIDA E CARREIRA ESCOLHIDA PARA O VESTIBULAR

As carreiras apontadas nas redações apresentam uma grande variedade de opções que vão desde as mais tradicionais, como Medicina, Engenharia e Direito, até áreas mais novas, como Moda ou Rádio e TV. Além disso, há certa tendência de escolha de acordo com o gênero. Por exemplo, pretendem cursar Enfermagem, 9 moças e 2 rapazes; para Medicina a diferença salta, 24 mulheres e 7 homens; Psicologia, 11 mulheres e 1 homem; em Direito a diferença é menor, sendo 15 mulheres, 8 homens; Jornalismo, 16 mulheres e 3 homens. Haveria uma relação entre os gêneros e as escolhas? A única conclusão é que em algumas áreas a preferência feminina tende a ser maior, principalmente nas ciências biomédicas e na psicologia, que lidam todo o tempo com questões do ser humano e do cuidado com as outras pessoas.

Esses são os resultados numéricos; interessa-me mais entender, baseado em seus textos, como os jovens fazem suas escolhas profissionais. Nas redações notei dois principais fatores que orientam suas decisões quando o assunto é projeto de vida.

O primeiro fator diz respeito a experiências que permitiram algum contato concreto, durante a adolescência, com a profissão; por exemplo, jovens que cursaram segundo grau técnico e que conseguiram emprego ou estágios em empresas, em escritórios de advocacia, de contabilidade; bolsas de estudo oferecidas por ONGs. É interessante notar que na área de informática o simples fato de moças e rapazes terem feito cursos básicos já influencia na escolha por este campo do conhecimento.

> Desde o início do ensino médio já tinha definido a área que gostaria de crescer profissionalmente, me dediquei com o pouco de estudo oferecido pela escola pública, graças ao meu esforço paralelo e condições financeiras boas, não foi necessário que eu trabalhasse para ajudar no orçamento em casa, portanto dedicava o período da tarde para adquirir conhecimentos básicos necessários para ingressar em uma escola técnica estadual. Consegui uma vaga entre os últimos colocados, [...]. A luta foi grande, pois o curso que escolhi era bastante

> concorrido [Mecatrônica], vale lembrar que 70% dos alunos de minha classe vieram de escolas particulares. [...] Hoje concluí o curso e tenho emprego razoável, porém o espaço a aprender ainda é muito grande. Existem muitas coisas que preciso aprender, com relação a conhecimento profissional [...]. (V.M.)[3]

A opção por áreas ligadas diretamente ao magistério, como matemática ou letras, se dá porque algumas moças e rapazes percebem, por suas experiências pessoais com a escola, as deficiências do ensino público, desejando, portanto, tornar-se um bom professor e agir diretamente nessa situação.

> De todas as áreas e inúmeras carreiras disponíveis para o mercado de trabalho a minha pessoa fez a opção pelo curso superior de licenciatura em química, uma área de atuação muito grande e com "poucos" profissionais no mercado de trabalho.
>
> O curso universitário de licenciatura em química foi o escolhido devido ao meu interesse em atuar como professor [...] (R.C.L.)

> Eu pretendo estudar para ser uma ótima professora de matemática. Porque a importancia dos estudo na nossa vida é escencial, apessar dos jovens Ter um grande trauma pela maioria dos professores não ter muita paciência com os alunos a maioria fica com a duvida e não pegunta e o professor não importa isso causa um grande mal a nós do ensino público. (O.B.D.)

Há também casos em que o bom trabalho desenvolvido por um bom professor resulta em uma experiência e uma referência na escolha profissional.

---

3. Os trechos apresentados neste artigo foram transcritos literalmente, ou seja, sem correções gramaticais; são documentos históricos, por isso, foram mantidos em seu estado original. Os nomes dos autores das redações foram mantidos em sigilo, as iniciais após as citações são fictícias.

> Pretendo cursar história, em ser um profissional na área de educação. Desde de pequeno, se assim posso dizer, quando cursava a 5ª série do ensino fundamental, e tinha uma professora que dava aula como ninguém, e daí o gosto pela história. (P.F.V.)

Na minha opinião, essas experiências criaram um referencial na cabeça destas e destes jovens na hora de optar por uma carreira; elas acabam servindo como um tipo de critério na hora da escolha, isto é, moças e rapazes preferem dar continuidade na área com a qual têm alguma intimidade ao invés de optar por uma área totalmente desconhecida.

Contudo, esse é apenas um lado da história, o outro é que boa parte da juventude não passa por essas experiências, tendo como referencial na hora da escolha de suas carreiras apenas informações obtidas por meio da televisão, do rádio ou até mesmo por "ouvirem falar que naquela área existem muitos empregos".

O resultado desse desconhecimento pode ser dividido em duas partes; na primeira, moças e rapazes têm enormes dúvidas sobre quais caminhos seguir.

> Não tenho certeza em qual área pretendo prestar o Vestibular. Só irei ter certeza quando começar a me preparar para o vestibular, e ter mais contato com cada área. Pois quero me profissionalizar em uma área que me dé boas oportunidades de emprego, crescimento e de vida [...] Estou pensando em fazer Engenharia, por que o pouco que eu conheço da profissão dispertou bastante meu interesse, não conheço muito o mercado dessa área. Para ser um bom profissional é necessário se aprofundar na atualidade, se atualizar par o mercado [...]. (C.R.)

Dois exemplos são Jornalismo e Administração,[4] duas áreas em que dificilmente os adolescentes possuem alguma experiên-

---

4. Demonstram interesse em fazer Jornalismo 16 mulheres e 3 homens; Administração: 14 mulheres e 6 homens.

cia, pois é bastante improvável que alguém seja jornalista ou administrador tão precocemente. Muitas pessoas pretendem fazer Jornalismo porque querem trabalhar na televisão como apresentador(a) de jornais de notícias ou repórter de rua; justamente nesse meio jornalístico em que há menos vagas para esses profissionais. O desconhecimento chama-me a atenção, pois nenhum texto faz referência à possibilidade de trabalhar na imprensa escrita, revistas, jornais ou em páginas virtuais de notícias etc., campos em que há maior possibilidade de emprego. Além de ofertas de vagas, é válido ressaltar a estética da "boa aparência" que antecipadamente exclui ou formata o profissional negro.

Na segunda parte, moças e rapazes idealizam as áreas escolhidas. Por exemplo, nos textos abaixo acredita-se que o jornalista precisa ser uma pessoa crítica, informada sobre diversos assuntos. Seria ótimo que boa parte dos profissionais fosse assim, mas temos consciência de que esta visão não condiz com o jornalismo praticado diariamente no Brasil.

> Jornalismo é uma profissão que exige um alto conhecimento cultural e atualizado, ou seja, está por dentro dos acontecimentos do país e do mundo solicitando que os profissionais desta área conheçam culturas e costumes do seu país que muitas vezes muitos desconhecem [...] O mercado de trabalho desta profissão não é muito fácil, hoje em dia ele se encontra muito concorrido, vagas existem o que falta são profissionais bem qualificados para aquela determinada vaga. (C.B.)

O idealismo e o desconhecimento aparecem no texto abaixo:

> Meu interesse na carreira universitária é na área de humanas, no curso de administração de empresas. O mercado de trabalho para um profissional dessa área é muito amplo, facilitando as chances de ingresso dos profissionais, e também é muito competitivo. (A.K.)

O candidato, no final das contas, não dispõe de dados concretos sobre a área, e termina por repetir idéias feitas veiculadas na mídia: "é preciso estudar muito, fazer cursos, ser uma pessoa dedicada". Aqui observamos de novo a mesma ingenuidade em relação aos cursos, às dificuldades e às soluções futuras a fim de alcançar seus objetivos. Vejamos este exemplo:

> A pessoa negra está lutando e resistindo bravamente, para tentar realizar o seu projeto; escolher cursar Direito é mais difícil do que cursar Administração (não desmerecendo ninguém com essa comparação) pois alem de passar cinco anos estudando, a pessoa precisa fazer uma prova da OAB para exercer a profissão. Por isso escolher essa área é difícil. (P.S.)

O trecho acima mostra um certo conhecimento sobre a carreira de Direito, entretanto, sua autora considera a prova da OAB mais difícil do que o vestibular; evidentemente esta opinião baseia-se em um fato concreto e escandaloso para a educação brasileira: muitos estudantes de faculdades particulares não conseguem passar no exame da Ordem devido ao baixo nível dos cursos oferecidos pelas "instituições de ensino".[5] Na opinião da jovem, sua passagem pela faculdade, sua "formação" ao longo de quatro ou cinco anos, a qualidade do curso somadas à sua dedicação pessoal não serão suficientes para que ela seja aprovada no exame da Ordem dos Advogados do Brasil. Percebo nesse trecho uma "autopunição" prévia: ela irá fazer uma faculdade de baixo nível e nunca conseguirá obter sua carteira de advogada; não lhe passa pela cabeça que ela tem o direito de freqüentar um bom curso, público ou particular. Vemos em outro trecho uma grave inversão de valores quanto ao direito de se ter uma boa educação.

> Claro que é um sonho de prestar e passar em uma das faculdades melhores e mais concorridas de São Paulo (USP), pois

5. Após concluir o curso de Direito, a pessoa formada nesta área (bacharel em Direito) precisa se submeter a um exame elaborado pela Ordem dos Advogados do Brasil (OAB) para que, se aprovada, possa advogar.

> de lá sai alguns dos melhores profissionais que temos nesta área de medicina. Felizmente o sonho pode se tornar realidade, basta somente ter força de vontade, perseverança, não desistir fácil e sempre continuar lutando porque certamente um dia vai acontecer o tão esperado sonho, e você vai poder dizer era um sonho pois agora se tornou realidade. (C.M.)

Este outro trecho demonstra, segundo sua autora, que passar em medicina na USP é uma façanha, fato verdadeiro; interessante é vermos como ela resolve este desafio; na sua opinião, se ela tiver "força de vontade", ela alcançará seu objetivo e não irá "desistir fácil".

Embora seja importante ter perseverança diante de uma carreira tão concorrida, trata-se de uma luta quase perdida. Por quê?

Não bastasse o fato de que as altíssimas notas de corte em qualquer curso de Medicina em uma universidade pública (sem falar nas particulares com suas mensalidades exorbitantes) deixam muitos pretendentes brancos (preparados durante toda a vida para serem médicos) de fora da disputa, a jovem parece não notar os problemas em sua formação advindos de uma escola pública ruim. Aqui obviamente a discrepância entre os candidatos brancos e negros é algo muito bem construído; resulta da qualidade de ensino que tiveram ao longo da vida.

Assim, as dificuldades pelas quais esta jovem terá de passar, sem certeza de "vitória", atestam que a brutal diferença entre o ensino particular e o público não ocorre por acaso, ela é "apenas" mais uma das manifestações concretas do racismo no Brasil, que, como indica Elaine Cavalleiro, inicia-se já na educação infantil.

> A partir de dados extraídos das PNAD (Pesquisas Nacionais por Amostra de Domicílio – 1982 – IBGE), Fulvia Rosemberg (1987) constatou que, no Brasil, o alunado negro, em comparação ao alunado branco, apresenta um índice maior de exclusão e reprovação escolar. O índice de reprovação na primeira série do primeiro grau, por exemplo, é 12% maior entre as crianças negras. (Cavalleiro, 2000: 32)

ESVAZIAMENTO DA INSTITUIÇÃO ESCOLAR

O problema da educação pública não é uma questão merecedora de críticas consistentes por boa parte dos textos produzidos pelos(as) candidatos(as) apesar dos obstáculos para ingressarem em uma universidade de boa qualidade. Há uma dificuldade em relacionar de modo crítico e consistente os problemas em sua formação com o baixo nível da educação, em perceber de que maneira o racismo participa da exclusão social e, principalmente, onde, quando e como ocorre o descaso pelo ensino.

> Tenho como meta me formar em Engenheiro de Telecomunicação, se possível, em uma Universidade pública. Para isso, venho preparando-me a algum tempo como, estudando em casa, através da minha força de vontade e competência que acredito ter muita. Como não posso, pagar um cursinho pré-vestibular minhas dúvidas são tiradas com os professores da E.E. em que estudo, e retribuo a eles, como o meu talento, a informática, ajudando-lhes como "Amigo da Escola". (D.S.V.)

Temos aqui a inversão de papéis: os professores, ou a escola, que deveriam cumprir sua função de educar, passam a "tirar dúvidas" de seu aluno, recebendo deste, em troca, aulas de informática. Parece que a relação ensino/aprendizagem entre aluno e professores transformou-se num escambo, isto é, num jogo de interesses. Novamente o direito à educação de qualidade desaparece no discurso deste jovem. Também não o incomoda exercer esta função, como se seus professores e professoras não tivessem o compromisso, no mínimo, institucional, de ensinar a ele e ao alunado como um todo.

No lugar de um Estado que organize a educação, temos, por exemplo, uma instituição privada, no caso, a Rede Globo de Televisão, assumindo seu lugar por meio do projeto Amigos da Escola. De acordo com este projeto, a sociedade deve ajudar a escola, pois esta seria "incapaz" de cumprir seu papel de instituição, não conseguindo "sozinha" receber, acolher e ensinar os alunos; como um doente em estado terminal, precisa ser cuidada, acolhida e, ironicamente, ser ensinada pelos alunos. Professores, diretores, coordenadores, funcionários, alunos, pais, comunidade, secretários de Educação, intelectuais, pedagogos, psicólogos, pesquisadores, universidades, ministério, entre outros, não bastam para fazer a educação acontecer.

Mesmo tendo uma escola de baixa qualidade, muitos acreditam que os problemas são fáceis de resolver; várias redações trazem soluções para o desastre educacional, desigualdades sociais, racismo, preconceitos etc.

> O melhor a fazer é, pedirmos a ajuda de Deus para caminhar e nunca para trás sim a frente. Torcendo para que esta promessa não fique esquecida, como muita outras. Acredito e espero ansiosa, que já está chegando o dia em que, estarei lá, em uma Universidade. Fazendo a diferença e representando nós negros, dizendo que não devemos deixar ninguém de lado, nos estendendo as mãos. Mas sim ajudá-los. (C.D.)

Todas as questões apontadas no início do texto desaparecem como passe de mágica, basta, como num filme de Hollywood, darmos as mãos e sermos todos iguais, afinal, precisamos ter força de vontade. O que significa a expressão "fazer a diferença", recorrente nos discursos desta juventude, quando os detentores de poder não querem negros nas universidades? Mais um exemplo de abnegação de um aluno negro "esforçado" a ser mostrado no Jornal Nacional para que as classes ricas durmam em paz?

Por que mudar ou se preocupar com as estruturas de injustiça no Brasil se milhões de pessoas praticam o bem? Fatos concretos e diários como a violência policial, justiça tendenciosa, presídios, tráfico de drogas, latifúndio e desemprego desaparecem dos textos, viram apenas referências rápidas e vazias dentro dos textos dissertativos, porque tudo que precisamos fazer é "dar as mãos".

Pergunto-me se realmente essas idéias pertencem a estes jovens. Essa lógica não é sem razão e segue a mesma presente no racismo, que acaba por transformar a vítima da discriminação em culpada, em ré sem direito à defesa.

Outro interesse que move as(os) jovens a resolverem tão facilmente os problemas é o discurso da generosidade, semelhante ao "bom e velho" assistencialismo praticado pelo Estado brasileiro ao longo da História; a diferença agora é que mais de 80% das redações apontam a vontade de estudar, ser um profissional para ajudar os "carentes".

> A escolha por medicina, antes de mais nada existe o fator humano que considero um dos mais importantes para uma sociedade. O querer ajudar, se dar e ver em cada rosto aflito que possa passar uma esperança, o curar é o que gratifica o médico. De todas as profissões é a que me identifico por inteiro. (K.P.)

Chama-me atenção a predisposição desses jovens a serem voluntários, quando precisam de emprego, de direitos. Por que em nenhum texto houve uma crítica fundamentada contra o Estado ou a "sociedade brasileira"? O discurso da generosidade assume a prática política do dia-a-dia, todos querem fazer o bem, estudam para ajudar os mais pobres. Na mesma toada aparece o discurso religioso como redenção das injustiças, não existem conflitos no Brasil, caso apareça algum, Deus resolverá tudo.

> Portanto, com base na Bíblia pretendo, e vou ajudar de uma forma direta no processo de reconstrução da humanidade, ou pregando a palavra de Deus no altar, ou levando-a para os angustiados e aflitos através de poemas o recado do nosso senhor dos exércitos, pois não há outro meio de mudar a humanidade se não através da fé, esperança e amor que esta dentro de nós. (L.R.)

Parece que o espaço público ocupado por estes jovens (ao longo de 12 anos!), ou seja, a escola, não lhes deixou marcas construtivas, sequer os alertou para a questão do racismo no Brasil.

> Meu objetivo é poder ganhar uma bolsa de estudos, para que quando eu chegar lá na frente, e os "Grandões" me respeita-

> rem "Gente", (isso é um absurdo pois perante a Deus todos somos iguais). Quero poder ajudar a muitas pessoas, pois nunca esquecendo, que, todos somos iguais. Realizarei este sonho trabalhando em empresas multinacionais, falando de todo tratamento em quem passei para me tornar, tão, importante.!! (...) (T.C.)

Esta impressionante recorrência do discurso da generosidade nos textos tem sua razão de ser não só no cotidiano vivido pela juventude negra e pobre, mas, principalmente, no contexto de um processo seletivo inédito como este. Se aos olhos de parte desta juventude qualquer ação em defesa dos direitos da população negra é vista não como direito, mas como uma "caridade", nada melhor do que (uma vez conseguida a vaga) dizer que ajudará os outros com o mesmo espírito assistencialista. Tal atitude ocorre, curiosamente, logo no momento em que o projeto espera que a juventude compreenda a importância de se prepararem, ingressarem e ocuparem postos estratégicos na sociedade brasileira, criando novas referências para os que também estão excluídos.

Portanto, parece-me que este discurso da generosidade, de paternalismo, é uma tentativa de convencer os examinadores por meio de sua capacidade de praticar o bem, quando precisariam antes de tudo construir uma base sólida capaz de derrubar os muros que os impedem de ser médicos(as), enfermeiros(as), advogados(as), engenheiros(as) etc.

RACISMO E DESIGUALDADE

A questão do racismo, tema que deveria ser discutido dentro da primeira redação a partir de uma declaração do presidente Lula, aparece nos textos de maneira pouco crítica; quando há reflexão, detecta-se o problema sem fazer relações com as dificuldades encontradas no dia-a-dia, isto é, criticamente.

Dessa maneira, diversos textos falam do racismo, relatam suas dificuldades e as razões de a juventude não conseguir trabalho, indignam-se, com toda razão, contra a injustiça nos processos seletivos de contratação, a impossibilidade de pagar uma faculdade ou de prestar o vestibular para universidades públicas em condições menos desfavoráveis. Falam de seus desejos e sonhos. Entretanto, como disse, "mostram" tais problemas, mas não fazem dentro de seus textos relações entre as causas e as conseqüências de tais injustiças; digno de nota é o discurso oficial de alguns jovens que consideram as ações afirmativas uma "esmola" por parte do Estado, um "favor", um facilitador para sua entrada que os colocaria em uma situação inferior aos brancos por não terem entrado pelo "esforço pessoal", "pela luta individual", enfim, "pelo mérito".

Muitas moças e rapazes relatam o funcionamento cotidiano do racismo em suas vidas e na de seus próximos, mas não têm instrumentos analíticos e emocionais suficientes para denominá-lo como tal. Esse é um dos efeitos do preconceito sobre a população negra: o da auto-incriminalização e da auto-exclusão, como atesta Cidinha da Silva:

> O preconceito é basicamente uma atitude negativa (é necessário que haja algum referente positivo para comparação) com relação a um grupo ou pessoa, baseando-se num processo de comparação social em que o grupo da pessoa preconceituosa é considerado como ponto positivo de referência. É uma posição psicológica que acentua sentimentos e atitudes endereçadas a um grupo como um todo, ou a um indivíduo por ser membro desse grupo. [...] É uma visão simplificada e conveniente de um indivíduo ou grupo qualquer, utilizada para estimular o racismo. Ele constrói a idéia negativa a respeito do outro, nascida da necessidade de promover e justificar a agressão, constituindo um eficaz instrumento de internalização da ideologia do branqueamento, [...] são cognições relativamente simples de grupos sociais, que cegam os indivíduos para as múltiplas diferenças entre membros de qualquer grupo racial-étnico, de idade, de sexo, de classe social e que tendem a congelar seus julgamentos. Por outro lado, os estereótipos influenciam negativamente a auto-percepção das pessoas, desde que elas pertençam ao grupo ao qual se atribuam características distorcidas e cristalizadas. (Silva, 2003)

A conseqüência dessa "internalização" do preconceito nas redações faz com que muitas pessoas acreditem na idéia da "batalha cotidiana", "do progresso", "do mérito", "no suor", "no esforço individual" de que falamos antes; ou seja, "se a responsabilidade pelas injustiças não é dos favorecidos, então a culpa de eu não entrar na universidade, de não arrumar um bom emprego, é minha e, portanto, devo trabalhar e com muito esforço vou chegar lá". Um exemplo é o trecho abaixo.

> Lá [no serviço] a primeira pessoa que me admirava era o meu patrão pois a primeira pessoa a conquistar no serviço e isso foi o que aconteceu, fazia serviço de banco das 11hs as 16hs e saia a 17hmin. Eu c/ 14 anos tive uma responsabilidade muito gde pois carregava muito dinheiro em uma malote. Pois adquirir muito conhecimento dentro do Escritório, nunca fui discriminada xingada ou coisa assim pois eu sempre dei o respeito p/ que as pessoas me respeitasse. Uma coisa legal é que eu por ser negra eles sempre me elogiavam o meu serviço pois era bem feito e c/ capricho. Sai de lá em 10/2000 pois é como diz não existe serviço bom. (T.M.S.)

Tais pensamentos devem ser vistos como resultado de um longo processo de auto-exclusão ao longo de toda a vida escolar. A questão do acesso à universidade pública é apenas a ponta do *iceberg*. Desde a mais tenra vida escolar, a criança negra convive com a indiferença da escola para com a multiplicidade étnica do Brasil; só existem brancos, de cabelos claros e lisos em nosso país; novamente, tomo como exemplo o trabalho de Eliane Cavalleiro.

> A despreocupação com a questão da convivência multiétnica, quer na família, quer na escola, pode colaborar para a formação de indivíduos preconceituosos e discriminadores. A ausência de questionamento pode levar inúmeras crianças e adolescentes a cristalizarem aprendizagens baseadas, muitas vezes, no comportamento acrítico dos adultos a sua volta. (Cavalleiro, 2000)

Essa constatação se confirma na pequena condição de as moças e os rapazes analisarem criticamente e fazerem ligações entre seu projeto de vida e as questão do racismo; o mesmo acontece quando falam das ações afirmativas, que é uma proposta concreta, real e urgente de promoção de igualdade racial.

Mesmo as críticas ao "governo" se perdem na generalização; sem falar ainda dos diversos textos que trazem uma visão ingênua perante as dificuldades que sempre enfrentaram e que terão de enfrentar ao longo da vida. Várias(os) jovens solucionam esses problemas ora com um discurso de crença no progresso, como se as coisas melhorassem com o passar do tempo, ora com o esforço individual, o mérito.

> A sua educação está sendo dirigida para que você esteja dentro do mercado de trabalho, trabalhando como mão-de-obra barata, mais um assalariado, que está principalmente preocupado em suprir suas necessidades básicas, do que crescer culturalmente e profissionalmente. [...] Uma delas [dificuldades da vida] seria a questão do ensino que recebemos e que apresenta uma grande defasagem no nosso meio social; as oportunidades que surgem não são as mesmas para todos, levando assim algumas pessoas a terem mães [mais] preparo do que outras na hora do vestibular; o preconceito é uma outra questão que deve ser avaliada, já que falamos em igualdade racial será que as Costas [cotas] são mesmo a única forma de um negro entrar na universidade? Como estamos falando de igualdade racial, no meu ponto de vista, mesmo tendo os mesmos direitos de educação de um branco, essa questão poderia agravar mais ainda o preconceito racial, pois existiriam pessoas que sempre jogariam em nossa cara que estamos ali só por causa da cota. (R.R.)

> As escolas públicas estão uma vergonha, as universidades públicas mais ainda por aceitar este sistema de "cotas para negros". Muita gente só escuta falar das cotas nas faculdades, mas na televisão também tem isso. A emissora que não tiver no mínimo 25% de negros incluídos nos programas leva uma multa altíssima. (K.S.)

> Apesar que tudo isso é culpa nossa. Porque nós aceitamos tudo o que nos oferecem de cabeça baixa. Temos que nos unir e tentarmos dar a volta por cima. (W.S.)

> A dificuldade que o negro é tem é clara e real, assim comprova a cada dia, em milhares de pesquisas feitas, tenho a certeza que as cotas nas universidades abriria o espaço que o negro precisa para o seu desenvolvimento. Para os que acenam que essa causa é totalmente desonesta e desigual, eu tenho a minha opinião formada sobre esse assunto, sou a favor sim, pois, o negro já pagou o direito à universidade, com luta, sangue e dor dos nossos antepassados que morreram lutando pela igualdade. O que queremos é um direito de todos e dever do Estado "igualdade" social e *racial.* (B.P.)

A conclusão da leitura das redações indica que estamos diante do resultado de décadas de uma educação pública que não ensina a pensar criticamente, de um Estado que desaparece de qualquer perspectiva dos jovens, de valores transmitidos pelos meios de comunicação, em que a disputa desenfreada pelo sucesso deve ser a razão de suas vidas, do "voluntariado" como solução para os problemas sociais, da imposição de uma cultura ou de certos valores de determinados grupos sociais sobre os demais; estes textos merecem respeito pela coragem que tiveram suas autoras e seus autores por tentarem outros caminhos diferentes dos que lhes são oferecidos todos os dias. Trazem em suas vozes, talvez sem notar, a marca do massacre que parte da "sociedade brasileira" realiza com a população mais pobre, em especial, a negra.

Todas as contradições, sonhos, desejos, desconhecimento, soluções, esperanças desta juventude são, de minha parte, totalmente compreensíveis, sobretudo a rejeição às ações afirmativas, como as cotas de ingresso na universidade; compreendo-as e as leio com atenção porque são o *discurso do branco internalizado no negro*, são a prova de que essas idéias pertencem aos que já têm seus direitos garantidos, pois pertencem ao Brasil "moderno" que exclui o "resto do Brasil"; para manter os excluídos afastados, usam de todos os artifícios: impedem a distribuição de renda, o direito à diferença, usam até mesmo o vestibular como um princípio de justiça.

> Politicamente, os vestibulares constituem uma ilha de modernidade no oceano de patrimonialismo brasileiro. As bancas avaliam provas de candidatos cujas identidades desconhecem, atribuindo notas baseadas no mérito acadêmico. Não existem "indicações ou apadrinhamentos". A filiação partidária e as posturas ideológicas não interferem nos resultados. Nenhuma pressão corporativa pode aprovar ou reprovar um candidato. Os "amigos do rei" não dispõem de vantagens: no dia do vestibular, o filho do ministro, juiz ou deputado torna-se um "plebeu", como todos os demais.

Não contente, prossegue no parágrafo seguinte o professor doutor em Geografia Humana da USP:

> O sistema de cotas ameaça submergir essa ilha de igualdade formal, destruindo o princípio do mérito acadêmico que regula o ingresso nas universidades. Sob o império das cotas um branco pobre que obteve nota suficiente para ingresso pode ter sua vaga ocupada por um negro da classe média que obteve notas mais baixas. A "justificativa" da flagrante violação da igualdade entre os indivíduos é um raciocínio sobre as desigualdades entre grupos sociais, que nesse caso é impertinente, pois a ação afirmativa reiterou as vantagens conferidas pela renda. Ou, alternativamente, é um discurso sobre a "reparação" pelos anos de escravidão do tataravô imaginário do negro de classe média, que transforma metafisicamente o branco pobre em representante dos proprietários de cativos e o negro de classe média em representante dos escravos (Magnoli, 2003).

A declaração desse professor indica o quanto incomoda a possibilidade de que brancos e negros tenham direitos iguais; a insistência com que se apaga a História do Brasil e o cotidiano da população negra em nosso país é algo, no mínimo, de má-fé, pois sabemos que a população Afrodescendente está na base da pirâmide social;

muito me espanta um geógrafo que ironiza de maneira cínica ancestrais com definições do tipo "tataravô imaginário do negro de classe média". Outro ponto digno de fascismo é a neutralização das injustiças do sistema educacional brasileiro, cujo exemplo maior é o vestibular e, por conseguinte, o número de brancos nas universidades; se todos são iguais na hora do exame, por que só vemos brancos nas faculdades, principalmente naquelas de prestígio? Se o filho de juiz se torna um "plebeu", por que sempre consegue fazer os cursos mais concorridos? Alimentação, moradia, saúde desiguais entre brancos ricos e negros pobres não aparecem naquelas poucas horas de idoneidade seletiva.

Em suma, vemos que tais idéias dão uma pequena medida da ausência do Estado e de comprometimento da sociedade não-negra brasileira com a solução do racismo, impedindo a concretização dos direitos constitucionais e humanos de milhares de cidadãos deste país.

Língua portuguesa

Nesta parte vou comentar alguns problemas referentes ao domínio da língua portuguesa em seu registro-padrão. Trarei pequenas sugestões de trabalho com leitura, interpretação e escrita para uso em sala de aula; tratam-se de idéias para que professoras e professores utilizem-nas de acordo com seu contexto, desejo e entendimento, desenvolvendo a leitura e a escrita do idioma das(os) jovens.

Encontramos diversos textos em que fica latente o desconhecimento da língua portuguesa em sua modalidade escrita padrão.

> Dando continuidade au texto abaixo o meu projeto de vida universitária é o nosso Brasil ter menos racismo. Mais dando continuidade au meu projeto universitário e da seguinte forma. Todos sem esesão deveria ter o mesmo valor seja ele; branco, negro, pardo ou amarelo. Mais como todos nois sabemos que a unica pessoa que sai perdendo com tudo isso são os negros. (T.O.P.)

> O meu futuro na minha carreira unevercitarea.
> Não voulme servir sumente para mem adequerier o diploma mas sem colocar em pratica. Todo o que aprendi durante a uneversedade. (W.B.)

Nesses trechos, chama-me a atenção o baixo grau de domínio da ortografia e da acentuação da língua portuguesa; por isso vemos, sobretudo no segundo trecho, uma escrita que mais se parece com uma transcrição da fala como por exemplo em "au"= ao, "mais"= mas, "nois"= nós.

Esses fatos são recorrentes quando uma pessoa está sendo alfabetizada, isto é, quando começa a entrar no mundo da escrita e da leitura. Tal processo ocorre, ou pelo menos deveria, durante as quatro primeiras séries; não podendo ir além da quarta série; assim, tais dificuldades da criança fazem parte do processo de alfabetização.

Porém, sabemos que a dificuldade demonstrada nos trechos acima não pertence a uma criança, trata-se de uma dissertação escrita por alguém que freqüentou por onze anos a escola, saindo sem saber como produzi-la. O desenvolvimento das frases, a falta de coesão entre elas, o corte abrupto entre uma idéia e outra mostram que rapazes e moças negros não tiveram contato mínimo (se é que tiveram algum) com tipos e gêneros de texto fundamentais em suas vidas, tais como bilhetes, cartas, narração, dissertação, entrevista, artigo, monografia, mensagens eletrônicas (*e-mails*), poema, canção, texto radiofônico, fanzine, jornal, revista, receita de bolo, peça teatral, verbete, ata, resumo, fichamento etc., sem falar nos registros orais da língua, nos diversos modos de falar dentro de uma cidade como São Paulo, sotaques, ritmo, vocabulário, diálogo, música etc.

Novamente, a escola retira dessas moças e rapazes o direito fundamental de receberem uma educação de qualidade. Por quê? Porque, creio eu, a imensa maioria dos professores acredita que ensinar português é ensinar análise sintática, conjugar verbos, classificar orações subordinadas etc., enfim, um monte de Gramática Normativa, a qual é "despejada" todos os dias literalmente sobre a garotada, descontextualizada, sem uma função definida, sem razão de ser para crianças, moças e rapazes. Trabalho em vão. Minhas e meus colegas teimam em ensinar algo que não existe no uso escrito e falado da língua portuguesa, perdem a chance de trabalhar o idioma dentro de situações concretas da língua, como, por exemplo, textos de revista. Perdem a rica chance de ver cabeças pensando, discutindo, falando, escrevendo e, principalmente, RE-ESCREVENDO DIVERSAS VEZES SEUS TEXTOS.

Estamos diante de uma contradição. Em um mundo dito da "informação", credora constante da leitura e da escrita crítica, preocupamo-nos com a mera classificação gramatical.

Diante disso, fracassamos todos, pois esses milhões de jovens precisam ler, escrever, interpretar e reescrever o mundo em sala de aula e fora dela. Se não, vejamos: como poderão passar no vestibular sem compreender um texto de jornal? Como enfrentar uma seleção para emprego se tiverem de escrever textos? Como poderão redigir mensagens eletrônicas ou cartas apresentando seus currículos sem prática? Sem falar da possibilidade de ler um bom livro, seja um *best-seller*, um clássico ou uma matéria no jornal?

Poderia citar um sem-fim de exemplos, mas prefiro SUGERIR algumas atividades óbvias e uma pequena bibliografia que, certamente, irá aprofundar esses rápidos comentários; não exigem nada de inalcançável, requerem estudo e comprometimento tanto dos que ensinam quanto dos que aprendem.

Antes, porém, gostaria de dizer que, embora boa parte dos textos discutidos aqui tenham problemas tanto do ponto de vista da forma (desconhecimento, pouco domínio do registro-padrão da língua portuguesa) quanto do conteúdo (desconhecimento, em grande parte dos textos, de reflexões mínimas sobre a História do Brasil, suas relações de classe, gênero e raça), creio que essas redações são, antes de tudo, testemunhos vivos e alertas de pessoas que possuem desejos, mas para quem a realização dos direitos fundamentais está muito longe de ser alcançada num nível minimamente justo e digno.

SUGESTÕES DE TRABALHO EM AULA PARA DESENVOLVIMENTO DA ESCRITA E DA LEITURA

Como afirmei acima, qualquer trabalho com a língua portuguesa só alcançará êxito se, antes de qualquer atitude, o professor(a), de português e de todas as demais matérias entenderem e partirem do pressuposto de que trabalhar com língua portuguesa não é ensinar regras de Gramática Normativa. Devido ao curto espaço, sugiro no final do artigo uma pequena bibliografia sobre o assunto que lhes fornecerá mais informações sobre o tema.

Isso posto, devemos colocar no lugar de análise sintática a PRÁTICA E A REFLEXÃO COM E SOBRE A LÍNGUA PORTUGUESA, ou seja, do mesmo modo que tenho o direito de escrever e reescrever este meu texto para deixá-lo melhor, moças, rapazes, crianças e adultos (não esqueçamos dos supletivos!) só aprenderão a escrever, ESCREVENDO; exemplo, uma professora solicita a suas alunas e alunos que escrevam um convite para uma festa endereçado a sua melhor amiga ou amigo. Antes de escrever, os(as) alunos(as) precisam ter contato com diversos tipos de convites; contudo, não basta só a leitura e depois já escrevê-lo, é necessário que a professora discuta com seu alunado sobre o que faz um convite ser um convite e não uma poesia. Estamos falando de forma, organização das frases, tipo de vocabulário usado, tom informal ou formal, linguagem sintética ou mais elaborada, data, assinatura etc. Trabalho de análise feito, mão na massa em SALA DE AULA.

Após a entrega, leitura, "correção" (a qual precisa observar muito mais do que ortografia e acentuação), seria interessante que suas autoras e seus autores comentassem sobre como foi fazer um convite; passo seguinte: reescrever os convites, alunas e alunos devem trocar e ler seus textos e fazer comentários construtivos sobre os textos alheios.

Essa maneira de trabalhar serve para qualquer gênero textual, ou qualquer atividade, pois as pessoas só ampliarão seus modos de escrever e falar se TIVEREM ACESSO A OUTROS MODOS DE ESCREVER E FALAR.

Outra proposta seriam pequenos exercícios de redação a partir da leitura de textos, isto é, fichamentos, resumos orientados de capítulos de livros, exercícios dissertativos de acordo com assuntos vistos em aula, orientação para a pesquisa, revisão dos textos pelo professor e pelos próprios alunos, correção e discussão coletiva. A opção aqui é por um trabalho *intensivo* com os textos ao longo do ano letivo; uso do livro didático como apoio, não como ferramenta central.

Outro fator importante é a instrumentalização do aluno, isto é, ensinar moças e rapazes a ler, compreender e usar dicionário de língua portuguesa e estrangeira. Uma necessidade urgente na escola pública é a professora e o professor tornarem-se não "passadores de informação", mas, orientadores; um exemplo clássico é a proposta de um trabalho sobre determinado assunto. Normalmente, a atuação do educador limita-se, muitas vezes, à solicitação da atividade, quando temos uma grande chance de ensinar e acompanhar as etapas de realização desta proposta. Assim, o professor e a professora podem explicar como se faz uma pesquisa em uma biblioteca, na *internet* ou em outras fontes; como escolher as informações e, principalmente, como redigir o trabalho. Não é à toa que muitos trabalhos de moças e rapazes diariamente são meras cópias de livros ou da *internet*. A proposta dá mais do que razões para que se visite a biblioteca escolar, ou que se lute para que ela funcione com o apoio do alunado e dos pais das fontes consultadas.

Mais uma questão diz respeito à correção de qualquer atividade. Em vez de trabalharmos com conceitos do tipo "certo" e "errado", será mais produtivo tomar a dificuldade do alunado como sinal de aprendizagem, não de exclusão. O caminho para a compreensão docente está em refletir sobre qual raciocínio o aluno fez para chegar àquela resposta. Deve ser, portanto, vista como uma expressão intelectual, por mais que esteja longe do objetivo da professora.

Nestas sugestões, não esqueci dos diversos problemas que a escola e os professores encontram diariamente; exatamente por isso pensei em atividades que exigem pouco material, acessível nas instituições, mas que, por burocracia, má vontade, ou medo de torná-lo público aos alunos, fica sempre fechado. Atividades simples, que pedem apenas que se deixem de lado os famosos conteúdos programáticos, anos depois se mostram inúteis devido à distância da realidade tanto da escola como um todo quanto de sua comunidade.

Por fim, gostaria de ressaltar que tais sugestões não são inéditas, não pedem do magistério nada além de uma conversa prévia com moças e rapazes, um contrato pedagógico (na primeira aula), sobre os porquês de estarem ali e os objetivos. Numa palavra, ninguém "passa conhecimento" a ninguém, pessoas constroem cada qual seus conhecimentos, suas leituras singulares e coletivas do mundo; orientá-las, mostrar-lhes caminhos, contrastar idéias, instigar à curiosidade, levantar questões escondidas por nossa "sociedade democrática", deixar a busca pela resposta um pouco de lado, ensinar a melhorar a pergunta, eis o papel central de mestras e mestres.

Creio que munidos desta prática de escrever aliada à consciência sobre o poder de dominação que a língua desempenha nas relações inter-raciais no Brasil (afinal esta é nossa preocupação) teremos boas chances de orientarmos alunas(os) e negros(as) para que tenham instrumentos críticos para realizar seus projetos e sejam verdadeiros(as) autores(as) de suas próprias vidas. Ngunzo!

Referências Bibliográficas

CAVALLEIRO, Eliane. 2000. *Do silêncio do lar ao silêncio escolar: racismo, preconceito e discriminação na educação infantil.* São Paulo: Humanitas/ Contexto.

MAGNOLI, Demétrio. 2003. "O princípio ausente". *Folha de S. Paulo*, Caderno 1, 29 jul.

SILVA, Maria Aparecida Cidinha da. 2003. *Violência racial e de gênero: subsídios sobre sua manifestação no cotidiano escolar.* São Paulo: Geledés – Instituto da Mulher Negra, jun./2003 (texto para discussão).

Bibliografia Sugerida

BAGNO, Marcos. *A língua de Eulália: novela sociolingüística.* São Paulo: Contexto, 1997.

BECHARA, Evanildo. *Ensino de gramática. Opressão? Liberdade?* 7. ed. São Paulo: Ática, 1993

CUNHA, Celso. *Língua portuguesa e realidade brasileira.* Rio de Janeiro: Tempo Brasileiro, 1986.

FÁVERO, Leonor Lopes. *Coesão e coerência textuais*. São Paulo: Ática, 1991.

FIORIN, José Luiz. *Introdução à Lingüística. I.Objetos teóricos*. São Paulo: Contexto, 2001.

FREIRE, Paulo. *A importância do ato de ler*. 19. ed. São Paulo: Cortez, 1987.

LUFT, Celso Pedro. *Língua & liberdade*. Porto Alegre: L&PM, 1985.

MAGNANI, Maria do Rosário Mortatti. *Leitura, literatura e escola: sobre a formação do gosto*. 2. ed. São Paulo: Martins Fontes, 2000.

MATTOS E SILVA, Rosa Virgínia. *Contradições do ensino de português*. São Paulo: Contexto, 2002.

PERINI, Mário. *Para uma nova gramática do português*. 3. ed. São Paulo: Ática, 1986.

PRETI, Dino. *Sociolingüística: os níveis de fala*. São Paulo: Cia. Ed. Nacional, 1974.

POSSENTI, Sírio. *Por que (não) ensinar gramática na escola?*. Campinas: Mercado de Letras, 2002.

TARALLO, Fernando. *Tempos lingüísticos: itinerário histórico da língua portuguesa*. São Paulo: Ática, 1994.

10

A África e a afro-ascendência: um debate sobre a cultura e o saber

Rosângela (Janja) Costa Araújo

Nos últimos anos, a sociedade brasileira foi tomada de assalto por um aquecido debate acerca de direitos universalizados em nossa frágil e tênue democracia. A questão do poder manifestado no acesso aos bens de mobilidade, entre eles o conhecimento, indica ainda uma demência coletiva em lidar com determinados temas que insistentemente têm sido colocados à margem daqueles que teimam no congelamento conceitual de tratamento dos indicadores sociais que apontam as exclusões, sobretudo as derivadas do racismo e do preconceito de cor.

Embora não seja possível celebrar, ao menos, o esfacelamento do mito da democracia racial, impõe-se no quadro das conquistas dos movimentos negros, a inserção, ainda que incômoda, desse debate nos diversos espaços sociais, refletindo o(s) problema(s) e apontando soluções. Assim tem sido na condução das especificidades centradas no campo da educação, não apenas desenvolvendo projetos sociais, culturais e educativos, considerados por muito tempo como *alternativos*, mas intervindo nos sistemas de ensino, na formação de professores, currículos e conteúdos, e em todos os níveis.

Entretanto, nunca a sociedade brasileira mobilizou tão categoricamente seu narciso racial como quando foi posta na mesa a carta que questiona a igualdade racial de oportunidades como reivindicação básica ao projeto democrático. Chamada a romper com a auto-imagem idiossincrática de um "racismo cordial", a sociedade brasileira tem assistido à emergência de uma "sombra" menos cortesã que a propagada. Nesse cenário, ganham destaque vômitos patrióticos e puristas sobre o ensino superior, público, espaço histórico de formação das elites políticas e econômicas, melhor compreendido na estrutura emblemática do poder branco.

Mas, se o debate acerca do ingresso, permanência e sucesso dos(as) estudantes negros(as) nas universidades públicas revela uma face do violento esquema de inclusão planejada na reclusão da miséria (inclusive referencial), uma outra pode ser vista na omissão, no desdém, no descaso com que são tratados os legados cultural e intelectual dos povos negros no Brasil, lesados de sua humanidade existencial pela naturalização do advento político da escravidão mercantil que se estruturou na base de formação da economia moderna. Como resultado, este carimbo histórico confinou, entre outras coisas, os saberes de matriz africana na ingenuidade passiva da folclorização ou na periferia ativa da marginalização, descaracterizando os seus referenciais estratégicos de sobrevivência histórica.

O momento atual é impar na história dos povos negros brasileiros e seus ancestrais africanos. No dia 9 de janeiro de 2003, o presidente petista Luiz Inácio Lula da Silva assinou a segunda lei do seu recente mandato. A Lei 10.693 altera a Lei 9.394 de 20 de dezembro de 1996, que estabelece as diretrizes e bases da educação nacional, tornando obrigatório aos currículos oficiais o ensino da História e da Cultura Afro-brasileira, nos estabelecimentos de ensino fundamental e médio, públicos e particulares, em especial nas áreas de arte, literatura e história.

Delibera ainda que o conteúdo programático inclua o estudo da História da África e dos africanos, a luta dos(as) negros(as) no Brasil, a cultura negra brasileira e o negro na formação da sociedade nacional, "resgatando a contribuição do povo negro nas áreas social, econômica e política pertinentes à História do Brasil", além da inclusão, no calendário escolar, do 20 de novembro como o Dia Nacional da Consciência Negra.

Embora contestando esse "resgate à contribuição", haja vista a permanência e o dinamismo do núncio cultural africano na base piramidal das construções identitárias possíveis do nosso processo civilizatório, portanto, longe de se converter numa contribuição, se estabelece como matriz referencial ao entendimento e movimento cotidianos de nossa experiência de emancipação política. Podemos nos valer de uma conclusão de Sueli Carneiro (2003) quando nos chama a atenção sobre os processos que escamoteiam a violência impetrada sobre a cultura milenar africana pela sua supressão enquanto patrimônio da humanidade, ressaltando que "o sentido real eurocêntrico que se esconde nos contorcionismos verbais é a reiteração dos estigmas que acompanham as culturas africanas e as culturas dos povos Afrodescendentes que tornam irrelevantes tanto essas culturas como esses povos".

Assim, é inegável que a Lei 10.693 refunda avanços de condução nas reivindicações dos movimentos negros no Brasil, insistentes que são no reconhecimento da importância do debate racial, e o seu caráter abismal, no fortalecimento de um projeto democrático que contemple, na redução das desigualdades sociais, a superação do fosso racial com a seriedade que requer.

São inegáveis também os esforços que desde já se fazem necessários para garantir que a sua aplicação não se converta num instrumento a mais em mãos de apressados técnicos e/ou burocratas preocupados em fazer chegar o "mais longe possível" a aplicação da lei e, quiçá, até mesmo à revelia das organizações dos movimentos negros e suas experiências, sobretudo no campo da educação. O que esperamos é não repetir os problemas que, ilustrando, inviabilizaram o projeto de implantação da "Introdução aos Estudos Africanos" nos currículos da rede oficial de ensino no Estado da Bahia, no início dos anos de 1980 (Silva, 1997), em que pesem os interesses políticos capazes de apostar no embargo da proposta a partir de elementos estruturais que passam pela formação de professores(as) chegando mesmo aos conteúdos programáticos mantenedores de conceitos e recortes ideológicos que mais alimentam estereótipos e agigantam as desigualdades.

Vale salientar que, nas últimas décadas, os movimentos negros, pesquisadores, lideranças comunitárias e educadores populares estiveram empenhados não apenas nas denúncias dos efeitos belicosos do racismo, que mantém as pessoas negras barbaramente segmentados num projeto político de *inclusão desassistida*, de uma subcidadania periférica, mas também produziu grandes avanços nas diversas áreas do conhecimento, que vão desde intervenções nos conteúdos dos livros didáticos (Silva, 1988), até a implementação de programas de formação de professores(as) da rede pública, a exemplo do Projeto de Extensão Pedagógica, uma experiência baiana do Bloco Afro Ilê Aiyê (Silva, 1997). Observamos também o desenvolvimento de projetos de suplementação escolar em organizações culturais; formação de lideranças e *até* a "autopromoção" letrada, aqui resultante de um emergente quadro de pesquisadores(as) negros(as) responsáveis por uma produção acadêmica que, embora possa confinar às prateleiras o rebuscamento heurístico para as falas destes(as) atores(atrizes) e/ou destes(as) autores(as) e suas ações, está aqui sinalizado o surgimento de novos aportes teóricos, novas epistemologias e procedimentos metodológicos.

Busca-se aqui a constituição de práticas educativas que reconheçam, no saber, o fazer, contextualizando-o. Manifestos ilustres desse processo foram a realização do II Congresso Nacional de Pesquisadores Negros ocorrido na Universidade Federal de São Carlos, em 2002, ou ainda o seminário "Educação e Racismo no Brasil – Avaliação e Desafios Pós-Durban", promovido pela Unesco e PNUD, com o apoio da Secretaria de Estado dos Direitos Humanos, Fundação Cultural Palmares e Ipea, em Brasília, também em 2002. Em ambos constata-se a extensão de trabalhos e propostas amadurecidas nessas práticas políticas.

Assim, esta reflexão busca centrar duas questões primárias: a primeira é sobre o processo de "etno-alfabetização" dos(as) nossos(as) professores(as), despreparados(as) nos conteúdos de sua formação sobre a História da África e dos afro-brasileiros pela educação formal, ou ainda transversalizados pelos conteúdos dos preconceitos, mantidos quase sempre na omissão, folclorização ou, quando não muito, numa nova hierarquização das culturas. Em seguida, saber que imagens e conteúdos serão vinculados aos conteúdos programáticos desses campos, suas abordagens e processos avaliativos. Tais preocupações têm como premissa esse indefinido paradigma da mutação e as expectativas geradas sobre a continuidade das ações das organizações negras como garantia da sua aplicabilidade e monitoramento.

Essas preocupações primárias, porque fundantes destas transformações, podem ser refletidas nos encontros de formação promovidos por essas organizações ou pela busca de algumas instituições públicas a partir de parcerias com estas, mas também nos trabalhos das organizações culturais e das ações de arte-educadores, muitas vezes limitadas diante da necessidade de formalização destes conteúdos educacionais ou, pior ainda, enfrentando a descrença sobre os seus elementos de erudição cognitiva. No enfrentamento aos números que dão cor às repetências e/ou evasões, mas também buscando produzir sentido à vivência em meio a este *continuum* desassistido, é que emergem os resultados dessas atuações comprometidas com mudanças numa realidade que confina a todos, mas em patamares desiguais, na lógica do estranhamento mútuo.

Perguntamos, então: que caminhos se apresentam favoráveis e que complicadores estão postos nesse novo desafio? Podemos pensar que a justeza dessa lei, ainda nos encontra expostos aos vários e possíveis erros focados na sua implementação talvez aqui seja necessário discutirmos um recorte temporal/geracional para que esses temas passem a fazer parte da formação específica, não apenas de professores(as), mas nos conteúdos curriculares de todos os cursos universitários. Podemos encontrar nos discursos e ações dos movimentos negros e outras organizações sociais um campo bastante fecundo de argumentação política sobre a importância desse debate na educação, haja vista a dupla necessidade de dar visibilidade aos ganhos políticos dessas ações, mas também implantando no campo do conhecimento (e não apenas da ação política) o conceito da parceria enquanto prática educativa. Sobre este modelo, e no campo das experiências de ações afirmativas para jovens negros(as), visando ao acesso, permanência e sucesso destes no ensino superior em cursos e universidades de qualidade, projetos como o Geração XXI, Próxima Parada: Universidade, e mais recentemente o projeto Afro-ascendentes, como sendo exemplares da necessidade de avançarmos neste modelo de mobilização conjunta (Silva, 2002).

Sobre o processo de "etno-alfabetização" de professores(as) e educadores(as) haveremos que nos apressar em apresentar propostas formativas que dêem conta não apenas dos elementos preconceituosos fossilizados pelo senso comum, mas do seu não menos perverso "inconsciente compartilhado". Talvez uma boa opção nos seja dada pelo professor Hélio Santos, quanto à necessidade de definirmos um "quadro sistêmico" que nos ajude a enfrentar as muitas "trilhas do círculo vicioso" (Santos, 2001). Haveremos que nos equipar da paciência comum à sabedoria dos grandes mestres para, removendo esses obstáculos, estimular outros(as) educadores(as) a participarem da "tarefa" de promover um fértil campo de debates, problematizando-o, monitorando-o e contextualizando-o. Dessa forma estaremos aprofundando a temática e sua importância não apenas na organização da vida escolar, mas também da vida social e os descaminhos que permeiam o processo de *criar, transmitir* e *re-criar o saber/poder*.

Quando falamos dos povos negros, ou dos povos negros no Brasil, é importante que estejamos atentos à diversidade desse segmento humano, evitando o uso de padrões homogeneizantes ou, pior ainda, hierarquizantes sobre suas origens e culturas. Esse processo requer um sistema de cooperação intercurricular que distancie esses novos saberes das tendências metodológicas que sustentam a premissa de uma relação de causa-efeito ao advento da escravidão, como lugar consagrado ao nosso surgimento histórico, ainda que destituídos da nossa humanidade. Faz-se necessário transcender a imagem da África como um bloco, ensinando-lhe a diversidade de suas culturas e habitantes, mas também enfatizando a existência de pessoas em liberdade, de tecnologias... de deuses.

Faz-se necessário também, como sugere Joel Rufino dos Santos (1990), sustentar a indagação sobre as medidas que fazem dos negros brasileiros, africanos. Aqui sugerimos o deslocamento conceitual de *escravos* para *escravizados*, até para que seja possível combater a "crônica patriótica da vitória dos europeus sobre os outros", como constam dos livros de História do Brasil, dando ênfase a complexos sistemas de dominação (inclusive científicos) engendrados para justificar tais supremacias. Nesse sentido, como sugere o autor, um bom caminho é elegermos categorias complexas como *diáspora negra, pan-africanismo, ancestralidade* etc., como elaborações teóricas que possam unir o passado e o futuro entre negros africanos e negros brasileiros, entendendo-lhes *continuidade e descontinuidade.*

Aqui também nos deparamos com um novo quadro de desafios: como enfrentar os consagrados "cercadinhos" da produção acadêmica e suas representações togadas, sobre o não-reconhecimento da produção política e de *intelligentsia* dos movimentos negros, quando arvoram-se em não reconhecer como campo teórico o(s) pensamento(s) produzido(s) coletivamente nessas ações políticas? Como convencê-los das nossas rebeldias diante da posição de objetos em que nos confinaram, e dos nossos interesses pelos oportunos financiamentos das agências estrangeiras, numa nova produção que simbolize as falas desses sujeitos coletivos, os acertos e erros, mas sobretudo das dificuldades dessas práticas organizativas?

Assim, os argumentos que empurram o problema da educação de pessoas negras para o ensino básico (fundamental e médio) parecem nos dizer que pensar a educação é pensar o poder que dela emana. Pensamos então que, quando se retira esse direito de visibilidade dos sujeitos históricos, estão em jogo relações de poder, com regras muitas vezes híbridas de assistencialismos diversos, que transitam com muita facilidade e descaramento, fazendo com que a dita "sociedade brasileira", na sua representação de poder, veja-se ameaçada pela possibilidade de que o acesso e permanência de jovens negros(as) ao ensino superior, público e de qualidade redefinam os muros das suas "sábias cidades", contornando-as por novas cores, novas caras, novas referências políticas e históricas. Uma rápida consulta aos resultados do primeiro Censo Étnico Racial da Universidade de São Paulo (www.usp.br/politicaspublicas) é suficiente para lermos, em vertical decrescente, não apenas os números que ilustram valorosas pesquisas quantitativas e qualitativas, mas a geografia social do saber/poder e sua representação nas estratificações do mundo do trabalho.

Retornando um pouco à diversidade das culturas africanas no Brasil, aqui se impõem alguns importantes debates. Em primeiro lugar queremos chamar a atenção para os aportes culturais africanos no Brasil e a resistência de tratar esses assuntos no campo do conhecimento letrado, reorientando-os numa abstrata e reducionista visão de cultura em suas expressões artísticas, folclorizando-as. Aqui, façamo-nos acompanhar dos estudos de Yeda Castro (2001: 15), para também manifestar algumas desconfianças sobre uma certa "tendência generalizada de considerarmos qualquer que seja conhecimento relativo à África mais como um objeto de pesquisa do que como uma possível contribuição à pesquisa". No Brasil, um dos resultados dessa *tendência* é a hegemonia outorgada à matriz cultural ioruba como referência de uma provável negritude homogênea.

Sobre a presença dos demais grupos étnicos, sobretudo os bantos, diz-nos a autora que "por parte das línguas africanas, as do grupo banto foram as mais importantes no processo de configuração do português brasileiro, devido à antigüidade e superioridade numérica de seus falantes e a grandeza da dimensão alcançada pela sua distribuição humana no Brasil colonial" (Idem: 74). Assim, prossegue mostrando que os aportes bantos estão totalmente integrados no sistema lingüístico do português, muitas vezes incidindo num aportuguesamento dos seus derivados (cf. molambo, esmolambar, esmolambento). Dessa forma, consideramos que essa temática que nos faz a todos banto-falantes pode ser um dos campos a ajudar professores(as) a desmistificar algumas inverdades consagradas sobre a África, bem como nos posicionarmos nas suas genealogias como *caçulas*, herdeiros de valores secularmente orientados na formação, defesa e permanência ancestral destes, patrimônio da história da resistência negra no Brasil, e afirmativo do "desempenho do africano como principal transformador da língua portuguesa no Brasil e difusor da sua modalidade em território brasileiro" (Idem: 17).

Isso reafirma a importância de aprofundarmos nosso mergulho no conhecimento das africanidades no Brasil. Sobre a vivência em meio às tradições culturais afro-brasileiras, buscamos problematizar tanto a construção da identidade quanto sua dimensão pedagógica, apresentando-as como pedagogia articulada à identidade diferenciada. No contexto societário hegemônico que aparece aqui como reflexão da realidade e que tomamos enquanto significativa para se discutir a educação. Ou seja, buscamos trazer para esse campo as seguintes reflexões:[1]

- existem pessoas organizadas em torno de outros modelos "societais" (identitários) dizendo-se educadores(as);
- estas pessoas adotam outras dimensões pedagógicas (ancestralidade, pertencimento, organização coletiva, solidariedade etc.), mediadas no sentimento de pertença ao grupo *com o qual* se quer crescer;
- elas denunciam a inoperância do modelo oficial de ensino (nas redes pública e particular), por considerarem que diante da presença e realidade dos povos negros no Brasil, este estigmatiza, silencia, distorce, não conseguindo desmontar práticas culturais que reforçam o racismo;
- elas estabelecem cadeias "invisíveis" de presentificação do passado/futuro;.
- estas pessoas desenvolvem ações educativas baseadas na questão da identidade, não apenas como prática cultural, mas como prática política, no sentido da aquisição de visibilidade para seus direitos específicos.

Assim, a importância desse debate se justifica na medida em que forneça dados pertinentes aos processos educacionais no meio afro-brasileiro. Problematizando, estamos falando da existência de categorias de educadores culturais, forjadas no contexto das relações raciais e sociais do Brasil, e sob bases teóricas que permitem entender os limites de (in)formalidade que permeiam essas novas relações de produção, e os critérios que contêm a definição da qualificação destes(as).

---

1. A partir daqui passo a apresentar fragmentos da minha dissertação de mestrado intitulada *Sou discípulo que aprende, meu mestre me deu lição: tradição e educação entre angoleiros baianos (anos 80-90)*, defendida na Faculdade de Educação-USP, 1999.

Buscando promover a visibilidade dessa categoria de educadores culturais inserida ao processo de formação das identidades possíveis ao meio afro-brasileiro, estamos combinando, assim, tradições e modelos culturais da forma de *ser negro* à estruturação dos caminhos de construção da cidadania entre estes.

Enquanto cultura africana, aparece como elo ancestral aprofundando um campo da sacralidade que envolve mistério, silêncio, espera, o que nos indica que permanecer na vivência é produzir, de certa forma, uma desordem nas temporalidades de intercâmbio com o real, aqui tomada como caminhos de individuação.

Um desses complexos campos do conhecimento, e que aparece aqui como ilustre desconhecido da maioria dos brasileiros, é o que aborda a história da Capoeira Angola no Brasil. Em alguns passos, ainda que gerais, é possível informar que a expressão cultural de matriz africana que hoje conhecemos como capoeira já tivera a sua prática proibida, e seus praticantes expostos a tipos de violência que variavam entre determinado número de açoites em locais públicos e deportação, prisão e assassinato.[2] Fato é que entre tal proibição e os dias atuais registramos o surgimento de um outro estilo, a Capoeira Regional, "aceita" e tornada oficial no campo do esporte nacional, em oposição ao entendimento que faz sobre o ser capoeirista entre os praticantes da Capoeira Angola, os *angoleiros*.

Mais que jogar ou ser "jogador de capoeira", o *angoleiro* se autodefine *capoeirista*, tem orgulho de sê-lo, e manipula a diferença pelos modelos positivos de pensar a África e os africanos, tornando igualmente positiva a reflexão sobre a diversidade, sobretudo no interior dos grupos. Muitas vezes essas reflexões sobre si levam-no ao sentimento de predestinação, como nos diz o mestre João Grande, uma das maiores autoridades da Capoeira Angola hoje no mundo: "A capoeira é para todo mundo, mas nem todo mundo é para a capoeira".

---

2. Ver *Documento jurídico sobre o negro no Brasil, 1880-1888. Índice analítico*. Salvador: EGBa, 1988.

Evidentemente que o lugar "escolhido" pelos *angoleiros* aparece como resultado das trajetórias em que se unem às habilidades corporais e musicais de quem a pratica, comportamentos *adequados* a essa posição que se busca alcançar na hierarquia das organizações, ou ainda nas comunidades locais. Importante nesse processo é que tal conduta se constitui num dos mais importantes elementos educativos entre esses grupos: ensina-se com o exemplo, sendo modelo. Os "ruídos", vistos como o aumento da complexidade, ocorrem nos rompimentos dessas estruturas, seja na relação mestre/discípulo, ou mesmo entre estes últimos, acarretando cisões que muitas vezes indicam a chegada de um novo tempo para uma nova "*árvore de muitas árvores*". Assim, as ações sociais levadas pelos angoleiros apresentam sua visão sobre as relações raciais no Brasil, ao mesmo tempo que propõem estratégias de estabelecimento de um anti-racismo, por estes nominada na preservação dos seus "fundamentos".

Diante da importância dada à educação na vivência dos angoleiros, ao trabalharmos seus sentidos e significados, optamos por fazê-lo na relação de oposição que estes sustentam, não apenas do "método" desenvolvido pela Capoeira Regional, a capoeira moderna, mas também a toda e qualquer tentativa de formalizá-la por mecanismos institucionais controladores.

Sempre dialogando com a realidade social, essas tradições aparecem como anteparos formadores das identidades que sustentam um projeto pedagógico que se mostra inovador, envolvendo crianças, jovens e adultos negros(as) e não-negros(as) nas dimensões de um aprendizado, de um conhecimento que reconhece e contempla uma pertença positiva destes(as) em *ser* e *estar* no mundo.

Essas organizações, ao buscarem denunciar as estratégias racialistas[3] de manutenção do mito da democracia racial, oferecem, sobretudo aos grupos/comunidades de jovens negros(as), pobres,

3. Racialismo é aqui tomado no sentido da biologização (ou racialização) da cultura, do saber. Nas críticas ao gobinismo e ao darwinismo social, ver Jacquard, 1988.

oportunidades de inserção em processos que acreditam constitutivos de um *status* social medido pelo pertencimento à "tribo". *Ser* do hip-hop, do samba... *ser* angoleiro, tornam-se muitas vezes sinais demarcadores desse *status*, que mais que resultados de mobilidade social, aproximam-nos das transformações individuais desses sujeitos, sobretudo pelos novos mitos que orientam tal pertencimento – a exemplo de uma provável descendência ancestral (cultural) e não necessariamente consangüínea – Pessoa-Grupo.

A partir daqui já surgem alguns questionamentos: qual o sentido educativo desse sentimento de pertencimento e que transformações opera? Como entender a dimensão pedagógica da tradição no estabelecimento dessas unidades sociais dinâmicas? Como a crise paradigmática da ciência moderna pode contribuir para a aceitação "científica" dos novos processos de inteligibilidade propostos nessas tradições? Como compreender a existência de formas de produção, apreensão e apropriação do conhecimento pelos modelos societais africanos (ou afro-brasileiros)?

Assim, mais que debatermo-nos em situações fatalistas que indiquem este questionamento do paradigma da ciência moderna, o que identifica não apenas suas insuficiências estruturais diante dos avanços tecnológicos, os fundamentos sociais que lhe davam sustentação passam a ser desmistificados. Dessa forma, ao depararmo-nos com esse período de mutação no qual nos aproximamos daquilo que Morin (1996) chamou de *revolução na história do saber*, encontramos vitimado, tanto o especialista, diante da fragmentação e esoterização do conhecimento científico, como, igualmente, o não especialista renunciando prematuramente à "tarefa" de refletir sobre o seu mundo, sua vida.

Para essa "tarefa" será necessário que professores(as) e educadores(as) assumam-se como transformadores(as) de uma realidade indesejavelmente violenta, sem cair nas armadilhas sobre a possibilidade de um novo fazer científico a partir de falsas imparcialidades. A parcialidade, como instrumento polico gestado pela ética, sugere-nos, como na orientação de Morin (1996), que "o objeto e o sujeito, abandonados cada um a eles próprios, são conceitos insuficientes [...] surgindo o grande paradoxo: sujeito e objeto são indissociáveis". Estes constituem-se mutuamente.

Ora, quando pensamos nisso, adotamos a conversação do sujeito com as muitas "verdades" geradoras de novas descrições, dialogando não apenas com a diversidade, mas também com as tensões por ela provocadas. É nessa perspectiva que tal debate aqui proposto *sugere* o entendimento das tradições africanas como unidade instituinte da cosmovisão africana no Brasil, e da dimensão pedagógica da vivência *no* conhecimento tradicional como parte da trajetória interpretativa e seletiva na construção das identidades possíveis.

Nessas vivências, o cotidiano pode migrar do "significado" oferecido pelos dicionários, como algo que acontece todos os dias e por isso é provido de monotonia e banalidade, ou, transcendendo dos julgamentos morais, percebê-lo como espaço do poder e da potência. Dotado dos costumes, indica as dimensões nos relacionamentos entre a natureza e a cultura, a rotina e o acontecimento, então suporte da criação.

Aqui cabe ressaltar que a capoeira não pode ser vista com uma manifestação cultural homogênea, existindo para isto dois estilos (ou duas "escolas") distintos em seus entendimentos, práticas e discursos, e sobre os quais se estabelece um campo de conflitos.

Assim, na capoeira, as discussões sobre sua origem já ilustram a complexidade do plano de conflitos estabelecidos entre os praticantes dos dois "estilos", Angola e Regional. Parece-nos que a problemática em torno dos discursos sobre as origens da capoeira é acompanhada pela necessidade de inferir-lhe conceituação, ou seja, sob a defesa da africanidade podemos encontrar além de elaborações de práticas de resistência negra, críticas ao modelo hierárquico da sociedade brasileira pelas possibilidades desta frente às diversas vias de construção da cidadania, ou mesmo formas menos invisíveis de apresentar-se no banzo, de sobrevivência coletiva no sofrimento. Entretanto, o projeto de brasilidade da capoeira levado a cabo durante a década de 1930 parece nos aproximar da compreensão das mudanças nacionalistas que caracterizaram, entre muitas coisas, as faces de branqueamento.

Quando nos dispomos a compreender, nesse período, o pensamento social brasileiro por meio das representações artísticas, podemos propor que uma aproximação aos novos paradigmas provenientes da Semana de Arte Moderna de 1922 definitivamente assegura na "fusão" das culturas indígenas e africanas um projeto homogeneizador, ou pelo menos, de escamoteamento das diferenças e divergências internas, conduzindo o país na modernidade dos desenvolvimentos e do progresso. Tal pensamento evolucionista fez-se redutor nas compreensões sobre a complexidade dessas manifestações e, mantendo uma inevitável tendência colonizadora ao pensar a cultura, definindo-as enquanto aspecto do folclore nacional.

Finalmente, ao pensarmos que a capoeira, capaz de reunir na sua história os reflexos dos vários entendimentos políticos sobre a presença dos africanos e seus descendentes brasileiros, pode nos ajudar a entender parte da trajetória de resistências destes numa realidade que sempre lhes fora hostil, o que significa dizer que aspectos da cultura também podem auxiliar professores(as) e educadores(as) a trabalharem sobre os movimentos de aceitação/rejeição desses aportes na formatação da nossa chamada cultura e identidade nacionais, entendendo seus vários contextos históricos.

Referências bibliográficas

ARAÚJO, Rosângela (Janja) C. 1999. *Sou discípulo que aprende, meu mestre me deu lição: tradição e educação entre angoleiros baianos (anos 80-90).* Dissertação de mestrado, FE-USP.

CARNEIRO, Sueli. "História da África". *Correio Brasiliense.* Opinião, p. 5, 17/1/03.

CASTRO, Yeda Pessoa. 2001. *Falares africanos na Bahia – um vocabulário afro-brasileiro.* Rio de Janeiro: Academia Brasileira de Letras/Topbooks.

JACQUARD, Albert. 1988. *Elogio da diferença.* São Paulo: Martins Fontes.

LARKIN-NASCIMENTO, Elisa. 1996. *Sankofa: matrizes africanas da cultura brasileira,* Eduerj.

LUZ, Marco Aurélio (org.). 1998. *Identidade negra e educação.* Salvador: Ianamá.

MORIN, Edgard. 1996. *A cultura de massas no século XX: o espírito do tempo.* Rio de Janeiro: Forense Universitária.

SANTOS, Hélio. 2001. *A busca de um caminho para o Brasil – a trilha do círculo vicioso.* São Paulo: Senac.

SANTOS, Joel Rufino dos. 1990. *A questão do negro na sala de aula.* São Paulo: Ática.

SILVA, Ana Célia. 1988. *O estereótipo e o preconceito em relação ao aluno negro no livro de Comunicação e Expressão de 1º Grau, nível I.* Dissertação de mestrado.Faced/UFBa.

SILVA, Maria Aparecida Cidinhada. 2002. "Ações afirmativas para o povo negro no Brasil." In: *Racismo no Brasil.* São Paulo: Rio de Janeiro: Abong/Ação Educativa/ Anped, Peirópolis.

SILVA, Paula Cristina da. 1997. "Educação pluricultural e anti-racismo em Salvador – algumas experiências nos anos 80-90." In: SANTOS, Jocélio (org.). *Educação e os afro-brasileiros: trajetórias, identidades e alternativas.* Salvador: Novos Toques.

11

O já-dito e o não-dito: o papel da imprensa no debate sobre as cotas

ROSANE DA SILVA BORGES

Pautando o fato

Embora as discussões sobre mídia e relações raciais se prestem a um sem-número de observações com uma diversidade e riqueza de enfoques, o terreno em que o tema finca suas raízes pode ser demarcado pelo menos em duas fronteiras: 1) aquela que aponta as *representações negativas* do negro neste espaço (imagens, personagens de telenovelas, semânticas particulares do discurso publicitário, visibilidade nos noticiários policiais 1) e 2) uma outra que avalia a *sub-representação* ou mesmo a falta dela (ausência de profissionais negros(as) na estrutura ocupacional dos veículos e de seus produtos/gêneros: presença de jornalistas negros(as) nas redações e outros espaços, de atores/atrizes na dramaturgia: telenovelas, cinema e teatro). Cruzam-se os esforços de vários(as) pesquisadores(as) e especialistas na tentativa de desenhar os contornos dessa situação.

Esses olhares, permeados por múltiplas perspectivas, apontam para o *ethos* da mídia brasileira que se coaduna com o da nossa

---

1. Um volume de pesquisas vem adensando esta área de exploração. Temos trabalhos sobre o negro nas telenovelas (Joel Zito Araújo), representação do negro nos noticiários policiais (Rosane Borges), a imagem da mulher negra (Antonia Quintão), o negro na imprensa (Fernando Conceição), entre outros.

sociedade. Tais estudos e pesquisas vêm colaborando significativamente, em conjunto com outros empreendimentos, para o desvelamento do manto da democracia racial que encobre os mecanismos da máquina da exclusão. Chega até ser lugar-comum a afirmativa de que a forma como o negro é visto e textualizado (verbal, oral e iconicamente) é o retrato mais bem acabado de a quantas andam as nossas relações raciais.

O tema das políticas de cotas na imprensa brasileira a partir de fevereiro de 2003 põe em cena outros mecanismos dessa engrenagem e revela um certo olhar do universo noticioso para as desigualdades raciais no Brasil. Os processos internos de construção de notícias acionam e articulam gramáticas específicas que recortam e significam a realidade sobre o assunto. As etapas de seleção, pauta, apuração e escrita jornalísticas deixam ver, no caso das cotas para negros, como a imprensa, com competências específicas nos modos de dizer e de mostrar, nos "oferta" sentidos a respeito do tema a partir de um lugar de fala.

No momento em que discussões, projetos e medidas voltados para a inclusão diferenciada da população negra ganham materialidade em várias esferas sociais (mercado de trabalho, saúde, educação – esta, alvo preferencial de aplicabilidade das cotas), a obsessão temática em torno das políticas focalistas possui fôlego virótico: o tema "contaminou", em maior grau, as páginas dos jornais impressos e vem motivando adversários a exporem suas opiniões contrárias que, via de regra, se sustentam, segundo Hélio Santos,[2] nos mesmos argumentos (esta política arranha o princípio de isonomia, compromete o requisito do mérito, faz subsumir com a questão estrutural e não leva em conta a miscigenação que dilui as fronteiras raciais).

Era de se esperar uma cobertura noticiosa que desse visibilidade ao fato, já que ele possui relevância social – requisito fundamental para que os acontecimentos se transformem em notícia.

---

2. Citado por Carneiro, 2003.

O que chama atenção, no entanto, não é a fixação do tema nas páginas dos jornais, mas o pendor da mídia para divulgá-lo sob certos aspectos.

Não é preciso ser jornalista para saber que um fato possui vários prismas e ângulos e que a cobertura noticiosa deve, eticamente, textualizá-lo em suas várias perspectivas e possibilidades. Recomendações fundamentais que orientam a atividade, como pluralizar fontes e vozes, superar preconceitos, romper estigmas, entre outros, nem sempre são levadas em conta pela imprensa quando o que estão em jogo são fatos/assuntos candentes. A preocupação deste artigo é refletir sobre as questões: como a imprensa operou e opera com a opinião pública na cobertura das políticas de cotas para negros? Que posturas e posicionamentos são vocalizados levando em conta o caráter polêmico dessas políticas? Quais os testemunhos que tecem os relatos jornalísticos?

A matéria-prima dessas reflexões são as publicações do jornal *Folha de S. Paulo*, o maior jornal do país, e os artigos de Sueli Carneiro,[3] articulista do *Correio Braziliense*, um dos informativos mais importantes da imprensa nacional. Visitaremos algumas reportagens, editoriais e outros registros, publicados, principalmente, no momento em que a Uerj reservou vagas para negros(as) e pardos(as) no último concurso do vestibular.[4] O contraponto dos artigos, aqui, procura avaliar os embates discursivos que apontam para a possibilidade de se pautar outros aspectos que o tema comporta, de ampliar o leque de referência nas narrativas jornalísticas.

Delinear tais questões e transpô-las ao universo da atividade do jornalismo é um propósito semelhante às etapas de investiga-

---

3. Sueli Carneiro é também diretora fundadora de Geledés – Instituto da Mulher Negra, membro do Conselho de Desenvolvimento Econômico e Social do governo Lula e doutoranda em Filosofia da Educação pela Faculdade de Educação da Universidade de São Paulo.

4. A Universidade Estadual da Bahia (Uneb) também aplicou políticas de cotas na mesma época da Uerj, no entanto, o acontecimento não figurou nas páginas dos jornais com o mesmo peso que foi dado às reversas nesta última universidade.

ção da notícia: selecionamos e pautamos o fato, apuramos, escrevemos e editamos o fato. A "diagramação" do texto se estrutura por esses tópicos.

Apurando o fato

Enquanto fato de língua que organiza as hierarquias sociais, o jornalismo constrói sentido naquilo a que se reporta. O discurso da imprensa, enquanto prática que escreve dada realidade, concorre sobremaneira para a (re)formulação de sentidos: "sentido de vida, de trabalho, de conflito, de política, fazendo ideologia e mesclando realidades" (Berger *apud* Borges, 2002: 45). E esta característica tem menos a ver com possíveis distorções informativas (textos conscientemente tendenciosos e manipulados, fontes duvidosas, desvios éticos) do que com a construção de uma outra realidade a partir daquela que a gerou.

Essas considerações preliminares preparam o terreno para as análises que faremos dos textos jornalísticos. Não se trata de pensar, aqui, a imprensa como a grande manipuladora dos(as) seus(suas) leitores(as), observando um e outro em extremos opostos, mas de pôr em relevo as estratégias de legitimação que conferem aos jornais impressos o papel de mediador privilegiado dos fatos. E enquanto mediadores, esses jornais possuem modos de dizer que denunciam intencionalidades que transitam numa via de mão dupla no imaginário social.

Os fragmentos de textos que seguem estão ordenados em três aspectos dos modos de dizer: a) *dizer declarativo*, b) *dizer indicador* e c) *dizer opinativo*. O dizer declarativo diz respeito às matérias que expõem, a partir de um discurso referencial, a situação do negro na sociedade. Resultados de pesquisa estatística estão sediados nessa categoria. O dizer indicador é a modalidade que, com base nos testemunhos de terceiros, acena/indica para os problemas das políticas de cotas. O dizer opinativo, como o próprio nome sugere, se refere às posições internas do próprio jornal. Reportemo-nos a eles.

Escrevendo o fato

MODOS DE DIZER DECLARATIVO

Salários de negros são 50% mais baixos

Iuri Dantas
Da Sucursal de Brasília
13 de maio

Na última década, a situação econômica dos negros, comparada à dos brancos, manteve-se praticamente a mesma. Pesquisa da OIT (Organização Internacional do Trabalho) divulgada ontem mostra que um negro recebe, em média, 50% do salário de um branco no Brasil. Em 1992, a taxa equivalia a 51%.

O dado esconde uma discriminação maior quando se leva em conta o aumento no grau de escolaridade dos negros. Em 92, 23% dos negros economicamente ativos e maiores de 16 anos tinham mais de sete anos de estudo. Em 2001, eram 35%.

Isso quer dizer que os trabalhadores negros não conseguiram melhorar de vida, mesmo com o aumento da escolaridade.

No corte por ano de escolaridade, os negros que mais perderam na década passada foram os que tinham de 11 a 14 anos de estudo. Nessa faixa, o salário correspondia a 71% do de um branco em 92. Em 2001, valia 68%.

"Visão afirmativa"

Em relação à distribuição de programas sociais, o governo poderá dar prioridade para negros. A idéia é analisada pela secretária especial de Promoção da Igualdade Racial, Matilde Ribeiro, e é bem-vinda pela Presidência.

"Se a maioria da população pobre no Brasil é negra, obviamente os projetos sociais do governo têm que incluir essa visão afirmativa racial", afirmou.

Ainda não estão definidos prazos, metas e qual será a metodologia adotada.

UFBa revela perfil racial do 3º grau

Luiz Francisco
Da Agência Folha, Salvador
22 de fevereiro

Uma pesquisa coordenada pela UFBa (Universidade Federal da Bahia) revelou, nesta semana, que os negros matriculados em cinco estabelecimentos públicos de ensino superior freqüentam os cursos "menos valorizados".

"Os dados mostram uma sub-representação dos negros quando comparamos os resultados com o perfil da população", disse a professora Delcele Mascarenhas Queiroz, 52, coordenadora da pesquisa divulgada ontem, cinco anos após o seu início.

Matérias desta natureza foram fartamente publicadas pelos jornais nos últimos anos. Baseados nos resultados das pesquisas dos principais institutos nacionais e internacionais, os informativos reservam longos espaços para os indicadores econômicos e sociais separados por raça, cor e outras variáveis. O expressivo índice de anunciabilidade (via de regra, essas matérias se convertem em manchetes de primeira capa) sugere o impacto da notícia. Cumprindo a sua função de relatora dos acontecimentos contemporâneos, a imprensa lança mão do discurso de outrem, enunciado que sustenta os enunciados jornalísticos, construindo os seus relatos com base no relato alheio. Os agentes discursivos de expressiva credibilidade Organização Internacional do Trabalho (OIT), Instituto de Pesquisas Econômicas Aplicadas (Ipea), IBGE, entre outros são recorrentemente citados e confirmam o papel de mediador social da imprensa.

A divulgação de pesquisas desse teor pelos jornais impressos recolocou as desigualdades raciais na ordem do dia. Com esta matéria, a *Folha de S. Paulo declarou*, pôs a nu a diferença entre brancos e negros nas relações de trabalho e, pelo seu poder de alcance, fez com que ela se espraiasse pela opinião pública.

Entre os inscritos com direito ao benefício, porém, há candidatos que seriam aprovados mesmo sem a reserva.

Só 36,6% entram na Uerj fora das cotas

Antonio Góis
Da Sucursal do Rio
15 de fevereiro

No primeiro vestibular com sistema de cotas no Brasil, apenas 36,6% dos alunos aprovados na Uerj (Universidade do Estado do Rio de Janeiro) não preencheram nenhum dos dois critérios de reserva de vagas.

Há dois critérios de cotas valendo para o vestibular da instituição. Um reserva 50% das vagas para alunos da rede pública, enquanto o outro estabelece que 40% dos aprovados têm de ser autodeclarados negros ou pardos.

Apesar de apenas 36,6% não se encaixarem em nenhuma cota, isso não significa que os demais (63,4%) entraram na universidade apenas porque foram beneficiados ela reserva de vagas. Alguns alunos que preenchiam pelo menos um dos dois critérios das cotas se classificariam mesmo que não houvesse o benefício.

Daniel Fernandes, 25, primeiro colocado no curso de medicina, é um dos que se inscreveram pelo sistema de cotas, mas seria aprovado mesmo no vestibular tradicional. Ele se declarou negro e estudou em escola pública.

ONG vai conferir cor de aluno para evitar irregularidade em matrícula

Antonio Góis
Da Sucursal do Rio
11 de fevereiro

A reserva de vagas para negros e pardos na Uerj (Universidade do Estado do Rio de Janeiro) pode provocar polêmica no momento da matrícula dos beneficiados pelo novo sistema.

A ONG Educafro, que coordena 56 cursos pré-vestibulares para negros e carentes, afirma que irá fiscalizar, até mesmo com máquinas fotográficas e câmeras de vídeo, se os alunos que estão se inscrevendo pelo critério de cotas raciais são realmente negros ou pardos. A proposta da entidade é ter uma prova para processar por falsidade ideológica eventuais candidatos que tentem se aproveitar da lei. (...) Na avaliação da coordenação do vestibular, a Uerj não terá condições de processar os estudantes. "(...) Procuramos com juristas e cientistas elementos que poderiam definir, por exemplo, quem é pardo, mas não encontramos nenhuma resposta", diz Sônia Wanderley, assessora da coordenação do vestibular da Uerj (...).

Cotas podem ser desastrosas, diz Uerj

Antonio Góis
Sabrina Petry
Da Sucursal do Rio
9 de fevereiro

A entrada na Uerj (Universidade do Estado do Rio de Janeiro) de alunos pardos e de escolas públicas, aprovados no vestibular deste ano pelo sistema de cotas, *pode ser "desastrosa" se a universidade não criar uma estrutura que dê condições a esses estudantes de se manter financeiramente ao longo do curso e de acompanhar as aulas nos primeiros anos.*

O diagnóstico acima foi feito por uma comissão da própria universidade – da qual participaram também representantes de cursos pré-vestibulares comunitários –, criada pela reitoria para apresentar propostas para receber os novos estudantes (...)

Para o ex-reitor da Uerj, Antonio Celso Pereira, as universidades não estão preparadas para oferecer cursos de adaptação, aulas de reforço e ajuda financeira a alunos oriundos do sistema de cotas.

"Sem isso, as cotas não valem de nada, pois permitem aos alunos que eles entrem, mas não dão condições para que permaneçam na universidade", afirma.

O preconceito também o preocupa. O ex-reitor diz que seria "tapar o sol com a peneira" pensar que os novos alunos não serão vistos de forma discriminatória.

Discriminação

Além de se preocupar com a ajuda financeira aos estudantes carentes, a Uerj discutiu como evitar o racismo na universidade. Especialistas citam a formação de castas como um dos problemas a serem evitados. "Se os alunos que entrarem por cotas ficarem em turmas diferentes dos demais, isso vai criar castas na universidade", afirma Paulo Gomes, ex-reitor da UFRJ e presidente do Conselho de Reitores das Universidades Brasileiras.

No Brasil, reserva de vagas está no Supremo

No Brasil, a aplicação de critérios de ações afirmativas por universidades públicas também está sendo contestada na maior corte do país, o STF (Supremo Tribunal Federal).

O órgão vai julgar se a reserva de vagas no vestibular das duas universidades estaduais do Rio para alunos negros, pardos e de escolas públicas é constitucional.

A ação, movida pela Confenen (Confederação Nacional dos Estabelecimentos de Ensino), não tem data para ser julgada. No vestibular do ano passado, uma lei estadual virou uma cota de 40% das vagas para negros e pardos e de 50% para estudantes da rede pública na Uerj (Universidade do Estado do Rio de Janeiro) e na Uenf (Universidade Estadual do Norte Fluminense).

Sistema de cotas

A principal diferença entre o caso brasileiro e o julgado ontem pela Suprema Corte americana é que as universidades daquele país não adotam deste 1978 o sistema de cotas, que exige que um determinado percentual das vagas seja ocupado por alguma minoria.

> Essa decisão, no entanto, não impediu que universidades americanas continuassem adotando outras formas de ações afirmativas. Até a decisão de ontem, a Universidade de Michigan dava pontos a mais no seu processo de seleção para estudantes que pertenciam a grupos minoritários.
>
> Outra diferença entre o caso americano e o brasileiro é que, por aqui, as cotas na Uerj e na Uenf foram determinadas pelo governo do Rio.
>
> Nos EUA, são as universidades que definem se usarão algum critério para beneficiar estudantes pertencentes a alguma minoria.
>
> *Além da discussão sobre se é constitucional tratar de forma diferenciada os candidatos para beneficiar minorias ou grupos com menor poder aquisitivo*, STF discutirá também se é da competência de um governo estadual impor cotas às universidades.
>
> Na semana passada, um parecer do procurador-geral da República, Geraldo Brindeiro, afirmava que as cotas só poderiam ser instituídas por lei federal ou por decisão das próprias universidades, respeitando o princípio constitucional da autonomia dessas instituições. A decisão sobre o assunto, no entanto, cabe ao STF.

O bloco das matérias anterior nos remete para as competências do jornalismo. Os enunciados têm a marca da *indicação*. Acionando as funções testemunhal e referencial do discurso noticioso, essas matérias "predizem, explicam, comparam, admitem, em suma, tomam posições" (Fausto, 1999: 58). As cotas, no seu estágio incipiente, são apontadas como uma política problemática, ineficiente, incitam ao preconceito e não são tão necessárias assim, visto que alunos negros e pobres conseguem aprovação no vestibular sem elas. Algumas destas conclusões não são feitas parcial e indiscriminadamente pelo jornal, são os(as) protagonistas (professores(as), alunos(as), funcionários(as) das universidades) dessas políticas que o dizem. Nada mais legítimo. A imprensa é apenas a *fala intermediária*. Os problemas aparentemente insolúveis que as cotas suscitam são reforçados com a comparação de experiências exteriores já consolidadas: a reserva de vagas para negros e pardos é perscrutada pelas instâncias legais até mesmo em lugares onde ela já goza de uma certa tradição (o caso norte-americano).

As considerações feitas inicialmente a respeito do "coro" sem variação de vozes, notas e tons, podem ser mais bem avaliadas neste momento. Na querela sobre a plausibilidade das políticas de cotas, faltou a visibilidade dos(as) portadores(as) de posicionamentos diferenciados. Tais matérias apontam para as visões e posições que foram abandonadas na lógica da escolha jornalística e sinalizam para o lugar da falta. Sabemos que a seleção deixa de fora não só determinados acontecimentos, mas também os enfoques possíveis; os pedaços do acontecimento remetem sempre à instância desaparecida. A imprensa, na sua forma minimalista de ler e dizer o mundo, silenciou testemunhos que poderiam monitorar de forma plural os marcos do debate no seu relato cotidiano.

Cotas em Questão

Editorial
21 de fevereiro

A Justiça começou a conceder liminares a estudantes lesados pela adoção do sistema de cotas na Universidade do Estado do Rio de Janeiro. Um deles obteve o 110º lugar entre os candidatos a uma das 304 vagas do curso de direito, mas não estava incluído na cota de 50% para alunos da rede pública nem na de 40% para negros ou pardos. Ficou sem vaga. Um juiz determinou que ele seja aceito na universidade.

A decisão expõe o ponto fraco do modelo: a discriminação. Como as vagas nas universidades públicas são finitas, as vantagens concedidas a uma categoria social implicam prejuízos para todas as demais. O mecanismo contradiz o princípio do mérito, que deveria nortear a distribuição das vagas: se a seleção se baseia na escolha dos melhores, as cotas distorcem o fundamento do sistema. O artifício encerra ainda um dilema ético: se indivíduos carentes ou discriminados devem ser de algum modo protegidos, isso não é desculpa para criar novas formas de discriminação. Qual é a culpa do estudante que, a despeito de suas qualificações para entrar na faculdade, dela foi excluído?

Ninguém duvida que a intenção de combater os efeitos do racismo é louvável. Mas enganam-se os que crêem que a manipulação do sistema educacional é suficiente para corrigir desigualdades sociais arraigadas. A estratégia de incluir pobres e negros nas universidades à força não vai eliminar as deficiências culturais que tais alunos acumularam em suas vidas. O resultado provável será o aumento da evasão nas universidades.

Cabe registrar a ponderação do novo ministro da Educação, Cristovam Buarque, que, embora favorável às cotas para negros, reconhece que a medida "não é adequada do ponto de vista social". O enfrentamento da questão do racismo exige políticas estruturais, e não efeitos pirotécnicos: cabe ao Estado melhorar o ensino público, proporcionando, assim, uma formação mais sólida aos alunos carentes, e elevar o número de vagas oferecidas pelas universidades.

Cotas e nada mais

Editorial
11 de fevereiro

A simplicidade com que alguns formuladores de política pública enxergam o mundo por vezes leva a situações inusitadas. É o caso da Universidade Estadual do Rio de Janeiro, que implantou um sistema de cotas para a admissão de candidatos que provieram de escola pública e/ou que se autodeclararam negros ou pardos. A Uerj se apercebeu de que, sem uma estrutura de apoio aos estudantes mais carentes, o sistema de cotas corre o risco de se tornar um factóide que alimenta os fenômenos de evasão escolar e deficiência de aprendizado.

No Brasil, a política pública para inclusão social por vezes prefere os passos de maior impacto midiático ao trabalho de base. Cotas não vão sanar o déficit de formação acumulado pelo aluno. Tampouco garantirão a permanência do estudante pobre durante anos em cursos que não raro exigem dedicação integral. É como se o problema de consciência dos legisladores estivesse resolvido com a presença de alunos pobres na lista de aprovados no vestibular.

Uma política efetiva para o ingresso de jovens carentes nas boas universidades deveria começar no ensino médio, com a melhoria de sua qualidade e a disseminação de cursos pré-vestibulares para essa faixa de renda. Ao jovem cuja família não tivesse condições de sustentá-lo durante o curso deveria ser garantido um estipêndio mínimo, que poderia ser a contrapartida de um serviço acadêmico ou comunitário.

Mas começou-se a construir a casa pelo telhado, com uma política de costas mal-ajambrada, o que avilta o princípio do mérito, que deveria nortear a vida universitária. No vestibular da Uerj, os aprovados pelo sistema especial conseguiram entrar com médias inferiores (em alguns casos gritantemente inferiores) às dos que concorreram no modelo tradicional.

É preciso agregar mais racionalidade ao debate sobre cotas por mais que alguns áulicos do politicamente correto não hesitem em tachar de racista qualquer crítica ao sistema.

Revisando a escrita

Uma vez feito um percurso pelos modos de dizer *declarativos* e *indicativos*, estacionamos agora no modo de dizer *opinativo*. Os artigos acima fazem parte do editorial da *Folha de S. Paulo*. Existe uma organização interna espacial que demarca e separa os lugares dos textos nos jornais: tem-se territórios reservados para a posição declarada dos impressos e aqueles destinados apenas e tão-somente à descrição dos fatos, embora algumas vezes os espaços considerados meramente informativos sejam salpicados por visíveis interferências. O desenho, o traçado deste espaço é hierarquizado e orienta os(as) leitores(as) no reconhecimento de seus temas/assuntos prediletos.

Ao contrário do que aconteceu nos relatos anteriores, a tônica destes não é o testemunho de outrem (ainda que citações tenham sido feitas socorrendo a agentes importantes, como o ministro da Educação, Cristovam Buarque). Eles são os seus próprios referenciais. Com um tom marcadamente de crítica, esses editoriais avaliam as políticas de cotas, realçam as distorções que elas provocam e deixam um ensinamento: a saída para as desigualdades "sociais" na educação é a escola pública e de qualidade para todos.

"Dono" de um discurso da autoridade, porque revestido de competências, o jornal acaba por criar, reformular e balizar opiniões. A tarefa de conselheiro, consultor ou até mesmo de sentenciador (à moda dos tribunais) converte-se em dispositivos poderosos de intervenção no funcionamento do espaço público.

Editando a escrita

Esses artigos e reportagens permitem observar como a imprensa estrutura e organiza o seu lugar de fala para os(as) leitores(as), sedimentando uma opinião pública resultante, em grande medida, dos seus códigos e leis internos. Embora o conjunto dos enunciados anteriores seja apenas uma palheta da gramática de produção da imprensa (analisamos apenas o jornal *Folha de S. Paulo* e com foco de análise restrito), algumas lições podem ser tiradas.

Pelos fragmentos acima descritos e analisados, é possível notar que o discurso da imprensa, além do registro factual que é construído com base em certas particularidades que contornam o jornalismo como atividade específica, modela e remodela os acontecimentos cotidianos a partir de sua fala sobre eles; é o discurso de um lugar social, ele veicula as vozes do imaginário, ocupa um papel estratégico no processo de seleção dos acontecimentos, produz e absorve sentidos. A despeito disso, não podemos negar que a atividade da imprensa desenvolve um fazer específico, articulando nas suas modalidades discursivas as narrativas que, de um modo ou de outro, orientam as crenças e as expectativas possíveis na sociedade.

E as crenças e expectativas sustentadas pelas matérias e editoriais aqui examinados, parecem solidárias ao ideário das relações raciais que se cristalizou no nosso imaginário. Elas apaziguam as possíveis tensões e confortam a todos nós ao afirmar que o mito da democracia racial continua operando, solenemente, em bases sólidas. O conjunto dos textos aqui descritos e analisados flagra a aparente contradição entre a divulgação do problema e os receios em resolvê-lo por políticas focalistas. A passagem abaixo apóia a questão.

> As pessoas não se iludem com relação ao racismo no Brasil; sejam brancas, negras ou mestiças, elas sabem que existe preconceito e discriminação racial. O que o mito racial brasileiro faz é dar sustentação a uma etiqueta e regra implícita de convívio social pela qual se deve evitar falar em racismo, já que essa fala se contrapõe a uma imagem enraizada do Brasil como nação. Transgredir essa regra cultural não explicitada significa cancelar ou suspender, mesmo que temporariamente, um dos pressupostos básicos que regulam a interação social do cotidiano, que é a crença na convivência não conflituosa dos grupos raciais. Por um lado, o mito racial brasileiro parece ter funcionado como um elemento de dissuasão para a emergência de grupos e movimentos racistas de direita como os que existem há muito tempo nos Estados Unidos e os que ganharam notoriedade mais recentemente na Europa. Por outro lado, ele tende a calar os discursos sobre raça e racismo e a inibir linhas de ação reivindicatórias individuais e coletivas. Neste sentido, o mito está continuamente retardando a realização do sonho. (Hasenbalg, 1996: 244)

Quer nos parecer, nesses e em outros casos, que a mídia se institui como a guardiã do mito. Ela é a porta-voz que representa as posições coletivas. Sem negar a exclusão social condicionada pela raça (*vide* a visibilidade inflacionada das desigualdades raciais), nega, fervorosamente, as possibilidades de transpor o abismo entre brancos e negros. Tudo em nome da integridade do mito. Com posições argumentativas e expositivas as narrativas lêem o presente e organizam um futuro. Esses discursos remetem a um *já-dito* em que os discursos são sedimentados e encaminham a sentidos particulares.

Os artigos quinzenais de Sueli Carneiro, publicados no *Correio Braziliense* às sextas-feiras, remetem a um *não-dito*, promovem, no dizer de Foucault, um revezamento de discursos e apontam para a instauração de novos (outros) olhares e sentidos à questão.

Reescrevendo os fatos: o discurso fundador

Se na verdade não se trata de uma "oferta" de sentido pura e simples, a gramática de produção dos meios trava simbolicamente embates discursivos em que se pode mirar e levar a efeito novas possibilidades de lidar e falar dos fatos. Emerge com estas possibilidades uma nova tradição de sentidos, um outro modo de reler o presente e reorganizar o futuro. Os artigos de Sueli Carneiro trazem à tona novos (outros) sentidos sobre o tema das políticas de cotas, rivaliza sítios de significação... Discutindo preferencialmente sobre raça e gênero à luz dos problemas brasileiros, a coluna de Sueli, sob a óptica dos meios, desponta como um espaço importante porque articula pontos de vista outros e torna possível, dessa forma, incluir o excluído nos fragmentos textuais dos impressos.

No artigo "Golpes de caneta", ela nos põe a par da dinâmica editorial dos jornais impressos quando o que está em causa são as políticas focalistas voltadas para a população negra.

> O projeto de lei do deputado federal Paulo Paim (PT-RS) que dispõe sobre a representação racial e étnica nos filmes e peças publicitárias veiculadas pelas emissoras de televisão, motivou editorial da *Folha de S. Paulo* de segunda-feira sob o título "Problemas de raça". Nele, o jornal reconhece a sub-representação dos negros em filmes e peças publicitárias e a necessidade de combatê-las, mas adverte que a reversão desse quadro não pode se dar a "golpes de caneta". Isso porque, segundo o editorial, algumas mediações se impõem para a implementação de projetos de tal natureza, estando entre os mais complexos problemas a enfrentar nesse caso a dificuldade de definir quem seja negro no Brasil, sobretudo quando,

> conforme a Folha: "... o projeto se refere a afrodescendentes. Se o termo deve ser entendido em sentido amplo, é importante registrar que recentes pesquisas indicam que 60% dos brancos brasileiros têm, pela mãe, ascendência negra ou indígena".
>
> *O que surpreende no argumento reiteradamente utilizado por formadores de opinião no Brasil é a contradição entre o reconhecimento da desigualdade racial num plano virtual e a sua recusa no plano real como demandadora de políticas de eqüidade racial.* Se sabemos que existem brutais desigualdades entre negros e brancos no Brasil a partir de estudos e pesquisas – e nesses os negros são identificáveis –, que mágica ocorre na transposição dessa realidade estatística para o real que faz com que nele o negro desapareça ou se torne um ser indeterminado?

Com a indagação que encerra o fragmento acima, Sueli Carneio diz que só uma mágica justificaria as posturas assumidas pelos meios de comunicação e outros agentes quando da possibilidade de implantação de políticas corretivas. Para ela, o sentenciamento desfavorável às ações que visam superar as diferenças raciais resulta em um descompasso, visto que a própria mídia vem divulgando ostensivamente as brutais desigualdades entre brancos e negros. No artigo "O melhor das cotas", ela mostra que esse descompasso possui motivações:

> O debate sobre as cotas recrudesce e toma novamente espaço na mídia em novo patamar, como reação ao fato concreto de aplicação pela Uerj da lei que assegura reserva de vagas para alunos negros e pardos.
>
> Segundo Hélio Santos, quatro argumentos básicos sustentam a negação da aplicação das ações afirmativas: que ela fere o princípio de isonomia, compromete o princípio do mérito; obscurece a questão estrutural da desigualdade que seria a pobreza; e a miscigenação que invibializaria a sua aplicação pela impossibilidade de determinação de quem é negro no Brasil. Todos esses argumentos se revezam no debate atual

> revelando o melhor das cotas que é a sua capacidade de tirar as máscaras do racismo, da discriminação racial, e explicitar a verdadeira natureza dessas ideologias: a legitimação de privilégios raciais e sociais. Elas obrigam que os diferentes interesses envolvidos e beneficiários da exclusão se manifestem. E é por isso que elas são capazes de galvanizar a opinião pública porque o monopólio histórico dos grupos racialmente hegemônicos no acesso as melhores oportunidades sociais se vêem por elas ameaçado. Para preservá-los, diferentes discursos são acionados.

Com essas considerações, Sueli Carneiro, oportunamente, põe em relevo os argumentos de que a mídia se apropria e consegue extrair no dispositivo de negação/reprovação desses argumentos uma revelação que sub-repticiamente se impõe: o melhor das cotas. Algo escapa e a falta mostra a sua face. Ao negarem a viabilidade dessas políticas, tais argumentos deixam escapar ideologias (a manutenção dos privilégios, o racismo, hegemonia de grupos raciais). Orquestrados irmanamente, ou em separado, eles nos dão o tom das nossas relações raciais. Ao fazer tal análise, a articulista opera um deslocamento, um deslizamento de sentidos, geralmente anunciados como evidentes e definitivos para a exclusão à brasileira (a nossa exclusão é social, a pobreza é estrutural e atinge brancos e negros).

E as estratégias retóricas mobilizam outros procedimentos. Destacando a monofonia (uma só voz) da imprensa, Sueli Carneiro lembra ainda no mesmo artigo que:

> A imprensa oferece sua contribuição cumprindo a função de construir um consenso negativo em relação ao tema seja se posicionando editorialmente, seja ofertando preferencialmente os seus espaços às vozes contrárias e mantendo na invisibilidade, ou com espaços menores, seus defensores.

A circularidade e repetição dos argumentos contrários persistem mesmo em face do agravamento da situação francamente reiterado pelos institutos de pesquisa.

> A divulgação cada vez mais sistemática pelos meios de comunicação dessas pesquisas sobre as desigualdades raciais no campo da educação poderia nos fazer supor que estamos diante de um crescente consenso sobre a urgência de medidas que possam incidir decisivamente sobre esse processo de exclusão do conhecimento de que é vítima o alunado negro, com as repercussões negativas que isso gera sobre suas chances futuras de inclusão e mobilidade social.
>
> No entanto, não é bem assim. O que há de fato é crescente aceitação do diagnóstico. Porém, um diagnóstico em nosso país não parece significar necessariamente exigência de tratamento urgente, mesmo sendo o caso grave. Se, no sistema público de saúde, as pessoas com diagnóstico de câncer esperam meses para iniciar um tratamento, devemos considerar que isso faz parte de nossa tradição cultural.
>
> No tema da educação, com as honrosas exceções de sempre, os mesmos veículos que fartamente divulgam as estatísticas sobre as desigualdades raciais são os que também com eloqüência se contrapõem veementemente em seus editoriais contra a adoção de medidas corretivas da situação diagnosticada. Como isso é possível? Uma hipótese é: pesquisa é simplesmente notícia e, algumas delas trazem resultados de grande apelo que ajudam a vender os veículos.

E não se repetem apenas os argumentos, mas as formas de dizê-los. Esse formato textual (divulgação de dados e informações sobre a diferença entre brancos e negros em vários âmbitos *versus* negação das políticas focalistas) desgasta, mas não anula, as esperanças de que a problemática seja um dia assumida pelo conjunto da nossa sociedade. "Hum.... hum!" é o título sugestivo deste artigo.

As esperanças de que as resistências se rendam a políticas que propõem mudanças são acompanhadas de uma projeção ética e cuidadosa sobre essas políticas:

> Espera-se que o Estatuto da Igualdade Racial se constitua num marco legal que oriente, normatize e assegure a imple-

mentação de um amplo programa nacional de promoção da igualdade racial e de combate ao racismo e a discriminação racial, como um objetivo a ser perseguido pela sociedade brasileira, a despeito de qualquer conjuntura, e de qualquer coloração política/ideológica que administre o Estado.

Publicando o fato

O percurso em torno das matérias e editoriais publicados pela *Folha de S. Paulo* e dos artigos de opinião do *Correio Braziliense* escritos por Sueli Carneiro nos permite observar focos e enfoques diferenciados para um mesmo tema, embalados por posições, igualmente, diferenciadas. O exame desses artigos, matérias e editoriais revelaria o óbvio (as pessoas têm visões diferentes do mesmo assunto, por exemplo), não fosse, conforme já ressaltamos, a inclinação majoritária da imprensa em articular nas suas formas de dizer sentidos específicos às políticas de cotas. Articulando e distribuindo o saber (informações) sobre o tema, a imprensa brasileira se converte neste e em outros casos como um grande território social comum compartilhado em grande escala planificando os horizontes simbólicos de seus(suas) leitores(as). Ao fazer isso, ela engendra um discurso que se pretende universal sobre as desigualdades raciais no Brasil, aciona sentidos já cristalizados, invisibiliza posturas e posições diferenciadas das que comumente noticiam e se apóiam e, conseqüentemente, silencia a proliferação de outros.

Os artigos de Sueli Carneiro são fundamentais não apenas porque trazem à tona outros modos de textualizar o tema das cotas no espaço da imprensa, mas porque, ao trazê-los, instaura-se como um discurso fundador neste espaço. Ela reorganiza um dado a *ler* e a *pensar*. A expressão discurso fundador tem menos a ver com um ineditismo dos assuntos tratados, do que com a tradição que estes artigos são capazes de "inventar". A definição de discurso fundador auxilia na discussão.

> [...] o que caracteriza um discurso fundador é que ele cria uma nova tradição, ele re-significa o que veio antes e institui

> aí uma memória outra. É um momento de significação importante, diferenciado. O sentido anterior é desautorizado. Instala-se outra "tradição" de sentidos que produz os outros sentidos nesse lugar. Instala-se uma nova filiação. Esse próprio surgir produz sua "memória" [...]. Ele cria tradição de sentidos projetando-se para a frente e para trás, trazendo o novo para o efeito do permanente. Instala-se irrevogavelmente. Ele possui a eficácia de produzir o novo que se arraiga no entanto na memória permanente. (Orlandi, 1993: 11)

Ao textualizar o racismo, o sexismo e seus efeitos perversos, Sueli Carneiro promove outra tradição no debate das desigualdades raciais na imprensa: ela põe em xeque o mito da democracia racial, diz o que as matérias comumente não dizem, recobre expectativas e tendências excluídas. Segundo ela: "na contramão dessa visão, as forças em ação contra as cotas colaboram para colocar a pá de cal no velho mito da democracia racial. Graças às cotas, o racismo brasileiro vê-se obrigado a abandonar a sua hipócrita 'cordialidade'" (Carneiro, 2003). O abismo entre brancos e negros cavado na estrutura social esgarça o tecido que apela, irremediavelmente, para a superação dos problemas raciais à brasileira. Assim, ela oferece aos(as) leitores(as) elementos para pensar e dizer as desigualdades raciais. Poder-se-ia objetar que já se possui uma tradição nesses termos: parte da população reconhece que a nossa harmonia racial não é tão harmoniosa assim, que a democracia esbarra nas possibilidades de uns e impossibilidades de outros, o movimento negro brasileiro vem denunciando ao longo destes últimos anos as disparidades entre brancos e negros, as ciências sociais vêm contribuindo significativamente para o desgaste do mito.

Colaborando com tais iniciativas, os artigos de Sueli Carneiro ganham proporções exponenciais, já que mantêm vínculos com vários sujeitos e agentes sociais, dialogam com a opinião pública num momento em que a imprensa se constitui neste vasto território social partilhado em grande escala, conforme já dissemos. E é nesse espaço que nos deparamos a cada quinze dias com observações que apontam as cercas que este território impõe a si próprio. Na condição de articulista de um dos importantes jornais da imprensa nacional, ela pula as cercas da cobertura jornalística, amplia as possibilidades de narrar sobre cotas, discriminação racial, preconceito, racismo, sexismo, exclusão...

É por isso que tais artigos possuem um efeito inaugural. Nomeando os acontecimentos cotidianos, Sueli Carneiro transforma os problemas raciais em protagonistas da cena do enunciado e nos aponta a importância do espaço da imprensa.

Se, como dizem alguns, "você pretende compreender a sua própria época, leia as obras de ficção produzidas nela. As pessoas quando estão vestidas em fantasias falam sem travas na língua". O mesmo conselho pode ser dado em relação aos relatos jornalísticos. Documentos importantes para entender o presente, os jornais impressos partilham com o público e devolvem a ele as projeções, as fantasias, as crenças, que constroem e reconstroem o nosso imaginário. Nesse sentido, os gestos de interpretação de Sueli Carneiro são movimentos que compreendem a sua/nossa época e incluem tópicos/itens fundamentais no menu temático da imprensa.

Em tempo: não se trata de exigir da imprensa que se posicione favoravelmente às políticas de focalistas (cotas, ações afirmativas), mas de favorecer uma esfera pública numa sociedade democrática, por meio da seleção, pauta, apuração e escritas, igualmente, democráticas e plurais. É "simples" assim!

Referências Bibliográficas

BORGES, Rosane da Silva. 2002. *Jornalismo-verdade ou condenação sumária? Jornalismo policial e os mal-ditos no programa de TV Bandeira 2.* Dissertação de mestrado em Jornalismo e Linguagem. São Paulo: Escola de Comunicações e Artes-Universidade de São Paulo.

__________. 2000. Mídia e discursos sobre o Brasil: essa história são outros quinhentos. *Revista Arte e Cultura da América Latina*, São Paulo, vol. VII, n. 1, julho.

FAUSTO NETO, Antonio. 1999. *Estudos sobre a Aids.* São Paulo: Hacker Editores (Coleção Comunicação).

FOUCAULT, Michel. 1999. *A ordem do discurso*. São Paulo: Loyola.

HASENBALG, Carlos. 1996. "Entre o mito e os fatos: racismo e relações raciais no Brasil". In: MAIO, Marcos Char & SANTOS, Ricardo Ventura. *Raça, ciência e sociedade*. Rio de Janeiro: Fiocruz/CNBB.

ORLANDI, Eni. 1993. *Discurso fundador*. São Paulo: Pontes.

Fontes Hemerográficas

Folha de S. Paulo, Caderno Cotidiano, 9 fev. 2003.

__________, 11 fev. 2003.

__________, 15 fev. 2003.

__________, 21 fev. 2003.

__________, 22 fev. 2003.

CARNEIRO, Sueli. 2003. "O melhor das cotas". *Correio Braziliense*, Coluna Opinião, 28 fev.

__________. 2002. "Golpes de caneta". *Correio Braziliense*, Coluna Opinião, 13 jun.

__________. 2003. "Hum...hum!" *Correio Braziliense*, Coluna Opinião, 18 jul.

__________. 2003. "Cotas na Unb". *Correio Braziliense*, Coluna Opinião, 13 ago.

__________. 2003. "Estatuto da igualdade racial". *Correio Braziliense*, Coluna Opinião, 2 jul.

Sobre os autores

Cidinha da Silva

Historiadora (UFMG). É coordenadora do Programa de Educação de Geledés – Instituto da Mulher Negra e foi responsável pela implantação do projeto Geração XXI. Atualmente coordena dois programas de ação afirmativa para jovens negros(as) em parceria com empresas, a saber: Próxima Parada: Universidade e Afro-ascendentes, em São Paulo. É co-autora de *Rap e educação, rap é educação* (1999) e *Racismo e anti-racismo na Educação: repensando a nossa escola* (2001), ambos pela Selo Negro Edições.

Rosângela (Janja) Costa Araújo

Doutoranda em Educação (USP). Contramestre de Capoeira Angola e presidente do Instituto Nzinga de Estudos da Capoeira Angola e Tradições Educativas Banto no Brasil (Incab). É coordenadora pedagógica do projeto Afro-ascendentes.

Valéria Maria Borges Teixeira

Doutoranda em Estudos Comparados de Literatura de Língua Portuguesa (USP). Mestre em Teoria Literária e Literatura Comparada também pela USP, tendo defendido dissertação sobre o autor angolano Pepetela e o português Henrique de Carvalho. Lecionou no projeto Geração XXI em 1999 e 2000, tendo sido autora de parte do programa, que, dentre outros temas, abordava questões de língua portuguesa e literaturas de língua portuguesa.

Cristiano Augusto da Silva

Doutorando em Literatura Alemã (USP). Foi professor de gramática no projeto Redigir (ECA-USP), curso de extensão para alunos(as) de ensino médio da rede pública. Lecionou literatura brasileira e portuguesa no cursinho comunitário Luís Carlos Prestes, em Carapicuíba (SP). Atualmente é professor de literatura, gramática e redação no projeto Afro-ascendentes.

Lucimar Rosa Dias

Doutoranda em Educação (USP). Bolsista internacional da Fundação Ford e ex-coordenadora estadual de políticas de combate ao racismo do governo do Mato Grosso do Sul.

Rosane da Silva Borges

Mestra em Jornalismo e Linguagem (ECA-USP). Desenvolve pesquisas na área de mídias e representações sociais com enfoque para a televisão. Integra Geledés – Instituto da Mulher Negra (comunicação, estudos e pesquisas) e a Comissão de Jornalistas pela Igualdade Racial (Cojira) do Sindicato dos Jornalistas do Estado de São Paulo. Leciona, eventualmente, em cursos de especialização *lato sensu*. Atua, também, na área de produção editorial.

Fernando Arruda

Mestrando em Física (USP). Desenvolve pesquisas na área de Fundamentos e Teoria Quântica. Ministra aulas de física e matemática nos projetos Afro-Ascendentes e Geração XXI. Foi professor das mesmas disciplinas no projeto Próxima Parada: Universidade.

Eduardo Henrique Pereira de Oliveira

Sociólogo (UFRJ). É secretário-executivo de Afirma Comunicação e Pesquisa e coordenador do projeto Afro-ascendente no Centro Integrado de Estudos e Programas de Desenvolvimento sustentável (CIEDS), Rio de Janeiro. Foi pesquisador do Ibase e pesquisador-visitante no departamento de Governo e Política da Universidade de Maryland, nos Estados Unidos.

Leia Também

AFRO-BRASILEIROS HOJE
Darién J. Davis

O livro compara afro-brasileiros e demais brasileiros quanto aos índices de mortalidade infantil, educação, situação nas áreas rurais, emprego, violência policial, relacionando-os ao mito do Brasil como uma democracia racial. É um diálogo político entre a Minoritty Rights Group International e o Geledés – Instituto da Mulher Negra. REF. 40009.

OUTROS TIPOS DE SONHOS
Organizações de mulheres negras e políticas de transformação
Julia Sudbury

Este livro busca repensar e transformar os conceitos do feminismo. Entrevistando uma série de ativistas, a autora traça um quadro histórico das organizações de mulheres negras. As entrevistadas descrevem e teorizam o próprio trabalho, recuperando a imagem da sua ação coletiva para o pensamento atual. REF. 40007.

RAP E EDUCAÇÃO, RAP É EDUCAÇÃO
Elaine Nunes de Andrade (org.)

Textos de diversos educadores que focalizam o *rap* brasileiro. São abordadas questões históricas e teóricas acerca das origens do *rap*, e relatos de experiências práticas de sua utilização como instrumento pedagógico em escolas públicas, particulares e instituições não-governamentais. REF. 40003.

RACISMO E ANTI-RACISMO NA EDUCAÇÃO
Repensando nossa escola
Eliane Cavalleiro (org.)

Diversos olhares sobre o ambiente da sala de aula procuram captar os racismos presentes nesse cotidiano. Alguns dos assuntos que nos alertam para uma educação anti-racista são a revista especializada em educação, o livro infantil, o tratamento dado à África e outros. REF. 40014.

A diversidade humana é um presente da vida. A população negra é uma presença particular. A cultura editorial tornou-a invisível ou restrita como imagem e assunto. O conceito que orienta as nossas publicações quer reinventar esse espaço negro, mantendo na ficção e não-ficção as etnicidades negras como ponto de referência. A Selo Negro Edições, ao mesmo tempo que amplia repertórios, alinha um segmento e evidencia sua singularidade para os títulos em educação, psicologia, filosofia, comunicações, literatura, obras de referência etc. Procura cruzar, através das múltiplas áreas disponíveis, temas que apontem particularidades dessa história coletiva. Dirigidos a toda a sociedade brasileira, os títulos de autores nacionais dialogam com textos de diferentes pontos do planeta nessa iniciativa.

A Selo Negro Edições apresenta-se como mensageira dessa produção!

Bem-vindos ao nosso universo editorial!

IMPRESSO NA

sumago gráfica editorial ltda
rua itauna, 789 vila maria
02111-031 são paulo sp
telefax 11 **6955 5636**
sumago@terra.com.br

GRÁFICA
sumago